개정판 **가야인의 삶과 문화**

지은이 **권 주 현**

계명대학교 사학과, 동 대학원 졸업(문학박사)
계명대학교 시간강사, 일본 고쿠가쿠인 대학 객원연구원, 충남대 박사후 연구원
일본 와세다 대학 외국인연구원, 일본 바이코가쿠인 대학 교수 등 역임
현재 영남대학교 민족문화연구소 연구원

주요 논저

저서 『가야각국사의 재구성』(공저) 『진·변한사 연구』(공저) 『가야, 잊혀진 이름 빛나는 유산』 (공저) 등
논문 「가야문화사 연구」, 「가야인의 생활문화」, 「우륵을 통해 본 대가야 문화」, 「왕후사와 가야의 불교전래문제」 등 다수

개정판 **가야인의 삶과 문화**

권 주 현 지음

2004년 6월 8일 초판 발행
2009년 7월 10일 개정판 발행

펴낸이 | 오일주
펴낸곳 | 도서출판 혜안

등록번호 | 제22-471호
등록일자 | 1993년 7월 30일

주소 | 서울시 마포구 서교동 326-26번지 102호
전화 | 3141-3711~2 팩시밀리 | 3141-3710
E메일 | hyeanpub@hanmail.net

ISBN | 978-89-8494-365-0 93910

값 | 22,000원

개정판 가야인의 삶과 문화

권 주 현 지음

혜안

97년도 일본으로 갓 건너갔을 때, 스즈키 야스타미鈴木靖民 선생님께서 아직 방향도 제대로 분간하지 못하는 필자를 데리고 학내 이곳저곳을 다니시면서 소개와 안내를 해 주시며 연구원 생활에 적응할 수 있도록 도와주셨던 기억이 아직도 감사한 마음과 함께 선명하게 떠오른다. 그 때 선생님은 구내서점에서 일본고대사 관련 책들 중 내가 읽어야 할 것 몇 권을 소개해 주셨고, 필자는 그 중 몇 권을 사서 집으로 돌아오는 전차 안에서부터 읽기 시작했다. 어떤 것은 어려우면서도 재미있어서 번역하면서 읽기도 했는데 그때 느낀 것은 일본고대사는 인테리어 중이 구나 하는 것이었다.

무슨 말인가 하면, 당시까지 한국에서 내가 접하고 익히고 또 자신의 분야로 정립해 나가야 되겠다고 생각한 것은 대부분 정치, 사회, 경제 분야 등 말하자면 고대사의 기본 틀에 해당되는 것이었고, 정작 당대의 인간이 무엇을 어떻게 하며 살았는가 하는 것에 대한 연구는 아직 극소수 에 지나지 않았기 때문이다.

필자가 문화사로 방향을 정한 것은 바로 그 무렵이었다. 집을 지을 때 그 기본 틀을 짜는 것은 무척이나 중요하고 기본적인 것이지만, 그것 만으로는 사람들이 편리함과 편안함을 느끼지 못하는 것 – 내부시설과 여러 장식들과 가구들 등이야말로 실제 사람들이 몸으로 접촉하는 것이 다. 역사에서의 인테리어는 바로 당대의 사람들이 무엇을 생각했고 어떻 게 삶의 문제를 해결하면서 살았나 하는 것에 대한 문화사적 접근이라고 생각했기 때문이다.

하지만, 어느 정도의 인테리어 작업을 했다고 해도 그것으로 문화사가 성립되는 것은 아닐 것이다. 제대로 된 고대문화사를 만드는 것, 즉 고대문화와 직접 만나고 활기를 불어넣고 현재로 이끌어내는 작업은 바로 독자들의 몫이 될 것이다. 이 책은 그것을 위한 조그만 매개체가 되어줄 것이다.

개정판을 내는 것은 생각지도 않은 일이었고, 또 낼 수 있는 형편도 아니었다. 2005년부터 삶의 터전이 일본으로 바뀌었고 전공이 한국어와 한국문화 전반에 관한 것으로 바뀌어서 주전공인 가야사에 주력할 수 있는 입장이 못 되었기 때문이다. 그럼에도 개정판 출판이 숙제처럼 마음에서 떠나지 않았던 것은 일종의 책임감 때문이었다. 초판을 내는 과정에서 약간의 착종이 있었기 때문이다. 그로 인해 내내 마음에 무거운 부담을 느끼고 있던 터였지만 늘 눈앞에 산적해 있는 일 때문에 개정판 출판을 뒷전으로 미뤄두다가 지난해에 겨우 원고를 넘길 수 있었고, 올 봄 다시 한국으로 돌아와 심신이 안정된 환경에서 마무리 작업을 할 수 있게 되었다.

본 개정판의 주요 내용은 초판과 다르지 않다. 내용 및 문장의 수정과 일부 자료를 보완했을 따름이다. 충분하진 않지만 이전보다 갖춰진 모습으로 나올 수 있게 된 듯하여 조금은 안심이 된다.

가까이서 늘 자상하고 친절한 배려를 아끼지 않은 바이코가쿠인 대학 梅光學院大學의 오카자키 신타로岡崎新太郎 학원장님과   나카노 신지中野新治 학장님 이하 여러 교직원들에게 이 지면을 빌어 감사의 마음을 전하고 싶다. 혜안의 오일주 사장님과 김현숙 편집장님께도 감사드린다.

2009년 5월

가야는 작은 나라였다. 넓은 영토, 강력한 지배, 화려한 문화, 탁월한
영도력 등 우리가 은연중 역사적 미덕으로 삼고 있는 요소들과는 거리가
멀다. 지도상에 표기해 보면 아무리 크게 잡아도 한반도 내에서 너무
작은 부분을 차지한다. 백두대간 남쪽의 동쪽 자락과 서쪽 일부, 낙동강
서안과 동안 일부 지역에 불과하다. 중국과 일본까지 주변에 그려놓으면
가야의 실체는 더 초라하게 보인다. 그 작은 영역조차 통일된 국가를
이루지도 못하고 조그만 소국으로 제각기 나뉘어져 있다가, 결과적으로
신라에게 하나씩 병합당하고 말았다.

　가야는 그 작았던 실체만큼이나 만만한 존재이기도 해서, 후대 사람들
이 자신들의 이데올로기를 쉽게 감염시키기도 했다. 신라중대에 이미
불교적 색채로 가야 일부분을 채색하였으며, 8세기 초 일본에서는 천황
주권 아래 가야를 재편해 버렸고, 19세기에 들어와서는 '임나일본부설'
로 식민사학의 희생양으로 삼기도 했다. 심지어 1980년대 말에는 기독교
와 가야와의 관련성을 주장하는 황당한 견해까지 등장하였다.

　그런가 하면 일각에서는 가야는 '신비의 왕국'이라고 하여 마치 대단한
비밀을 감추고 있는 존재처럼 묘사하여 시선을 끌고자 한 시도도 있었다.
이는 상대적으로 덜 알려진 가야에 대한 이미지를 좋게 환상적으로 표현
하고자 한 노력 중 하나였다고 볼 수도 있겠으나, 이 역시 가야에 대한
올바른 접근은 아니었다. '신비'가 주는 뉘앙스 자체는 나쁘지 않으나,
그것은 다른 말로 하면 대상에 대한 '무지'와 별로 다르지 않기 때문이다.

학계에서는 그동안 가야의 실체를 제대로 파악하기 위한 노력들이 많이 있어 왔고, 많은 성과를 거두었다. 하지만, 그 과정에서 가야사를 과도하게 부각시킨 게 아닐까 하는 우려도 부정할 수 없다. 가령, 가야의 역사를 가야인들 스스로 주장한 역사보다 더 길게 늘려잡는다거나, 삼국과 동질선상에 놓기 위해 등장한 '4국시대'라는 용어 등이 바로 그것이다. 이는 가야에 대한 기존의 부정적 이미지를 극복하려는 시도였다고 하겠으나, 과연 역사적 실체를 제대로 나타낸 용어인지는 의문이다.

가야사를 무리하게 강조하는 이면에는 은연중 힘의 논리에 의한 가치 판단이 들어가 있으며 작고 약한 실체에 대한 부정적 시각이 깔려있다는 점을 짚고 넘어가지 않을 수 없다. 크고 강건한 것만이 미덕이 아니다. 세상은 다양하게 구성되어 있으며 작고 보잘것 없다고 생각되는 것도 나름대로 소중한 가치를 지니고 있기 때문이다. 힘의 논리하에서라면 작금의 국제현실 속에서의 한국도 강대국에 의해 상대적으로 열등한 평가를 당할 수밖에 없다. 다양한 가치관과 크고 작은 존재들이 서로 공존하는 것이 현실적 이상이라면, 역사 속에서의 우리의 인식도 다르지 않아야 하다.

가야를 미완성의 고대국가로 보는 것 역시 상대주의적 혹은 결과론적 시각이다. 가야는 저들 나름대로 완벽한 체제를 갖춘 공동체였다. 다만, 생존경쟁에서 살아남을 수 있는 현실적 감각과 그에 부응하는 힘을 기르지 못했을 뿐이다. 그들이 지니고 있었던 독특한 물질문명과 가치관,

내부운영질서, 부정할 수 없는 자체 오류와 모순까지 차분하게 관찰하면, 우리 사회의 대다수를 차지하는 보통사람들의 삶의 모습과도 닮아 있다. 역사의 주체가 민중들에게 넘어온 지 오래지만, 여전히 영웅주의·패권 주의에서 벗어나지 못하는 이들에게, 우리 역사 속 작은 실체로 존재했던 가야의 본모습을 조용하게 들여다보라고 권하고 싶다.

필자의 전공인 가야문화를 쉽고 평이하게 일반인들에게 전달하고 싶은 바람은 있었으나 애당초 이러한 형태로 책을 만드는 것은 구상하지 않았다. 강좌 형식의 개설서는 필자의 능력을 넘어서는 일이라고 생각했기 때문이다. 그런데, 2001년부터 '가야문화사' 강좌를 맡으면서, 적절한 교재가 필요하다고 생각하게 되었고 그것이 결국 이 책의 시발점이 되었다.

사실 십수 년 동안 공부한 결과를 학생들에게 마음껏 쏟아놓는 일은 행복한 일이기도 했지만 힘든 작업이기도 했다. '가야문화사'라고 하는 분야 하나만으로는 상당히 전문성을 띤 강좌였기 때문이다. 강의를 듣는 대부분의 학생들의 가야사에 대한 이해수준은 중·고등학교 때 배운 단편적 지식에 불과했으니, 강의 용어마저 생소해하는 것은 어쩌면 당연한 것이기도 했다.

이 점을 감안해서 필자는 가야문화사를 학생들에게 제대로 이해시키기 위해서 다각도로 시도를 했다. 일단 용어를 쉽게 풀어서 설명하되,

필요한 범위 내에서 고대사 일반에 대한 지식과 이론은 물론이고 역사 전반에 대한 것까지 보충설명을 해 나갔다. 학생들의 이해 정도에 맞추어 강의 진행순서를 바꾸거나 내용을 조정하기도 하고, 같은 내용에 대해서도 반별로 각각 다른 예를 들어 설명하고 난 뒤에 학생들의 반응을 보기도 했다. 또 어떤 주제는 직접 유적과 박물관을 찾아가서 현장학습을 하고, 유물을 직접 그려보면서 그 특징을 관찰하도록 유도하기도 했다. 다행히 맡은 강좌수가 많아서 여러 형태의 실험적 시도가 가능했다.

그 결과를 정리한 것이기에, 이 책은 어디까지나 가야사와 한국고대사에 대한 학생들의 이해를 도울 수 있도록 서술하였고, 그러다 보니 가야사 이외의 내용도 많이 첨가한 것이 되었다. 가야사 이외의 것들은 한국사 전공자나 고대사 전반에 대한 지식을 가진 독자라면 굳이 읽을 필요가 없는 부연설명일 수도 있다. 하지만, 학생들이나 일반인들의 경우 한국고대사에 대한 일반적 지식이 가야사를 이해하는 데 도움이 된다고 생각했기 때문에 강의 때 사용한 내용들을 거의 그대로 포함시켰다. 또한 학계의 쟁점보다는 학생들이 궁금해하는 내용을 중심으로 구성했고, 용어에 대한 해석이나 보충설명 이외의 각주는 달지 않았다. 일반인이나 학생들의 입장에서 보면 누가 어느 학설을 주장했는가는 그다지 관심 가는 내용이 아니며, 전공자는 이미 내용만 보고도 누구의 학설인지 알 수 있기 때문이다.

이 책의 서술 순서는 강의한 그대로이나 각 장은 거의 독립적인 내용으로 구성되어 있으므로 관심 있는 분야부터 읽어도 무방하다. 자료 인용이나 설명에서 일부 중복이 있는 것은 그 때문이다. 내용 중 많은 부분을 필자의 학위논문 내용이 차지하게 된 것은 강좌명과 학위논문 주제가 같은 탓이기도 하고, 또 가장 많이 고민한 분야이기도 하기 때문이다.

가야사에 대한 지식을 쉽게 풀어서 설명한 책들은 이미 여러 권 나와 있다. 가야 전반에 대한 지식적인 내용을 파악하는 것은 현재까지 나와 있는 개설서를 통해서도 상당한 수준까지 가능하다. 하지만, 가야인들이 살았던 구체적인 모습과 그들이 남긴 문화에 대해서는 아직 알려지지 않은 부분이 적지 않다. 더구나, 가야사가 어떤 과정을 거쳐서 정립되었으며, 가야문화가 한국고대사에서 어떠한 의미를 가지고 있는가 하는 것을 학생들이나 비전공자들이 파악하는 데는 현재까지의 개설서로는 아직도 어려운 수준이라고 생각되었다. 그것이 부족하지만 이 책을 끝까지 완성하게 한 동기가 되었다.

사실 이 책의 기본 내용은 2001년 겨울에 거의 다 짜여져 있었다. 하지만, 말로 했던 강의 내용을 독자들이 이해하기 쉽게 글로 옮기는 일은 그리 순조롭지 않아서 여러 가지 핑계로 미루다가 지금에야 겨우 매듭을 짓게 되었다.

오랫동안 유보해 왔던 완성을 앞두고 일단 두려움이 앞선다. 아직은 일천한 학문적 깊이로 인해 혹 그동안 한국고대사에 헌신하며 노력해 왔던 선학들의 연구성과에 누를 끼치지 않을까 하는 두려움과, 필자가

서술한 가야문화에 대한 새로운 내용들이 혹 잘못 전달되지나 않을까
하는 우려 때문이다. 이런 우려를 딛고 이 책을 세상에 내보내려고 한다.
바라는 것은 가야문화사 강의를 듣는 학생들에게 이 책이 보다 쉽고
편안하게 가야를 이해할 수 있는 도우미가 되었으면 하는 것이다. 좀더
나아가 일반 독자들이 이 책을 읽고 가야사와 한국고대사에 대해 조금이
라도 진지한 관심을 갖게 된다면 더 바랄 나위가 없겠다.

이 책을 완성할 수 있기까지 도움을 주신 많은 분들의 얼굴이 떠오른
다. 노중국 교수님은 석사과정 때부터 늘 자상하면서도 엄하게 학문지도
를 해주시고, 성실하게 학문에 임하는 자세를 몸소 실천으로 보여주셨다.
노태돈 교수님은 학부 2학년 때까지 지도해주시고 아쉽게도 서울대로
떠나셨지만, 멋진 고대사학을 뇌리에 깊이 심어주셔서 남들보다 늦은
시기에 필자가 다시 공부를 시작하면서 주저없이 한국고대사를 선택할
수 있게 해주신 은사님이시다. 가야사 연구에 필수적인 고고학에 대한
지식을 쌓는 데 도움을 주신 김종철 교수님과 조영현 선배님에게도 감사
를 드리고 싶다.
도일渡日해서 연구할 수 있는 기회를 열어주셨으며, 지금도 늘 자상하
게 격려해주시는 고쿠가쿠인國學院 대학의 스즈키 야스타미鈴木靖民 교수
님의 은혜도 항상 마음 속에 자리잡고 있다. 편안한 환경에서 공부에
몰두할 수 있도록 애써주시고, 학문적 대화를 통해서 많은 가르침을

주고 계시는 와세다早稻田 대학 이성시李成市 교수님께도 이 글을 빌어 깊은 감사의 말씀을 드린다.

좋은 친구이자 토론파트너가 되어 주었던 '가연모' 회원 여러분에게도 감사를 드린다. 함께 모여서 가야지역으로 답사를 다녔던 것은 여러 모로 유익한 경험이기도 했지만 정겨운 추억이기도 하다.

진지하게 가야문화사 강의를 듣고 성원해 주었던 학생들에게 감사와 사랑을 전한다. 교정을 봐준 계명대 김봉숙·임삼조 선생에게도 감사드리고 싶다. 그리고 출판을 허락해 주신 혜안의 오일주 사장님과 예쁘게 편집해 주신 출판사의 여러분께도 감사를 드린다.

무엇보다 이 책은 연로하신 부모님의 간절한 기도와 헌신적인 뒷받침의 결실이기도 하다. 지금도 멀리 떨어져 있는 딸을 위해 필요한 물품을 매번 힘들게 포장해서 우송해 주시는 부모님 덕분에 건강하게 외국생활을 보내고 있다. 두 분 건강하게 오래오래 곁에 계셔주기를 기원해 마지 않는다.

그 외에도 항상 격려하고 여러 모양으로 배려해 주셨던 많은 분들에게 감사를 드린다. 여태까지 받은 것에 비하면 이 책은 너무 작은 성과에 지나지 않으나, 앞으로 더욱 진실하게 학문에 매진하는 것으로 보답하고자 한다.

2003년 11월

글 싣는 차례

- 개정판에 부쳐 5
- 책머리에 8

제1부 가야사의 전개 19

1. 서 언 21

(1) '가야사'와 '가야문화' 21
  1) 역사로서의 가야 21 | 2) 가야문화 24
(2) '가야'의 명칭 25
  1) 다양한 국호 25 | 2) 소국의 연합 26 | 3) 변하는 구성원 28 | 4) 왜 가야인가 29

2. 임나일본부설에 대하여 31

(1) 임나일본부설의 내용 31
(2) '임나일본부설'에 대한 반론 및 변형 34
  1) 김석형의 분국설分國說 34 | 2) 이노우에 히데오의 임나일본부설 36 | 3) 한국학계의 임나일본부설 37
(3) '임나일본부'의 실체 39
  1) 관련자료의 재검토 39 | 2) '임나일본부'는 외교사절 43

3. 가야사 연구자료 46

(1) 문헌자료 46
  1) 국내자료 47 | 2) 중국자료 50 | 3) 일본자료 52
(2) 고고학자료 53
  1) 유적 53 | 2) 유물 57

4. 가야의 역사적 전개과정 62

(1) 가야의 성립 62

  1) 두 개의 건국신화 62 | 2) 가야의 국가성립 67

(2) 가야사의 전개와 발전 71

  1) 해상왕국 가야(1~3세기) 71 | 2) 한반도 정세변화와 가야(4세기) 78 | 3) 대가야의 융성(5~6세기 초) 85 | 4) 신라·백제의 압박과 가야 멸망(6세기 초~562) 90

(3) 가야의 범위와 시기구분 94

5. 가야의 정치사회구조 98

(1) 고대사회의 발전단계 98

  1) '읍락' '소국' '부' '국가' 98 | 2) 고대국가로의 발전과정 101 | 3) 가야의 사회발전단계 109

(2) 가야의 정치사회구조 111

제2부 가야인의 생활과 문화 115

1. 가야인의 의복문화 117

(1) 옷감재료 117

(2) 의복갖춤 122

(3) 머리모양과 장신구 130

2. 가야인의 음식문화 137

(1) 식품재료의 조달 138

(2) 음식의 조리와 섭취 147

(3) 식문화의 발전과 분화 155

3. 가야인의 주거문화 162

(1) 마을의 형성과 생활반경의 확대 163

(2) 가옥형태와 그 변화 164

　1) 수혈가옥 165 | 2) 지상가옥 170 | 3) 가옥과 취락의 공간분할 176

(3) 주거문화의 계층분화 178

4. 가야인의 의례와 습속 185

(1) 의례 186

　1) 혼인의례와 친족관계 186 | 2) 장송의례 194

(2) 신앙과 습속 206

　1) 신앙 206 | 2) 습속 214

5. 가야인의 미의식 226

(1) 토기와 미술 226

　1) 투창과 투공 227 | 2) 손잡이(파수)와 꼭지 228 | 3) 각종 문양 231

(2) 토기의 지역성 231

　1) 신라식과 가야식 233 | 2) 소국별 구분 235

(3) 토기에 표현된 상징 238

　1) 거북 239 | 2) 개 241 | 3) 말 243 | 4) 새 245 | 5) 뱀 247 | 6) 용과
봉황 249 | 7) 수레와 배 251 | 8) 불 253

6. 우륵을 통해 본 가야의 악문화 256

(1) 가야의 악 257

　1) 주술적인 악 258 | 2) 민속악 261 | 3) 악기 264 | 4) 개인악과 창작악
267

(2) 가야금 제작 269

　1) 가야금의 형태 269 | 2) 가야금에 깃든 우주 273 | 3) 가야금을 만든 기
술 275

(3) 가실왕과 우륵 12곡   277

(4) 우륵의 망명   282

　　1) 망명 이유   282 ｜ 2) 신라에서의 우륵   284 ｜ 3) 12곡에서 5곡으로   285
　　｜ 4) 우륵과 가야문화   287

후기_ 가야 멸망에 대한 단상   289

▪ 참고문헌   293

▪ 찾아보기   309

제1부
가야사의 전개

1. 서 언

(1) '가야사'와 '가야문화'

1) 역사로서의 가야

'가야'란 무엇이며 현재의 우리와 무슨 관계가 있는가.

가야사 전공자라면 일반인으로부터 한 번쯤은 받아보았을 질문이며, 전공자 스스로도 늘 지니고 다녀야 할 과제이기도 하다.

가야는 1500~2000여 년 전 과거 속에 존재했던 역사적 실체다. 그리고, 그 가야는 오늘날 우리와 '전혀 관계 없이' 존재한다. 전혀 관계없다는 말은 '과거 속에만 존재하는 가야'는 지금 나 자신이 살아가는 것과 무관하다는 뜻이다. 즉, 우리가 가야라는 존재에 대해서 알고 있든지 모르고 있든지 혹은 우리의 삶이 지금 행복하든지 불행하든지 간에 지나간 과거 속의 가야는 아무 상관없이 과거 속에 존재한다. 가야뿐 아니라 지나간 모든 과거 사실은 우리와 전혀 관계없이 고정불변하게 존재한다. 지금의 우리가 어떠한 상황에 처해 있든 간에 흘러간 자신의 과거 사실은 변하지 않는 것과 똑같다.

그런 의미에서 가야는, 긴 시간을 사이에 두고서 우리의 주관적 의지와 동떨어져서 존재하는 '객관적 과거 실체'일 따름이다. 이렇게 무심하게 존재하는 가야에 대해 우리가 관심과 의문을 가질 때 비로소 '가야사'가 시작된다. 그러므로 가야사의 출발점은 '가야의 건국'부터가 아니라 바로 우리가 살고 있는 '현재'다. 현 시점의 자료들과 현재를 살고 있는 우리의 사고와 언어로 시작되는 것이다. 그렇기 때문에, 과거 속의 가야는 변함없이 존재하지만, 역사로서의 가야사는 우리들의 눈에 비친 과거 사실만을 의미하며 사실이 다르게 왜곡되거나 더 좋게 채색되어 비치기도 한다.

그렇다면 가야사는 어떻게 구성되는가. 역사는 사료史料 즉 역사적 자료를 통해서 구성된다. '가야사' 역시 현재까지 드러나 있는 가야사 관련 자료들로 구성된다. 역사자료라고 해서 모두 정확하게 사실을 전하고 있는 것은 아니며, 왜곡되거나 잘못된 것도 있다. 또 시대에 따라 다를 수도 있다. 고려시대까지도 있었던 가야의 자료들이 지금은 사라지고 없는 경우도 있으며, 반대로 조선시대에는 볼 수 없었던 무덤 속 자료들을 오늘날 고고발굴을 통해서 찾아낼 수도 있기 때문이다. 자료의 내용이 달라지면 자료에 의해서 구성되는 가야사의 모습도 달라진다. 과거에 밝혀내지 못했던 가야의 문화복원이 가능해질 수 있는 것도 그 때문이다.

그런데, 역사는 그 시대의 이데올로기라는 렌즈를 통과하면 그 모습이 굴절되고 왜곡되기도 한다. 가야사는 한때 '임나일본부설'로 인해 어느 역사보다 더 많이 정치 이데올로기에 희생된 바 있다. 그리고, 이데올로기적 요소는 오늘날에도 여전히 작용하고 있다. 애국적 사회주의를 지향하는 북한이 그려내는 가야사와 자본주의 사회인 남한의 가야사 인식에 차이가 있는 것도 바로 이 이데올로기적 요소가 작용하기 때문이다.

또한 가야의 역사는 역사학자가 어떠한 사관史觀과 연구방법을 가지고 접근하느냐에 따라 그려내는 가야의 모습이 달라질 수 있다. 가야사 관련 책이나 논문에 그려진 가야가 저마다 다른 모습을 보여주는 것도 이 때문이다. 어떠한 훌륭한 논문이나 저서라 할지라도 절대성을 가지는 것은 없으며, 일정한 상황에서 최선의 것일 따름이다. 새로운 자료의 발굴이나 연구방법론에 의해 또 다른 모습의 가야사가 나올 수 있기 때문이다.

역사적 사실은 사료에 의해 저절로 되는 것이 아니라 현 단계의 연구방법과 이론을 동원하여 그 실체를 구명해 나가는 것이다. 흔히 역사라고 하면 과거로부터 전해져 내려온 옛날 이야기로 알고 있는 사람들이 적지 않은데, 역사는 이야기가 아니라 과학이다. 엄정한 비판을 거친 증거자료 즉 사료를 가지고, 합리적이고 논리적인 방법으로 인과관계를 찾아내고, 이를 인간사회의 보편적인 이성과 상식을 바탕으로 하여 풀어나가야 하는 것이기 때문이다.

가야사 역시 그러한 과정을 거치며, 그렇게 해서 얻어진 것이 바로 '역사적 사실로서의 가야'다. 이를 통해 과거 속의 가야와 현재의 우리들이 만나게 되는 것이며, 이 만남을 매개하는 것이 가야사를 전문적으로 연구하는 학자들이다. 그러나, 이것만으로는 '가야사'의 존재의미는 주어지지 않는다. '과거의 가야'와 '현재의 우리'와의 관계가 무엇인지, 또 그것이 오늘날 우리에게 어떤 의미를 가지는지 추구해 가는 과정에서 비로소 '가야사'는 존재가치를 부여받는 것이다.

그런데, 현재적 의미를 추구한다는 것은 반드시 현실적 이익과 일치한다는 말은 아니다. 가치판단의 옳고 그름보다 실질적인 효용가치를 앞세우는 현실사회에서는 때로 가야사의 존재의미도 왜곡될 수 있다. 학자들의 바른 역사 규명에 못지않게 올바른 사회적 요구가 있을 때 바람직한 가야사의 위상이 정립될 수 있다.

2) 가야문화

가야문화라는 것은 가야인들이 남긴 물질적·정신적 유산을 말한다. 원래, '문화'라는 말의 사전적 의미는 '인간이 자연상태에서 벗어나 일정한 목적을 이루기 위해, 또는 이상을 실현해 가는 과정에서 행해지는 모든 활동과 생활양식'을 가리킨다. 여기에는 정치와 사회제도는 물론, 지식, 신앙, 법률, 도덕, 관습, 예술 등이 포함된다. 즉 인간이 한 사회의 구성원으로서 얻을 수 있는 능력이나 습성 등 모든 것을 합쳐서 이르는 말이라고 할 수 있다.

다시 말하면 문화는 인간이 행동하고 살아가는 데 있어서, 유전에 의해 얻어진 것이 아니라 학습에 의해서 주어진 것이며, 소속 사회로부터 습득하고 전달받은 것을 모두 포괄하는 폭넓은 개념을 말한다. 이를 '광의廣義의 문화'라고 한다면 '협의狹義의 문화'는 정치, 경제, 사회, 대외관계 등 조직적으로 일어나는 인간활동에 대응되는 것으로, 종교, 제의, 예술, 학문, 사상, 관습 등의 범위에 한정시켜 사용한다. 가령 '문화계 인사' '문화행사' 등의 용어에서의 문화는 협의의 의미다.

일반적으로 역사학계에서 '문화'라고 할 때는 광의와 협의 모두 사용하고 있다. 이 책에서의 '가야문화'는 가야 사회의 총체적인 내용을 대상으로 하고 있으므로 광의의 의미로 사용한다. 가야인들이 남긴 문화는 가야인들이 당대에 향유하고 끊어져버리거나 박제된 것이 있는가 하면, 남겨진 문화가 자체적으로 발전해서 후대에 전해지고 현재까지 이어져 오는 것도 있다. 그들의 삶과 문화를 복원하여, 현재를 살아가는 우리의 입장에서 재조명해보고 그 의미를 찾아가는 것, 그것이 이 책의 주요 내용을 이룬다.

(2) '가야'의 명칭

1) 다양한 국호

현재까지 나와 있는 가야사 관련 논저의 제목들을 보면, 가야의 이름이 단일하지 않다. '임나' '가야' '가라' '가락국' 등이 있는가 하면, 구야, 가량, 하라 등의 이름도 있다. 이 밖에도 사료를 통해 접할 수 있는 이름의 한자표기까지 합치면 가야의 이름은 훨씬 다양하여 대략 15종류의 가야 호칭이 찾아진다.[1]

〈표 1〉 가야소국들의 이름

자료 편찬시기 / 자료 위치	3세기 삼국지	4~6세기 광개토왕비문, 남제서, 양직공도	7~8세기 수서, 일본서기	12세기 이후 삼국사기, 삼국유사, 신증동국여지승람
김 해	변진구야국, 구야한국	(임나가라?)	대가라 (오오가라), 남가라, 임나	금관국, 금관가야, 가락국, 대가락, 가야국, 가라국, 남가야, 임나, 하가라
고 령	변진반로국	(임나가라?), 가라, 반파	가라, 반파, 임나	대가야, 임나가량, 상가라
함 안	변진안야국	전라(앞라)	안라, 임나	아나가야, 아시량국, 아라가야
고 성	변진고자미동국		구(고)차국, 임나	고자국, 고사포국, 소가야
창 녕	불사국		비자발	비사벌국, 비화가야
기 타	변진미리미동국, 변진접도국, 변진고순시국, 변군미국, 변진미오야마국, 변진감로국, 변진독로국, 변진주조마국	탁, 다라, 상기문	임나(탁순, 탁기탄, 사이기, 다라, 졸마, 자타, 산반하, 걸찬, 임례)	성산가야 (벽진가야, 성주) 고녕가야(함창)

그뿐 아니라, 가야에 속했던 개별소국의 명칭까지 포함하면 그 종류는 더욱 많다. 각각의 명칭이 시기별로도 달리 불렸다는 점을 감안하면

---

1) 기록에 나타나는 가야의 한자표기로는 狗邪, 拘邪, 加耶, 加羅, 迦羅, 伽羅, 賀羅, 加良, 伽落, 伽倻, 伽耶, 篤落, 呵羅, 訶羅, 柯羅 등이 있다.

명칭은 너무 많아서 가야라는 이름의 실체가 과연 무엇인지 혼란스러워질 정도다(〈표 1〉).

국호가 여러 가지가 된 가장 근본적인 이유는 물론 가야의 존재양태와 관련이 있다. 가야 당대에 국호를 일원화시킬 정도로 강력한 권력이 존재하지 않았기 때문에 가야에 대한 기록도 일원화되지 못했던 것이다. 현재 남아 있는 가야에 관한 기록들은 가야인 스스로 편찬한 것이 아니라 타자에 의해 쓰여진 것이거나 가야멸망 후 오랜 시간이 지난 뒤에 쓰여진 것이 대부분이다. 각각의 자료마다 제각기 다른 경로로 전해진 가야의 이야기를 기록자의 시각으로 재편집한 것이 현재 남아 있는 기록들이다. 그 때문에 이름이 가진 고유발음에 대한 한자표기가 일정하지 않게 된 것이다.

2) 소국의 연합

〈표 1〉을 일별해 보면 1~6세기까지 가야가 존속하던 시기는 물론 멸망한 이후에도 가야는 다양한 명칭으로 불렸으며 개별소국의 고유이름도 그대로 남아 있었다는 사실이 드러난다. 개별소국의 명칭은 일단 젖혀두고, '가야'라는 명칭만 검토해 보면, 12세기 이후의 기록에만 '가야'라는 명칭이 등장한다. 그 이전 기록에 나오는 명칭은 '가라'가 주류를 이루며, 그나마 3세기 기록에는 '가라'조차 보이지 않는다. 김해지역의 소국인 변진구야국이 등장할 뿐이다. 그런데, 이 변진구야국의 '구야'를 조선후기 실학자인 한진서는 '구야狗邪'의 어원을 개[狗]를 가리키는 고대어 '가이'에서 유추하여 '가이야'라고 읽고 구야와 가야를 같은 실체라고 보았다. 그렇게 본다면 '구야'는 바로 '가야'이며 변진구야국은 김해의 금관가야와 동일한 실체를 가리킨다. 즉 '가야'라는 이름은 12세기 이후

에 등장하지만 그 연원은 늦어도 3세기까지 거슬러 올라가는 것이다.

한편, '가라'는 '가야'와 동일한 실체를 가리키는 명칭이며 주로 고령지역의 소국을 가리킨다. 고령의 '가라'와 구별하여 김해지역은 '남가라' '하가라'라는 명칭으로 불리기도 했다.

'가야' 혹은 '가라'라는 호칭은 적어도 가야가 존속하던 당대에는 김해와 고령지역의 소국만 가리키며 나머지 소국들은 각각 고유의 이름으로 불렸던 것이다. 그러므로 '가야'라고 할 때 직접적으로 가리키는 실체는 김해의 금관가야와 고령의 대가야뿐이다. 그런데 일반적으로 '가야'라고 할 때는 이 두 소국을 넘어서는 범위가 있다. 가야를 중심으로 한 소국들을 하나로 묶는 공통범위가 존재하기 때문이다.

가령, 3세기 기록에는 '변진구야국'을 비롯한 각 소국의 명칭에 '변진'이라는 접두어가 붙여져서 12소국들의 공통분모가 되고 있다. 또한 7~8세기의 기록, 특히 『일본서기』에는 '가라7국'으로 묶은 경우가 있는가 하면, 소국 전체를 '임나'라고 통칭하기도 한다. 그리고, 12세기 이후의 자료에는 '임나'는 극히 일부분만 보일 뿐 거의 가야라는 명칭으로 쓰이고 있다. 주목되는 것은 12세기 이후의 자료부터 소위 6가야의 명칭이 등장하고 있다는 점이다. 각각의 소국들이 독자적 이름을 가지고 있지만, 모두 '○○가야'로 통일되어 불리고 있는 것이다.

종합해 보면, 개별소국의 명칭은 음운의 변화를 달리할 뿐 거의 그대로 존속하는 반면에 복수의 소국에 대한 통칭은 변화한다. 소국 전체의 명칭이 변진(변한)→가라→임나→가야 순으로 바뀌고 있는 것이다. 따라서 넓은 의미의 가야는 바로 이들 통칭이 가리키는 범위를 가리킨다.

3) 변하는 구성원

가야 전체의 명칭뿐 아니라 각 소국이 소속되는 범위도 시기별로 달리 나타난다. 가령, 창녕지역의 경우 3세기에는 변진(변한)에 소속되지 않고 진한에 소속되고 있다. 『일본서기』에서는 비화가야(비자발)를 '가라7국' 중 하나로 언급하고 있으나, '임나'에는 포함시키지 않고 있다. 『삼국유사』 5가야조에는 비화가야를 6가야에 포함시키고 있으나, 그렇지 않을 수 있다고 의심하는 기록도 덧붙이고 있어 이 지역의 소속이 유동적임을 암시하고 있다. 이로 보아 비화가야는 가야의 범위가 변하는 데 한 요인을 제공한 소국이라는 것을 알 수 있다. 이 밖에도 부산의 독로국, 경북 김천의 감로국, 군위지역의 변군미국 등의 적지 않은 소국들이 그 소속을 달리해 갔다.

이처럼 가야는 시기에 따라 전체 명칭과 그 명칭이 가리키는 범위도 변화하였으나, 그 모두 '가야' 혹은 '가라'가 속한 일정한 권역을 가리키며, 김해와 고령지역의 소국이 이들 권역의 중심이 되고 있다. 따라서 이 두 가야는 일정한 범위의 소국들 중에서 가장 유력한 소국이었으며 여러 소국의 대표소국이기도 했던 것이다. 결국, 가야가 중심이 된 소국들의 연합, 그것이 바로 우리가 알고 있는 '가야'의 실체라고 할 수 있다. 그러므로, 변한, 가라, 임나, 가야는 각각 가리키는 범위는 약간씩 다르나 대체로 동일한 실체를 가리키고 있는 것이다.

그런데 이 중 변진[弁韓]은 3세기까지만 그 명칭이 나타날 뿐 그 이후에는 실체가 사라진다. 개별소국들은 그대로 존속하였으나 더 이상 '변진(변한)'이라는 범위로 묶이지 않는다는 것이다. 따라서 '변진(변한)'을 '가야'와 동일시할 때는 어디까지나 3세기 이전까지로 한정시킨다는 사실을 알아둘 필요가 있다. 그리고 이 시기를 전기가야, 혹은 가야의 전사前史로 부르고 있다.

4) 왜 가야인가

가야의 또 다른 이름인 '임나'는 가야가 존속하고 있을 당시의 명칭이긴 하나 어디까지나 타자의 입장에서 불린 호칭이다. 고구려나 백제 측에서 가야지역의 소국들을 부른 이름인 것이다. 특히 『일본서기』의 '임나'는 백제의 시각이 많이 반영되어 있다. 가야인 스스로 '임나'라고 자칭한 경우는 보이지 않는다. 그러므로, '임나'는 당대부터 사용된 호칭이긴 하나 '주체적 가야사를 지향하는 입장에서는 타당하지 않은 이름'이라고 할 수 있다.

현재 가장 많이 사용하고 있는 '가야'는 12세기의 문헌자료에서 사용하고 있는 가야 호칭을 받아들인 것이다. 『삼국유사』 가락국기에 소개되어 있는 국호표기로 보건대 '가야' '가라' '가락' 등은 같은 이름의 다른 표기임을 알 수 있다.

그러면, 가야, 가라, 가락 등 여러 호칭들 가운데 왜 '가야'일까. '가야'는 문헌자료상으로 가장 늦게 등장한 호칭이기는 하나, 그 원형은 이미 3세기 자료인 『삼국지』의 '구야'에서 시작하기 때문에 기원이 가장 오랜 것이기도 하다. 또한 『삼국사기』와 『삼국유사』 등 우리 문헌 속에 나오는 주체적인 명칭이며, 당대부터 남아 있는 가야의 본래 발음에 가장 가깝게 기록한 것으로 판단되기 때문이다.

무엇보다도 오늘날 우리가 칭하는 '가야'는 단일소국의 명칭이 아니라 복수의 소국들을 가리킨다. 이 점은 여러 독립소국으로 구성되어 있었던 가야의 정치적 상황과도 연결되어 있다. 가야연맹, 가라제국 등의 보조 단어가 붙는 것은 그 때문이다.

그러므로 '가야'라는 말 속에는 이미 복수개념이 들어가 있으며, 이 점은『삼국사기』와『삼국유사』속에 나타나는 '가야' 인식에서 엿볼 수 있다. 특히『삼국유사』의 6가야는 바로 고려시대에 성립된 중세적 '가야 연맹'이자 '가라제국'이다. 그리고, 가락국기의 편찬과 6가야 개념의 성립은 주체적 가야사의 성립과도 같은 맥락에 서 있다. 후대에 나타나는 용어지만, 'ㅇㅇ가야'를 가장 대표적 명칭으로 거론할 수 있는 이유가 여기에 있는 것이다.

그런 의미에서 이 책에서는 각 소국들의 명칭 가운데서도『삼국유사』의 'ㅇㅇ가야' 개념을 가장 일차적으로 사용하되, 논지 전개상의 필요에 따라 각 소국의 고유 호칭도 함께 사용하고자 한다.

2. 임나일본부설에 대하여

일본의 한 역사교과서의 한국사 왜곡문제가 논란이 된 바 있었고, 지금까지 그 문제는 아직 해결되지 않고 있다. 문제 교과서의 한국관련 기록에 대한 왜곡 내용 중 대부분은 조선이 개항한 이후의 근현대사와 관련되는 것들이다. 그런데, 고대사와 관련된 것으로 유일하게 주목받는 것이 바로 임나일본부설에 관한 항목이며, 가야사와 불가분의 관계를 가진 것이기도 하다.

도대체 임나일본부설의 내용은 무엇이며, 그러한 학설이 나오게 된 배경은 무엇인가. 이미 화석화되었다고 볼 수 있는 이 이론은 왜 번번이 거론되고, 이 학설을 둘러싸고 일어나는 감정적 대립의 원인은 무엇인가.

(1) 임나일본부설의 내용

임나일본부설은 학자들에 따라 다양한 설이 있으나, 우리 입장에서 가장 문제가 되는 설은 소위 '남선경영설南鮮經營說' 혹은 '출선기관설出先機關說'로 불리는 것이다. 풀이하면 '남부조선을 경영했다' 혹은 '조선에 출장나간 기관'이라는 뜻이 들어 있다. 다분히 일제시대의 조선총독부를 떠올리게 하는 그 설의 내용은 다음과 같이 정리된다.

고대 일본의 야마토 정권은 한반도 남부에 진출해서 삼한을 복속하고,

임나(가야지역)에 식민통치기구인 '일본부日本府'를 설치하고 지배하였다.

이 설은 7세기 말~8세기 초에 시작되어 20세기에 들어 근대적 사관에 의해서 재해석되고 정립된 학설로, 1949년 스에마쓰 야스카즈末松保和가 쓴 『임나흥망사任那興亡史』라는 책에서 그 완성된 내용을 볼 수 있다. 이 학설은 1970년대 초까지 일본학계에서는 통설적인 위치를 차지하고 있었으며, 현재 일본 우익계의 고대사 인식의 근간을 이루는 내용이기도 하다.

그런데 이 학설은 나름대로 정당한 자료와 합리적인 근거를 가지고 만들어졌다. 그 근거 중 가장 중요한 네 가지는 다음과 같다.

첫째, 『일본서기』다. 이 책은 '임나일본부설'의 가장 기초적인 틀을 제공한 일본 고대의 역사서로, 7세기 말부터 8세기 초에 걸쳐 만들어진 것이다. 여기에는 249년에 왜의 신공황후가 신라를 정벌하고 가라를 비롯한 일곱 나라를 평정한 이야기, 6세기 전반 임나일본부가 가야에서 활동한 내용, 임나(가야)를 멸망시킨 신라가 약 100년간 '임나의 조調'를 바친 사실 등에 대한 내용이 비교적 상세하게 담겨 있다. 따라서 이 책을 여과 없이 읽으면 '임나일본부설'은 그대로 역사적인 사실로 받아들 여질 수 있다.

둘째, '광개토왕비문'이다. 잘 알려져 있듯이 414년 고구려의 장수왕이 그의 아버지의 업적을 기리고 그 무덤을 지키기 위해서 만든 이 거대한 비석에는 광개토왕의 군대가 391년(신묘년) 한반도의 남쪽지역을 정벌한 것을 묘사한 부분이 있다. 바로 그 내용 가운데 "왜가 바다를 건너와 백제와 신라를 쳐서 신민으로 삼았다"고 해석될 수 있는 대목이 들어 있고, 이것이 임나일본부설의 또 하나의 근거가 된 것이다.

셋째, 『송서宋書』다. 이 책은 중국 남북조시대 남송의 역사를 기록한 책인데, 여기에 5세기대 왜왕이 남송南宋에 조공을 바친 기록이 나온다. 왜왕은 남송에 조공을 바칠 때 스스로 '왜·백제·신라·임나·가라·진한·모한의 일곱 나라 제군사 안동대장군'이라는 벼슬을 인정해 줄 것을 요청했다. 남송의 황제는 왜왕이 청한 벼슬이름에서 백제를 제외하고 '왜·신라·임나·가라·진한·모한 여섯 나라의 군사 안동대장군이며 왜국의 왕'이라는 벼슬이름을 내려주었다. 이 왜왕의 벼슬이름을 임나와 가라는 물론 신라 등 한반도 남부의 국가들을 아우르고 있다는 명칭으로 해석한 것이다.

넷째, 칠지도七支刀라는 칼이다. 4세기대 백제에서 제조된 일곱 개의 가지가 달린 칼로, 칼이라고 보기에는 생김새가 특이하여 오히려 창과 많이 닮았다. 그래서 처음 발견되었을 때는 '여섯 꼭지가 달린 창'이라는 의미의 '육차모'라고 부르기기도 했으나, 칼에 새겨진 글에 '칠지도'라는 이름이 있어 실제 명칭이 되었다.

그런데 칼에는 '백제의 왕세자가 왜왕에게 칼을 주었다'고 해석되는 내용의 글이 새겨져 있었는데, 이를 백제가 일본에 칼을 '바친' 것으로 해석하여 임나일본부설의 또 하나의 근거로 삼았다. 『일본서기』 신공기 52년조에는 백제가 칠지도를 일본의 천황에게 바친 내용이 나오는데, 그것을 사실로 받아들여 이른바 칠지도의 '공헌설貢獻說' 혹은 '헌상설獻上說'을 주장했던 것이다.

이상에서 본 바와 같이 임나일본부설은 나름대로 객관적인 자료에 근거를 두고 있어 상당히 타당성 있는 학설로 비칠 수 있다. 더구나 이 설이 대두된 19세기에는 우리나라에 아직까지 과학적이고 실증적인 근대역사학이 성립되지 못한 상태였다. 그러한 까닭에 임나일본부설에 대해 한국사학계는 한동안 반론은커녕 한말에 만들어진 국내 역사서 가운데 일부는 임나일본부를 긍정하는 오류를 범하기까지 했다. 일제치 하에서는 당연히 식민사학의 일환으로 기능했음은 물론이다.

(2) '임나일본부설'에 대한 반론 및 변형

1) 김석형의 분국설分國設

이 학설에 정면으로 도전한 학설이 대두한 것은 해방이 되고서도 한참 이 지난 1960년대 초반으로, 분단 이후 월북한 학자인 김석형에 의해서 였다. 그는『일본서기』에 대한 비판과 함께 고고학자료를 들어 '임나일본 부설'을 반박하였다. 그의 설은 일단 다음과 같이 요약된다.

5~6세기를 기준으로 하여 일본열도 내의 고분군을 살펴보면 야마토 정권이 있었던 기나이 지방[2] 이외에도 거대한 고분군이 산재해 있다. 거대고분이 각지에 흩어져 있다는 사실은 바로 이러한 고분을 조성할 수 있는 권력자가 각 지방에서 독립세력을 갖추고 있었다는 것을 말한 다.[3] 고분의 규모로 보아 이들은 야마토 정권에 필적할 만한 힘을 갖춘 정치세력들이었다. 따라서, 야마토 정권은 아직 통일된 왕조를 이루지 못하고 다른 지방의 독립호족과 마찬가지로 하나의 '소천하小天下'에 불과 하였다. 왜국 전체도 통일하지 못한 왕조가 어떻게 한국 땅까지 지배할 수 있었겠는가.

그리고 그는『일본서기』의 임나일본부 기사에 대해 반대적 해석을

---

2) 지금의 일본 오사카 지역.
3) 거대고분을 조성하기 위해서는 수많은 인력을 동원할 수 있는 권력과 잉여생산물을 필요 로 하기 때문이다.

시도한다. 그가 반론의 단서로 든 것은 삼한·삼국의 주민들이 계속적으로 일본열도에 이주하였다는 사실이다. 한반도에서 일본열도로 건너간 이주민들이 거기서 소국들을 세웠고 이들 한국 계통의 소국들은 한반도에 있는 고국과의 연계를 유지하면서 각각 백제, 가야, 신라 계통의 나라들을 운영해 나갔다. 이들 이주민들이 세운 소국들은 5세기말 6세기 초에는 한반도 내의 백제, 가야, 신라에 의해 각각 지배를 받았다는 것이다. 이 소국들은 6세기 중반에는 일본열도를 통일한 야마토 왕조의 지배하에 들어가게 되었는데, 야마토 왕조가 일본열도내의 한반도 계통 소국들을 통합한 사실을 기록한 것이 바로 '임나일본부' 관련기사라는 것이다. 그렇기 때문에 『일본서기』의 '임나일본부' 기사는 한반도 내의 가야지역과는 무관한 것이라고 규정했다.

이 학설을 '분국설分國說'이라고도 한다. 기존의 '남선기관설' 혹은 '출선 기관설'이 일본의 한반도 남부지배를 주장했다면, 김석형의 분국설은 오히려 일본열도의 소국들을 한반도의 나라들이 지배하였다고 해석하였다. 다시 말하면 한국인들이 일본열도에 진출하여 나라[分國]를 세웠고 한반도에 있는 본국과 지배복속관계를 맺은 것이라고 하여, 그동안 통설화되어 있던 '남선경영설'을 완전히 뒤집었다. 김석형의 '분국설'은 '남선경영설'의 논리적 반박에 그치지 않고 그 기저에 깔려 있는 식민사관에 정면으로 도전한 것으로 일본학계에도 상당한 반향을 불러일으켰다.

하지만, 김석형의 학설에도 문제는 있다. 그가 『일본서기』의 천황중심 사관을 비판하고 고고학자료를 들어 반론을 제기한 것에는 타당성이 있다고 하겠으나, 자신이 비판했던 『일본서기』를 그대로 이용하여 분국설을 세웠다고 한 점에서는 비판의 여지가 있다. 임나일본부설의 배경이 된 국가주의가 분국설에도 남아 있었던 것이다. 그렇다 하더라도, 당연하게 받아들여지던 임나일본부설에 대해 김석형이 근본적인 반론을 제기한 점은 지금까지도 높이 평가되고 있다.

김석형의 분국설 이후 일본학계에서는 사료비판 문제가 다시 제기되었으며, 이에 따라 '임나일본부'에 대해서도 달리 해석을 시도하게 되었다. 1970년대 초 임나일본부 문제에 대해 상세한 논증을 시도한 이노우에 히데오井上秀雄는 그 대표적인 학자 중 한 사람이다.

2) 이노우에 히데오의 임나일본부설

김석형의 '분국설'이 한반도로부터 일본열도로 이주민이 유입했다는 사실을 전제로 하여 세워진 학설이라면, 이노우에는 반대로 왜인들이 한반도 내에 거주했다는 사실을 기저로 하고 있다. 하지만 그 역시 '임나일본부'를 군사적 진출로 보았다는 점에서는 '출선기관설'과 같다. 다만, '임나일본부'가 임나지역 전체를 지배한 것이 아니라, 금관가야인 김해지역에 군사거점을 확보하고 그 거점에 대해서만 군사적으로 점령 통치하였다고 보았다. 5세기 중엽, 임나제국이 백제·신라와의 접촉과 교섭이 잦아지면서 국경에 분쟁이 자주 생기게 되었으며, 이를 해결하기 위해 야마토 조정이 분쟁지를 직할 경영하게 되었다. 그에 따라 임나일본부가 행정·외교 기능을 가지게 되었다. 6세기 들어 신라·백제의 압박이 더욱 심해지고, 야마토 조정이 내부문제로 '임나일본부'에 대한 대책을 세우지 못한 사이에 임나 현지에 있는 왜인 호족들이 '임나일본부'를 움직이게 되었다. 나중에, 신라와 백제가 임나에 침입하고 그 세력을 확대해 나가게 되자 임나일본부는 김해에서 웅천(진해)으로, 다시 안라(함안)로 옮겨갔다가 마지막에는 '다리'라고 하는 지방에 있었던 것으로 보았다.

이노우에가 주장한 견해는, '임나일본부'가 임나 전체를 지배한 것이 아니라 주요 거점만 지배했다고 하여 왜의 지배범위를 축소한 점, 또 군사적 기능에서 행정·외교적 기능으로 변해갔다는 점, 현지 일본인의 역할이 강조된 점 등에서 기존의 '출선기관설'과 차이가 난다.

이노우에는 자신의 여러 논문에서 '임나일본부'에 대한 견해를 피력하였는데, 각 논문마다 '임나일본부'에 대한 시각이 차이를 보이고 있는 점은 주목해 볼 만하다. 처음에는 야마토 조정이 주체가 되어 한반도에 진출한 것으로 보다가, 나중에는 야마토 조정이 한반도에 진출한 것이 아니라 왜인으로 칭하는 임나 현지의 지방호족이 일본의 중앙귀족이나 지방호족과 관계를 가지면서 그 세력을 확대하려고 한 것으로 보았다. 처음의 논지와는 달리 야마토 왕조의 직접진출을 부정했을 뿐만 아니라, 오히려 '출선기관설'의 강한 국가의식에 대해 비판을 가하기도 했다. 이노우에 개인에서 보이는 '임나일본부설'의 변화를 통해 1960~70년대의 일본역사학계의 변화를 읽을 수 있어 흥미롭다.

이노우에 이후에도 일본학계에서는 야마오 유키히사山尾幸久, 스즈키 히데오鈴木英夫 등의 학자들의 연구에 의해 '임나일본부'의 성격은 점차 바뀌어, 군사적 성격에서 외교적 성격으로 변형되었고 '임나일본부'의 활동시기도 더욱 축소되었다. 일본학계 '임나일본부설'의 거듭된 변신이라고 하겠다.

3) 한국학계의 임나일본부설

한편, 한국학계에서 임나일본부에 대해 정식으로 거론하게 된 것은 1970년대 초 천관우에 의해서였다. 그는 왜곡된 『일본서기』의 임나 관련 기록을 사실에 맞게 이용하려면, 주체를 바꾸어서 해석해야 한다고 주장했다. 즉, 왜가 주체로 기록된 것을 백제로 바꾸어 놓으면 사실에 맞게 해석되는 것이 적지 않다고 하였다. 예를 들어 신공황후가 '가라7국을 평정했다'는 기사는 백제가 가야를 정복한 것으로 봐야 한다고 했다. 그리고 그는 '임나일본부'는 백제가 가야지역에 진출하여 설치했던 군사령부와 같은 성격의 것으로 해석하였다. 그 결과 가야는 일본에 의해 지배받은 것이 아니라 백제에 의해 지배당한 것으로 바뀌게 되었다.

그가 『일본서기』의 내용에 비판을 가하고 관련기사의 주체를 바꾸어 재해석한 점은 주목된다. 그것은 사료해석의 발상전환이자 당시 상황에 보다 사실적으로 접근할 수 있는 통로를 열어주었기 때문이다. 하지만, 결과적으로 가야가 백제의 지배를 당한, 여전히 비자주적인 나라로 그려지게 된 점은 한계로 지적될 수 있겠다.

김태식은 '임나일본부'를 왜와 가야의 교역과 외교를 전담하는 기관으로 안라에 설치된 기관이며 왜인과 가야계 왜인으로 구성되어 있었다고 보았다. 그는 자신이 주장한 '임나일본부'의 성격에 부합되도록 '임나일본부'를 '안라왜신관'으로 바꾸어 불렀다. '안라왜신관'은 6세기 전반 당시 삼국 및 가야 사이의 미묘한 국제관계 속에서 백제 및 안라(아라가야)의 이해관계를 위하여 존재한 것으로 보았고, 그 조직의 실질적인 운영권은 왜국이 아니라 백제 또는 안라가 쥐고 있었다고 했다. '임나일본부'를 기관으로 본 것은 기존의 견해와 같으나, 이를 가야를 주체로 하여 역동적으로 재해석하였다는 점에 의의가 있다고 할 것이다.

김현구, 이영식, 연민수 등은 일본학계에서 일어난 『일본서기』의 임나일본부 기사에 대한 비판을 적극적으로 수용하고 『일본서기』가 가진 사료적 가치를 활용하여 연구를 진행시켰으며, 임나일본부에 대해 합리적인 결론을 도출해내는 데 주력했다. 이들의 연구는 각각의 세부적인 견해차가 있으나 임나일본부의 성격을 왜의 통치기관이나 백제의 군정기관과 같은 관청이나 기관이 아닌, 임나에 파견된 왜의 사신들로 이해하고 있는 점은 공통된다. 이는 일본고대사학자의 연구성과의 진전과도 궤를 같이하고 있다. 이들의 학설을 '외교사절설'이라고도 하는데 한일 고대사학계에서 가장 주목받는 해석이다.

이상과 같이 '임나일본부설'은 시기에 따라, 사회적 여건이 바뀜에 따라, 그리고 가야사 연구의 진전에 따라 변형되어 왔다. 변신을 거듭해 온 '임나일본부'의 실체는 과연 무엇일까.

(3) '임나일본부'의 실체

1) 관련자료의 재검토

앞서 살펴본 '임나일본부설'의 근거가 된 각각의 자료에 대해 기존학자들의 비판과 해석을 참조하여 검토해 보도록 하자.

첫 번째로 든 『일본서기』는 왜의 야마토 정권이 확립된 후 천황의 권위를 수립하기 위해 만들어진 역사책으로 그 이전까지 왜열도 내에 산재되어 있던 지방호족들의 신화와 역사를 정리하여 천황중심으로 재편집한 것이다. 『일본서기』는 『삼국사기』보다 무려 400년이나 앞서 기록된 역사책으로서 그 사료적 가치가 적지 않다. 하지만, 그 내용 속에는 황당하고 복잡한 신화와 윤색된 이야기 등 천황의 신성성을 강조하기 위해 조작된 부분이 많아서 엄정한 사료비판을 필요로 한다.

『일본서기』 내용 중 역사적 사실로 판단할 수 있는 기사 중에도 사건의 주체나 연대가 조작된 것이 많다. 『삼국사기』 등 다른 역사서의 기사와 비교해 볼 때 『일본서기』에는 사건의 연대를 실제 연대보다 120년이나 올려서 기록한 것이 있는가 하면, 임나와 삼국에 관련된 기사도 대부분 천황중심으로 윤색하고 왜곡시켜서 서술하고 있다.

이러한 기록들을 사료로 이용하기 위해서는 『일본서기』에 나오는 사건의 연대를 다른 역사서들과 비교하여 사실에 맞게 조정할 필요가 있다. 또한 사건의 주체를 바꾸어서 해석하거나 한반도 내의 국제상황을 잘 고려하여 재해석해야 앞뒤 내용이 들어맞는 경우도 적지 않다. 따라서 『일본서기』의 내용을 그대로 받아들여 고대 한일관계를 설정한다고 하면, 근본적인 문제를 야기할 수밖에 없는 것이다.

두 번째로 들었던 「광개토왕비문」의 사료적 가치는 더 말할 것도 없이 한국고대사에서 가장 중요한 위치를 차지하는 것 중 하나다. 비문 가운데 '임나일본부설'의 근거가 되었던 신묘년 기사는 여러 가지로 해석되어 왔다. 비문 중간중간에 닳아 없어진 부분이 있어서 어디를 어떻게 끊어 읽느냐에 따라 다르게 해석될 수 있기 때문이다.

'백제와 신라를 신민으로 삼았다'는 신묘년 기사의 주체를 정인보는 고구려로 해석하였는데, 비문 전체의 내용이 광개토왕의 업적과 관련된 것이므로 상당히 타당성있는 견해로 받아들여진 바 있다. 그런데, 비문 전체의 내용에 고구려 중심의 천하관이 반영되어 있으므로 이 문장의 주어에 굳이 구애받지 않더라도 당시 정황은 충분히 파악될 수 있다. 일본학계에서도 왜병에 관한 기사에 대해, 고구려 광개토왕의 업적을 더욱 극적으로 돋보이게 하기 위해 왜병 활동을 의도적으로 과장하여 표현한 것으로 보고 있다. 이런 사실들을 종합해 볼 때 광개토왕비문 역시 왜가 남한지역을 경영한 것과는 아무 상관이 없다는 사실을 확인할 수 있다. 다만 왜병이 백제와 가야를 도와 고구려와 신라에 대응하여 한반도 내에 일어났던 전투에 참가했다는 사실만 확인할 수 있을 뿐이다.

세 번째의 『송서』는 한일관계에서 제3자적 입장이 되는 중국인에 의해 만들어진 자료이므로 『일본서기』보다 객관적인 자료라고 할 수 있다. 그 때문에 『송서』에 나오는 왜왕의 작호에 포함된 임나·가라와 신라 등 여섯 나라는 마치 왜왕 아래 복속된 나라로 비칠 수 있다. 그러나 이것은 다분히 과장된 것으로 허구적인 명예직에 불과하다고 보는 것이 학계의 통설이다. 5세기에는 이미 사라져버린 나라의 명칭인 진한과 모한이 들어가 있다는 사실도 그 사실을 뒷받침한다.

즉 『송서』의 왜왕 작호 기사는, 왜왕이 자신의 존재와 지배영역을 과장하여 벼슬이름을 요구하였고 남송의 입장에서는 백제 이외의 주변 나라들에 대한 구체적인 이해가 없는 상황에서 왜왕이 요구하는 대로 벼슬이름을 내린 것이라 하겠다.

네 번째로 언급한 칠지도는 표면에 새겨진 글에도 나와 있듯이 '백 번 단련시킨' 고도의 제련기술로 만들어진 뛰어난 철제품이다. 천수백 년 동안 공기에 노출되어 있었음에도 불구하고 그다지 형태가 변형되지 않았을 정도다. 뿐만 아니라, 칠지도의 폭과 길이는 1:8의 수학적 균형을 이루고 있어 조형미 또한 주목할 만한 것이다.

4세기 당시 왜에는 아직 철을 만드는 기술이 없었다.

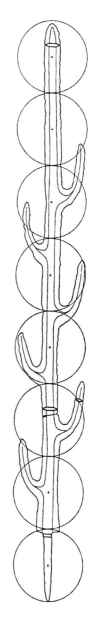

칠지도의 폭과 길이 비율

이에 비해 백제는 당시 동북아시아 최대강국이었던 고구려와 전쟁하여 승리를 이끌어 낼 정도의 군사력과 수준 높은 철제무기 제조기술을 보유하고 있는 나라였다. 이런 백제가 아직 철을 만들지도 못하는 나라에게 칠지도를 만들어 '바쳤다'고 하는 것은 어불성설이다. 또 칼을 준 주체가 백제왕이 아닌 백제의 왕세자라는 사실 역시 백제가 왜보다 우위의 입장에서 칼을 준 것을 시사한다. 그러므로 칠지도가 백제왕이 왜왕에게 '공헌' 혹은 '헌상'했다는 것도 아무 근거가 없게 된다.

이상과 같이 관련 사료들을 검토해 볼 때 애당초 임나일본부설은 불확실한 근거 위에 세워진 사상누각 같은 것이었음을 알 수 있다. 설령 『일본서기』의 '임나일본부' 기사를 그대로 읽는다 하더라도 6세기 중반이라는 한시적 기간이다. 신공황후가 '신라를 정벌'했다거나 '가라7국을 평정했다'고 하는 내용은 4세기 기록이며, 6세기에 집중적으로 등장하는 임나일본부기사와 연결된다고 봐야 할 이유는 없다.

뿐만 아니라, 『일본서기』 내에서도 '임나일본부'라는 존재는 정치행정적 업무와 관계되어 있지 않다. 임나 즉 가야제국에 대하여 조세를 징수한다거나, 역역이나 군사를 동원하는 등의 일을 강제한 사실이 보이지 않는다는 것이다. 군사적 지배에 관련된 일도 전혀 보이지 않는다. 이역시 임나일본부가 정치행정기관이나 군사령부와 같은 성격의 것이 아니라는 것을 증명한다. 후술하거니와 '임나일본부'의 활동은 외교활동에 한정될 따름이다.

한편, 고고학자료로서도 임나일본부의 실체는 전혀 증명되지 않는다. 임나일본부설이 실제 사실이라면 가야의 유물 위에 일본계 유물이 겹쳐져 나와야 할 것이다. 그런데 현재 남부지방에서 출토되는 일본계 유물은 왜와의 교류에 의한 산물이거나 일부 왜인들이 가야지역에서 터를 잡고 살고 있었다고 볼 수 있는 정도에 불과하다.

요컨대, 자료를 비판적으로 재검토하면 '임나일본부설', 더 자세하게 '출선기관설'은 허구였다고 할 수밖에 없다.

2) '임나일본부'는 외교사절

'임나일본부' 기사가 집중적으로 나오는 『일본서기』 흠명기를 보면 장소나 기관인 것처럼 해석되는 곳도 있으나, 특정한 사람이나 직책을 가리키는 경우가 더 많다. 가령 '임나일본부에서 모여……'라는 문구에서는 장소를 나타내나, '일본부 길비신과 백제에 가서……'라든가 '임나일본부와 임나의 집사와 같이……'라는 문구들은 일본부가 특정한 사람이나 직책임을 나타낸다. 경우에 따라서는 어느 쪽인지 애매한 경우도 있다. 하지만 전반적인 흐름으로 볼 때, '임나일본부'는 어떤 목적을 가지고 활동하는 사람, 혹은 그들이 근거하고 있는 장소로 보아야 순리적으로 해석된다. 기관이나 정청과 같은 조직성은 확인되지 않는다.

그런데, '일본'이라는 국호는 7세기 이후에야 확인되므로 정작 가야가 존재하던 6세기 중반까지는 '일본'이란 말조차 존재하지 않았다. '왜'가 종족명칭이자 나라이름이기도 했던 것이다. '일본'은 『일본서기』가 편찬되던 8세기 초에 '왜'를 바꾸어 기록한 것이며, '부府'는 고대 한국과 일본에서 관청의 의미로 쓰고 있으나, 여기서의 '부'는 왕의 명령을 전달하기 위해 지방에 파견되고 일을 수행하고 나면 왕에게 되돌아오는 '1회성 사신'을 의미한다고 본다. 하지만 이 역시 6세기 중반까지는 존재하지 않았다고 한다. 다시 말하면 '임나일본부'란 말 자체는 가야가 존속하는 시기에는 존재하지 않은 단어였던 것이다. 하지만 나중에 '임나일본부'라는 명칭으로 일괄적으로 정리되는 실체가 6세기 중반까지 가야지역에서 활동했다는 사실은 부정할 수 없다.

이들이 가야에서 활동한 배경에는 6세기 가야가 처한 대외적 상황의 급박함이 있었다. 신라와 백제가 가야지역으로 압박해 들어오는 가운데 독립을 유지하기 위한 가야제국의 자구책은 강대국 사이에 적절한 외교를 통해서 살아남는 것이었다. 이를 위해 가야제국은 한편으로는 백제의 요구에 응하면서도 다른 한편으로는 신라와 통교하는 등의 외교노선을 펼쳤으며, 심지어 고구려와도 통교하여 자신들의 이해를 관철시키려고 하기도 하였다. 이때 가야의 대외교섭에 함께한 자들이 '임나일본부'들이었던 것이다. 다시 말하면 '임나일본부'는 왜의 이해관계를 대변하는 것이 아니라 가야제국의 이해관계를 대변한 자들이었던 것이다.

'일본부'로 활동하고 있는 왜인들의 출신은 원래 가야지역이었고, 그렇기 때문에 이들은 가야의 현지 사정과 언어에 익숙한 자들이었다. 이들은 야마토 정권의 필요에 의해 가야에 와서 활동하면서 앞선 문물을 받아들이는 역할을 했는데, 가야에서 오래 체류하는 동안 가야와 친밀한 관계를 가지게 되었고, 이로 인해 가야가 처한 대외적인 현실에 함께 동참하면서 활동하게 되었다는 것이다.

요컨대, '임나일본부'는 외교사절 자격으로 가야와 문물교류를 할 목적으로 가야에 와서 활동한 왜인들이었으며, 가야가 대내외적으로 불안한 상황에서 가야의 이해를 대변했던 자들이었다. '출선기관'도 '정청政廳'도 아니었으며 왜의 군사적 지배와는 아무런 상관없는 존재들이었던 것이다.

애당초 임나일본부설이 성립되었을 때는 그것이 가지는 역사적 진실

보다는 당시의 현실적 필요에 이용된 바가 크다. 8세기 초『일본서기』를 지은 목적이 천황의 주권을 확립하기 위해서였으며, 이를 18~19세기의 일본에서 확대·재생산하여 '정한론征韓論'의 빌미로 삼았던 것이다. 20세기에 들어와서 일본의 식민지지배가 현실화되면서 이데올로기적 지배기구의 한 방편으로 기능하였으며, 그 잔재가 오늘날까지 이어져 온 것이다.

요컨대, '임나일본부설'은 근대일본의 현실적인 필요에 의해 '만들어진' 고대역사상古代歷史像인 것이다. 현재 일본교과서의 역사왜곡도 작금의 일본 국내문제를 극복하기 위한 방편이라고 보는 것은 이미 지적되고 있는 부분이다. 잘못된 역사인식은 현재적 필요에 의해 언제든지 재생될 수 있다는 사실을 보여주는 것이기도 하다.

'임나일본부설'이라고 하는 허구 뒤에는 엄연한 역사적 사실이 존재한다. 허구 뒤에 가려졌던 실체, 그것이 바로 '가야사'인 것이다.

3. 가야사 연구자료

　　가야인들과 오늘날 우리와의 사이에는 1500~2000여 년이라는 시간의
벽이 가로막고 있다. 이 '시간의 벽'은 우리가 결코 넘어갈 수도 깨뜨릴
수도 없는 절대적인 단절을 제공한다. '시간의 벽' 저 너머에 있는 '가야'라
고 하는 객관적인 실체를 들여다볼 수 있는 창은 오로지 역사적 자료
즉 사료史料에 의해 주어진다.

　　가야사를 연구하는 사료는 크게 문헌자료와 고고학자료로 나누어 볼
수 있다.

(1) 문헌자료

　　문헌자료라고 함은 문자기록으로 이루어진 모든 것들을 의미하며,
사서史書는 물론이거니와 서적, 각종 문서, 그림을 포함한다. 금석문은
엄밀하게 별도의 자료로 구분할 수 있지만, 문자로 기록되었다는 점에서
문헌자료에 포함시키기도 한다.

　　문헌자료는 당대에 쓰여진 자료가 있는가 하면, 오랜 시간이 지난
후 자료들을 정리하여 기록한 것도 있다. 전자를 '1차 자료', 후자를 '2차
자료'라 한다. 문헌자료는 누구에 의해 쓰여졌는가에 따라 같은 사실이라
하더라도 전혀 다른 모습으로 나타날 수도 있다. 기록하는 사람이 의도

했든 의도하지 않았든 사실을 왜곡해서 기록할 수 있다. 객관적이고 타당한 역사적 사실을 그려내기 위해서는 자료를 누가, 언제, 어떤 경로로 사실을 접하고 어떠한 시각을 가지고 썼는지 판단하는 작업이 필요한데, 이를 사료비판이라 한다. 모든 역사자료들은 이 과정을 거쳐야 비로소 사료로 인정받을 수 있다.

현재 가야사 관련 문헌자료로 인정되는 것들을 편의상 분류해서 살펴보면 일단 국내에서 쓰여진 자료와 국외에서 기록된 자료로 구분해 볼 수 있다.

1) 국내자료

『광개토왕비문』(414)

고구려 장수왕이 부왕 광개토왕의 능을 축조하며 세운 비석으로 유명하다. 가야가 존속하고 있을 때의 기록이므로 1차 자료다. 이 비문은 크게 세 부분으로 나뉘는데, 첫 번째 부분은 고구려의 건국신화와 광개토왕의 왕위계승과 비 건립에 대한 내용을, 두 번째 부분은 광개토왕의 업적을, 세 번째 부분은 왕릉을 지키는 사람들에 대한 규정을 담고 있다.

이 중 두 번째 광개토왕의 업적에 해당되는 부분에 당시 한반도 남부지역의 상황을 엿볼 수 있는 기록이 나온다. 신묘년(391) 기사에는 고구려가 백제를 굴복시키는 내용이 나오며, 기해년(399) 기사에는 백제와 왜가 화친하고 통교했다는 내용이 나오고, 경자년(400) 기사에는 가야가 신라와 고구려의 적대세력으로 등장하고 있는데, 신라를 구원하기 위해 내려온 고구려병에게 쫓긴 왜병들이 '임나가라의 종발성'이라는 곳으로 도망하는 장면도 그려지고 있다. 그리고 '안라인수병安羅人戍兵'이라는 말도 등장하는데, 이를 '아라가야의 병사'로 해석하는 학자들도 있고, '안라인수병'을 하나의 문장으로 보아서 '신라병(혹은 고구려 순라군)을 안치시켰다'고 해석하는 견해도 있다. 4세기 말에서 5세기 초 한반도의 역관계, 즉 '고구려 · 신라 : 가야 · 왜 · 백제'의 대결구도를 보여주는 흥미로운 기록이다.

『삼국사기』(1145)

가야 멸망 후 600여 년이 지난 뒤 고려시대 문신이었던 김부식에 의해 쓰여진 기전체 역사책으로서, 고구려 · 백제 · 신라의 삼국 중심으로 기록되어 있고, 가야본기는 따로 설정되어 있지 않다. 삼국의 정립기간이 약 100여 년 정도밖에 되지 않는다는 점을 감안하면, 500여 년 이상 삼국과 함께 존속한 가야의 본기가 누락된 것은 부당하다고 볼 수 있겠지만, 전근대 사학에서 역사기록이 최종 승자를 중심으로 기록되는 것은 당연한 일이었다.

그런 가운데서도 『삼국사기』에는 가야에 관한 중요한 기록들이 단편적으로나마 소개되고 있어, 가야사 연구에 중요한 단서를 제공해준다. 「신라본기」에는 '가야(가라)'와 '금관국'이 등장하고 있고, 「악지」에는 가야금과 우륵에 관한 기사가, 「지리지」에는 가야 관련 지명이 나온다. 그리고 「열전」에는 김유신, 이사부, 사다함, 강수, 물계자 등의 인물기사에 가야와 관련된 기록이 단편적으로 나오는데, 모두 신라와 관계된 기록이다. 고구려 · 백제와 가야와의 관계를 전해주는 기록은 『삼국사기』에 전혀 나오지 않는다.

『삼국유사』(1206~1289)

『삼국사기』에서 약 백여 년 뒤의 기록으로 '삼국'이라는 명칭이 붙은 역사책이지만 『삼국사기』처럼 삼국의 기사가 균형있게 서술된 것이 아니라 신라에 편중된 내용으로 이루어져 있다. 저자인 일연의 활동범위가 영남지역이었기 때문이다. 그 덕분에 같은 영남문화권에 속했던 가야에 대한 기록은 다른 어느 자료보다 풍부하게 실려 있다.

특히 『가락국기』에는 가야의 건국신화 및 수로왕의 치세, 허황옥과의 혼인기사, 왕실연대기 등이 비교적 체계적으로 실려 있는데, 가야를 주체로 하여 서술된 현존역사서는 이것이 유일하다. 그 외에도 「오가야」조에는 여섯 가야의 명칭이, 「금관성파사석탑」조에는 허황옥이 친정인 아유타국에서 가져온 돌로 만들었다는 탑에 대한 전설 등도 실려 있다.

『삼국유사』의 가야기록은 금관가야에 관한 내용이 절대적인 비중을 차지하고 여타 가야소국은 부수적으로 다루고 있어 일면 치우친 역사인식을 보여주고 있다고 하겠으나, 가야사가 한국고대사 속에 한 자리를 차지하는 데 가장 크게 공헌한 문헌자료임은 부정할 수 없다.

『신증동국여지승람』(1530)

가야가 멸망하고 1000여년이 지난 후인 조선중기에 쓰여진 지리서다. 각 지방의 산천지리, 연혁, 출신인물, 유적 등에 대해 비교적 상세하게 기록하고 있어 가야가 위치하고 있었던 지역의 역사적 전개과정을 대략 살펴볼 수 있게 한다. 그 중 가야사와 관련하여 중요하게 인용되는 부분은 경상도 고령지방에 관한 기록이다. 거기에는 대가야 시조왕의 탄생설화, 대가야왕과 신라왕녀의 혼인기사 등이 나와 있다. 변변한 기록이 없는 대가야로서는 반가운 자료다.

이 밖에도 조선시대 문헌으로서 가야에 대해 언급하고 있는 기록들이

다수 있으나, 대부분 위에 언급한 자료의 내용과 크게 다르지 않다.

2) 중국자료

『삼국지』(233~297)

위·촉·오의 삼국(220~265) 66년간의 역사를 3세기 인물인 진晉나라
의 진수陳壽가 저술한 것이므로 거의 '1차 자료'라고 할 수 있다. 이 중
조조의 위나라 역사 부분에 '동이'에 대한 기록이 있어 3세기 한반도를
살펴볼 수 있게 하며, 외부 관찰자 시점으로 서술하고 있으므로 비교적
객관적인 시각을 견지하고 있다. 여기에 등장하는 삼한에 대한 기록에서
가야사회 전반기의 상황을 엿볼 수 있다. 변진에 대한 기사가 바로 그것
인데, 소국들의 이름은 물론이고 당시 사회풍속에 관한 내용도 포함되어
있다.

하지만, '가야'라는 말은 없고 이에 해당되는 '구야국'이라는 나라가
등장한다. 구야국은 변진 12국의 일원으로 철의 집산지이자 교역의 중심
지이며 중국군현과 왜를 잇는 항로의 중간기점이기도 하다. 이 '구야국'
은 김해의 금관가야를 지칭하며, 함안의 '안야국'과 함께 변진(변한)을
대표하는 소국으로 나오고 있다.

『남제서』(502~519)

6세기 초반 중국 남조 중 하나였던 제나라의 역사책으로 가야에 관해
서는 짧지만 주요한 내용을 소개하고 있다. 이 책의 동남이전에 나오는,
"479년에 가라국의 하지왕이 남제에 사신을 보내고 보국장군이라는 벼
슬을 받았다"는 기록이 그것이다. 여기서의 '가라국'은 전성기 때의 대가
야였다고 보는 것이 학계의 통설이다.

『양직공도』(502~549)

『양직공도』는 6세기 전반 중국 남조의
양나라에 조공을 바치러 온 주변국 사신들
의 모습을 그리고 설명을 곁들인 그림자료
다. 여기에 백제사신의 모습을 담은 그림
과 백제국에 대한 간략한 설명이 들어 있
는데, 그 설명 부분에 백제 주변에 있었던
가야소국들의 이름이 나열되어 있다. 6세
기까지 존재한 일부 가야소국들의 이름을
알 수 있게 할 뿐 아니라, 백제와 가야와의
관계를 엿볼 수 있게 하는 자료이다.

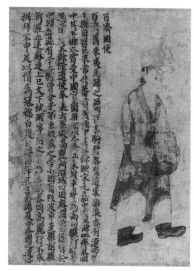

양직공도 중 백제사신도

『후한서』(398~445)·『송서』(488)

둘다 5세기에 만들어진 역사책으로『후한서』의 가야 관련기사는『삼
국지』와 내용이 유사하다.『송서』는 임나일본부설의 근거가 된 자료
중 하나로 가야사를 연구하는 데 직접적으로 도움이 되는 내용이라고
보기는 어렵다. 다만 5세기대 왜의 한반도 남부지역에 대한 이해를 엿볼
수 있을 따름이다.

『수서』(656)

7세기에 쓰여진 수나라의 역사책으로 동이전 신라조에 '가라가 백제
의 부용附庸이었는데, 신라가 백제를 습격하여(혹은 백제에 이어서) 가라
를 복속하게 되었다'는 짧은 내용이 실려 있다. 중국기록 중에는 유일하
게 가야멸망에 대한 내용을 다룬 것이라 하겠으나, 연대나 구체적인

내용은 기록되어 있지 않다.

이 밖에 『양서』, 『남사』, 『북사』, 『통전』, 『한원』, 『태평어람』 등에도 가야 관련기록들이 있으나 위에 든 자료의 내용과 그다지 다르지 않으며, 『후한서』와 『수서』의 기록을 옮겨 기록한 것이 대부분이다.

3) 일본자료

『일본서기』(720)

일본 고대의 역사책으로, 백제유민들이 이 책의 편찬에 많이 관여하였으므로 백제인의 시각이 많이 반영되어 있다. '임나일본부' 기사에서 보았듯이 왜곡과 윤색이 심하긴 하나, 가야사에는 중요한 사실을 많이 싣고 있다. 가령 4세기 '가라7국'에 관한 내용, 6세기 가야제국들의 동향 및 '안라회의', 두 차례에 걸친 '사비회의' 등 가야재건회의에 관한 기록 등은 가야사에 매우 중요한 내용들이다. 특히 6세기에 가야소국들이 연합하여 역동적으로 국제상황에 대처하고 있는 모습들은 가야의 주체적인 행동을 엿볼 수 있게 한다.

『풍토기』(713) · 『신찬성씨록』(815)

『풍토기』는 8세기 초반에 완성된 일본고대의 지리서다. 임나, 가라 관련 지명이 등장하며 가야에서 일본열도로 건너간 이주민들의 족적을 살펴볼 수 있는 자료다. 『신찬성씨록』은 9세기 초반의 기록으로 임나출신 인명과 지명이 등장한다. 역시 가야계 이주민들의 발자취를 엿볼 수 있는 자료다.

이상과 같이 가야사에 관한 문헌자료는 가야인 스스로 기록한 것은 남아 있지 않고, 다른 사람들에 의해 기록되었거나 후대에 쓰여진 것이 대부분이다. 그나마 『삼국유사』의 가락국기를 제외하면 단편적인 기록들 뿐이다. 이 정도의 기록들을 가지고 520여 년의 가야사를 구성해 나가야 하기 때문에 각 자료에 대한 해석들이 다양할 수 밖에 없는 것이다. 자료에 대한 학자들의 견해는 각자 나름대로의 타당성을 가지고 있을 뿐 아니라 한계성도 동시에 가지고 있다는 점을 인식할 필요가 있다.

(2) 고고학자료

문헌자료가 부족한 가야사에서 고고학자료는 아주 중요한 위치를 차지한다. 가야인들의 실제행위의 산물이며 그들의 땀과 노력이 배여 있다는 점에서 고고학자료는 오늘날 우리와 가야인들을 생동감 있게 연결해 주는 물질적 통로이기도 하다.

고고학자료는 크게 유적과 유물로 나누어 볼 수 있다.

1) 유적

유적은 가야 고지에 남아 있는 흔적으로서 시각적으로 가장 두드러지는 고분군을 비롯하여, 방어시설이었던 산성, 사람들이 모여 생활했던 마을터, 토기를 구워냈던 요지, 철을 생산하고 제련한 야철지 등이 해당된다. 발굴된 유적은 현재 대부분 사라지고 없는 경우가 더 많지만, 그 중에서도 주요 유적은 비교적 잘 정비되어 있는 편이다. 현재 각 지역에서 조사된 가야유적은 〈표 2〉와 같다.

〈표 2〉 가야 유적

경 상 북 도	고령	지산동 고분군, 주산성, 본관동 고분군, 내곡리 토기요지, 고아동 벽화고분, 쾌빈동 고분군, 반운리 유적, 박곡리 고분군, 노곡리 고분군, 월산리 고분군, 운라산성, 중화리 고분군, 백리 고분군
	성주	성산동 고분군, 명포리 유적, 예산리 유적, 용각리 유적, 가암리 유적, 박곡리 유적
경 상 남 도	김해	봉황대 유적, 부원동 유적, 예안리 고분군, 대성동 고분군, 양동리 고분군, 분산산성, 덕산리 유적, 내덕리 유적, 북정 패총, 죽곡 패총, 농소리 패총, 지내동 유적, 구지봉 유적, 수로왕릉, 수로왕비릉, 칠산동 고분군, 퇴래리 유적
	부산	복천동 유적, 연산동 고분군, 동래 패총, 래성 유적, 괴정동 유적, 노포동 유적, 낙민동 패총, 북정 패총 등.
	함안	말이산 고분군, 황사리 고분군, 윤외리 고분군, 장명리 토기요지, 가야리 전 왕궁지, 성산산성, 봉산산성, 광정리 고분군 등
	창원	삼동동 고분군, 도계동 유적, 성산 패총, 다호리 유적, 가음정동 유적, 남산 유적
	마산	현동 유적.
	창녕	교동ㆍ송현동 고분군, 계성 고분군, 화왕산성, 여초리 요지
	의령	예둔리 고분군, 천곡리 유적, 중산리 유적, 중동리 고분군, 운곡리 고분군, 경산리 고분군
	함양	백천리 고분군, 상백리 고분군, 손곡리 유적
	고성	송학동 고분군, 율대리 고분군, 송천리 솔섬 유적, 동외동 패총, 연당리 고분군, 내산리 고분군
	거제	덕시리 유적
	합천	옥전 고분군, 삼가 고분군, 봉계리 고분군, 반계제 고분군, 저포리 고분군, 중반계 고분군, 창리 고분군
	사천	송지리 고분군, 두량리 고분군, 늑도 유적
	산청	중촌리 고분군, 생초리 유적
	하동	고이리 유적, 진교면 유적
	진주	수정봉ㆍ옥봉 고분군, 가좌동 고분군, 대평리 유적
	거창	말흘리 유적, 대야리 주거지
	진해	용원동 유적
전 라 도	남원	월산리 고분군, 두락리 고분군, 건지리 고분군, 장교리 유적, 호경리 유적, 왕정동 유적, 길곡리 유적, 고죽동 유적
	진안	월계리 황산 고분군
	장수	삼고리 고분군, 삼본리 유적, 호경리 유적
	순천	죽내리 고분군
	임실	금성리 고분군
	여수	고락산성, 미평동 유적

〈표 2〉의 유적들 외에도 지표조사를 통해 확인된 유적들까지 합치면 그 수는 훨씬 더 많아진다. 이 중 고분군의 경우 외형적 형태는 물론, 그 구조와 축조양식의 변화를 통해 가야사에 중요한 정치·문화적 사실들을 전해주고 있어 가장 비중 있게 다루어지는 것 중의 하나다. 따라서 가야고분에 대한 개략적인 지식을 정리해 두면 가야사를 이해하는 데 유용하다. 간단하나마 가야고분에 대한 개요를 정리해 보면 다음과 같다.

가야고분의 외형은 대부분 둥글게 봉토를 쌓아올린 원형을 띠고 있다. 내부의 무덤구조는 대부분 피장자를 위에서 아래로 내려서 안치하는 수혈식인데, 형태와 크기에 따라 몇 가지로 분류한다. 먼저, 땅에 구덩이(토광)를 파고 목관에 시신을 안치한 것을 토광목관묘, 귀틀집과 같은 목곽을 만들고 그 안에 관을 안치하는 것을 토광목곽묘라 하는데 대체로 후자가 전자보다 규모가 크며 둘다 주재료는 나무다. 돌로 된 판으로 관을 만든 것은 석관묘이며 대체로 크기가 작다. '석곽묘'는 돌을 벽돌처럼 깨거나 강돌을 써서 묘의 벽체를 만들고 그 안에 시신을 안치하는 것을 말하며[4] 석곽묘의 규모가 큰 것을 석실묘라 한다. 5세기 이후 가야의 지배자 무덤은 대부분 수혈식석실묘다.

무덤은 피장자의 신분과 시기에 따라 크기나 형태, 그리고 축조양식이 다르게 나타난다. 토광목관묘는 기원전 1세기부터 출현하며, 2세기 후반대에 들어오면 토광목곽묘가 조성되기 시작한다. 이는 석곽묘로 발전하는데 대체로 4세기 이후에는 토광묘보다 석곽묘가 훨씬 더 많아지며 5세기에는 대형석실묘가 등장한다.

하지만, 무덤의 구조 형태는 시대별로 반드시 정형적인 변화를 보인다

---

4) 석관묘와 석곽묘는 이미 청동기시대 지석묘의 하부구조에서 시작되고 있어 그 연원은 토광묘보다 더 오래되었다고 할 수 있다.

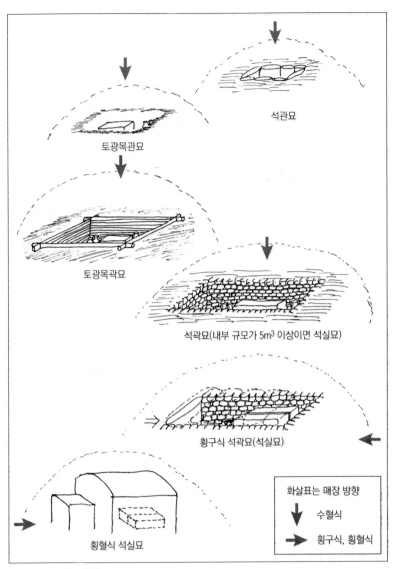

석관묘

토광목관묘

토광목곽묘

석곽묘(내부 규모가 5m³ 이상이면 석실묘)

횡구식 석곽묘(석실묘)

화살표는 매장 방향
▼ 수혈식
➡ 횡구식, 횡혈식

횡혈식 석실묘

무덤의 명칭과 내부 형태

고는 할 수 없다. 규모가 작은 무덤의 경우 6세기까지도 석관묘가 그대로 사용되고 있기 때문이다. 독(옹)에 사람을 매장하는 옹관묘는 가야 전

시기에 걸쳐 사용된다. 따라서 분묘를 통해서 시기적 변화를 본다고 할 때는 어디까지나 대형분을 조성한 지배자의 무덤을 대상으로 할 때에 가장 유효하다.

한편, 대부분 수혈식이었던 가야의 무덤이 6세기대에 오면 백제의 영향을 받아 횡구식·횡혈식 석실묘가 들어오게 되어 전통적인 수혈식 석곽묘와 공존하게 된다. 횡구식이나 횡혈식 무덤은 옆으로 석실의 입구를 만들어 시신과 부장품을 안치하는 구조를 말한다. 수혈식 무덤과는 달리 같은 석실 안에 추가로 장례를 지낼 수 있는 형태다.

이상에서 살펴본 고분 이외에도 현존하는 다수의 유적들은 그 당시 생활의 흔적은 물론, 건축과 토목공사의 결과물로서 가야사를 연구하는 데 주요자료가 된다.

가야인들이 인위적으로 남겨놓은 유적들 외에, 가야 현지의 지형과 지세도 살아 있는 유적으로서 유용한 자료다. 산의 형세, 강줄기와 지류 등이 모두 가야인들의 생활무대였을 뿐 아니라 소국들 상호간의 교류와 유사시의 방어를 위한 수단이 되었기 때문이다.

2) 유물

유물은 토기, 마구, 무구, 위세품, 장신구 등이 있는데, 각각의 자료를 통해 얻을 수 있는 것들이 적지 않다. 그 중에서도 토기는 자료의 연대를 알아내는 데 가장 유용하게 이용되는 자료다. '절대연대' 자료가 없는 가야로서는 토기의 '상대편년'을 통해 '절대연대'를 끌어내야 하기 때문이다.

'절대연대'라 함은 문헌자료와 연대가 정확하게 부합되는 유물(예 : 칠지도)이나 유적(예 : 무령왕릉), 정확한 연대가 기록되어 있는 것(예 : 호우총에서 출토된 그릇) 등을 기준으로 유물의 연대를 설정해 나가는 것을 말한다. 가야지역에는 현재까지 절대연대 자료가 전혀 발견되지 않았기 때문에 상대편년에 근거한 추정연대만 알 수 있을 뿐이다.

'상대편년'이란 문헌자료를 기반으로 하여 가야권역과 주요 사건을 염두에 두면서, 인근 지역의 절대자료와 상대자료를 원용하여 이를 가야지역 토기의 변화단계에 적용시키는 것이다. 상대편년의 기준은 토기의 형태, 토기를 만드는 기술, 토기재료인 흙의 성분, 토기의 빛깔과 크기, 함께 출토된 유물, 출토된 유적의 성격 등 다양하다. 이 중 시대를 구분하는 데 가장 유력한 편년기준은 토기를 구울 때의 온도[燒成溫度]를 높일 수 있는 기술에 두고 있다. 이것은 토기의 경도(단단하기)와 빛깔을 결정짓는 요인이 되기도 한다. 가령, 후기무문토기의 붉은 빛깔에서 와질토기의 흰색으로 바뀌게 되는 것은 토기를 굽는 기술의 변화로 인해 얻어진 것이다. 무문토기가 산소가 무제한 공급되는 노천요露天窯에서 구워진 것이라면 와질토기는 산소를 차단하는 폐쇄요閉鎖窯를 사용하여 구운 것이다.

토기가 노천요에서 외부공기 즉 산소가 계속 공급되는 산화염으로 구워지게 되면 소성온도를 일정 온도 이상 올릴 수 없을 뿐 아니라 흙 속의 철분이 산화하여 토기가 붉은 빛깔의 연질토기가 된다. 반면 산소를 차단하는 폐쇄요 안에서 토기를 구울 경우에는 소성온도를 훨씬 더 높일 수 있고 최고조의 불꽃(환원염)이 토기 속에 포함된 산소까지 빼앗아 소모하게 되므로 토기 빛깔이 흰 갈색이나 연회색을 띠게 된다. 이전보다 훨씬 단단해진 와질토기는 이렇게 해서 얻어지는 것이다.

와질토기에서 고식도질토기, 그리고 단단한 도질토기로 넘어가는 과

정도 모두 소성온도를 높이는 기술과 관계가 있다. 소성온도를 높이는 기술은 당시의 최첨단 기술인 철기의 제작기술과 밀접하게 관련되어 있다. 따라서 토기 제작기술의 변화는 그 시대의 하이테크 수준의 변화과정을 보여주는 것이기도 하다.

현재 설정하고 있는 토기의 대체적인 변화상은 〈표 3〉과 같다. 이를 일차적인 기준으로 잡고, 형태, 크기, 태토, 정면기술5) 등을 고려하여 토기의 연대를 더욱 세분화시켜 산출해 내는 것이다. 앞서 설명한 고분군, 주거지 등의 유적도 모두 이러한 상대편년을 통하여 그 연대를 추정하는 것이다.

그런데 이러한 상대편년은 적지 않은 문제점을 안고 있다. 학자들마다 토기를 편년하는 기준과 시각이 다른 것도 그 한 예다. 같은 토기를 두고도 각각 다른 연대를 설정하게 되는 것이다. 지역별 선·후진성을 가늠할 수 없는 것도 한계로 지적된다. 어느 시대든지 문화의 선진지역과 후진지역이 있을 수 있는데, 유물의 특정한 기준을 이미 설정한 다음 교차편년6)을 하기 때문에 지역별 선·후진성을 전혀 고려할 수 없게 되기 때문이다.

편년자료의 근거로 삼을 수 있는 자료가 발견된다 하더라도 이를 어디까지 적용시켜야 할지도 문제가 된다. 예를 들어 김해패총에서 발견된 중국 신新대의 화폐인 화천貨泉의 경우, 그것이 실제로 통용된 1세기대의 것으로 보아야 할지, 아니면 그 후의 것으로 보아야 할지에 대한 논란이 있을 수 있다. 당대에 실수로 버려진 것일 수도 있고, 아니면 후대로 전해지다가 가치를 잃고 폐기된 것일 수도 있기 때문에 어느 쪽으로

---

5) 토기의 면을 다듬는 기술.
6) 다른 지역에서 출토된 토기를 서로 비교하여 연대를 추정해 내는 것.

〈표 3〉 영남지역 고대토기 변화

시 기	토기 기종명	빛 깔	견 본
기원전 2~1세기	후기 무문토기	적황색	
1~3세기	와질토기	회갈색 연회색	
4세기	고식도질토기	암청색 회청색	
5~6세기	도질토기	회청색	

해석하는가에 따라 그 유물과 유적의 연대는 몇 세기의 오차를 가질
수 있다. 이 경우 당대인들의 사고와 행동방식에 대한 보충자료가 나와야
만 보다 정확한 연대를 산출해 낼 수 있다.

　문헌자료와 마찬가지로 고고학자료의 해석에는 많은 이견과 적지 않
은 오류의 가능성을 가지고 있다. 특히 정확한 연대추정 문제에서는
더욱 그러하다. 사료해석의 불안정성, 이것은 가야사뿐 아니라 모든
역사적 사실이 안고 있는 한계이기도 하다. 다만 최선의 자료해석만
할 수 있을 따름이다.

4. 가야의 역사적 전개과정

고구려·백제·신라처럼 중앙집권화된 고대율령국가로 성장한 나라들과는 달리 가야의 역사적 전개를 그려나가기란 쉽지 않다. 주인공이 하나가 아니기 때문이다. 하지만, 가야 역시 각 시기마다 중심이 되어서 소국들을 이끌어 간 주인공들이 있었으니, 이들에 초점을 맞추면서 그 역사적 전개과정을 살펴보고자 한다.

(1) 가야의 성립

1) 두 개의 건국신화

고대역사기록의 첫 출발은 대개 '신화'로부터 시작된다. 고조선의 단군신화, 부여의 해부루·금와 신화, 고구려의 주몽신화, 신라의 박혁거세·김알지·석탈해 신화 등 어느 고대국가든 신화 속의 주인공이 나라를 세우고 이끌어 나간다.

이들 신화는 현실과는 다르고 가공성이 짙다. 바로 이런 이유 때문에 신화는 믿을 수 없는 허구로서 역사적 근거가 전혀 없는 것으로 보게 되기도 하는데, 일각에서는 신화 그 자체를 역사적 사실로 받아들이는 경우도 본다. 두 가지 입장 다 나름의 근거를 지니고 있지만 한쪽만 고집해서는 곤란하다. 신화 속에는 인간이 생각하고 그려낼 수 있는 관념의 표상이 들어 있기 때문이다. 그런 까닭에 그 속에는 신화가 만들어지던 당시, 혹은 신화가 채록되던 시기의 역사적 현실이 들어 있다. 가야의 건국신화에도 가야가 존속하던 당시의 역사적 배경이 담겨 있다.

가야의 건국신화는 두 가지가 있는데, 그 내용을 현대어로 요약해 보면 다음과 같다.

[신화 1]

하늘이 열린 후 이 땅에 아직 나라 이름과 임금과 신하에 대한 호칭이 없었다. 아도간, 여도간, 피도간, 오도간, 류수간, 류천간, 신천간, 오천간, 신귀간이라는 이름의 아홉 명의 간이 있어 백성들을 통솔하였다. 기원 42년 3월 액을 떨어내는 날, 북쪽 구지에서 이상한 소리로 부르는 듯한 기척이 있어서 2, 3백 명의 무리가 이 곳에 모였다. 그런데 모습은 안 보이고 사람 목소리만 나면서 간들과 말하기를,

"거기 누가 있느냐?"

"우리들이 있습니다."

"여기가 어디냐?"

"구지입니다."

"하느님께서 나에게 이 곳에 나라를 새롭게 하라고 해서 내려왔다. 너희들은 봉우리 꼭대기를 파서 흙을 쥐고 '거북아 거북아 머리를 내놓아라 만약 내놓지 않으면 구워 먹어버리겠다'라고 노래하면서 춤을 추어라. 그러면 대왕을 맞아 기뻐 뛰게 될 것이다."

이 말을 듣고 간들과 백성들이 기뻐 노래하고 춤추다가 쳐다보니 자주색 끈이 하늘에서 드리워져 땅에 닿아 있었고, 그 끈에는 붉은 보자기로 싼 금상자가 매어져 있었다. 그것을 열어 보니 해처럼 둥근 황금색 알 여섯 개가 있었다. 모두 다 놀라고 기뻐하여 수없이 절하고 그 알을

다시 싸서 아도간의 집 선반에 두고 각기 흩어졌다.

이튿날 새벽에 무리들이 다시 모여 그 상자를 열었더니 알 여섯 개가 사내아이로 변해 있었는데 매우 잘 생긴 용모였다. 그 아이들이 평상에 앉으니 무리들이 축하인사를 하고 정성을 다해 공경하였다. 이들은 쑥쑥 자라나 열흘 만에 키가 아홉 척이나 되었고, 얼굴은 중국의 옛 나라를 세운 시조임금들의 얼굴을 합쳐놓은 것 같았다. 그 중 한 명이 왕위에 올랐는데, 맨 처음에 났다고 해서 이름을 수로왕이라 하였고, 나라 이름을 대가락 혹은 가야국이라 일컬었다. 나머지 다섯 명은 각각 돌아가 다섯 가야의 주인이 되었다. 8년 뒤에 수로왕은 배를 타고 바다를 건너온 인도의 아유타국 공주 허황옥과 혼인하였다.

[신화 2]

본래 대가야국은 시조 이진아시왕으로부터 도설지왕까지 모두 열여섯 세대 520년 동안 존속했다.

가야산의 여신인 정견모주가 천신 이비가지와 결합하여 대가야왕 뇌질주일과 금관국왕 뇌질청예 두 사람을 낳았다. 뇌질주일은 이진아시왕의 별칭이고 청예는 수로왕의 별칭이다.

[신화 1]은 『삼국유사』 가락국기에 실린 것으로 내용이 비교적 풍부하다. 『삼국유사』 오가야조에도 그 내용의 일부가 기록되어 있는데 가락국을 금관가야라고 지칭하고 있다. [신화 2]는 [신화 1]에 비해 내용이 많이 빈약하지만, 그런 대로 건국신화의 요소를 갖추고 있어 서로 비교가 가능하다. 이를 정리해 보면 〈표 4〉로 요약된다.

<표 4> 두 개의 건국신화의 비교

	[신화 1]	[신화 2]
출전	『삼국유사』 가락국기, 오가야조	『신증동국여지승람』 고령군 건치연혁조
출현하는 가야 수	여섯	둘
중심	금관가야(가락국, 가야국, 대가락)	대가야
가야 국들의 관계	여섯 개의 알에서 함께 태어남	형제
국가성립동기	하늘의 일방적 시혜를 땅의 인간들이 받아들임	땅의 여신(산신)이 하늘신과 결합
남녀인식	하늘(태양)과 물	하늘과 땅

〈표 4〉를 통해서 보듯이 우리는 두 개의 신화비교를 통해서 다음과 같은 몇 가지 역사적 현실을 추정해낼 수 있다.

먼저, 가야라는 나라는 하나가 아닌 둘 이상이라는 사실이다. [신화 1]에서는 6개의 가야가, [신화 2]에서는 두 개의 가야가 등장한다. 이것은 가야가 하나의 통합된 나라가 아니라 적어도 복수의 나라로 분리독립되어 있었다는 역사적 사실을 그대로 반영하는 것이다.

둘째, 가야의 왕들은 하나의 상자 속에 든 여섯 개의 알에서 한꺼번에 출생하거나, 한 어머니로부터 출생하여 형제관계를 형성하고 있다. 이것은 가야의 소국들이 각기 별개의 독립적인 정치체가 아니라, 서로 형제라고 주장할 정도로 일정한 유대관계를 가지고 있었다는 사실을 말한다.

셋째, 다수의 가야 중에서 금관가야와 대가야가 각각의 신화 속에서 주인공 역할을 하고 있다. [신화 1]에서는 수로왕이 가장 먼저 태어나서 금관가야의 왕이 되었으니, 여섯 명의 왕들 가운데 장남인 셈이 된다. [신화 2]에서는 두 아들 중 대가야의 시조 이진아시왕이 장남으로 나오고 있어 금관가야의 수로왕에 대하여 형님으로서의 우위권을 주장하고 있는 것이 된다. 신화 속의 강자는 현실 속에서도 강자다. 그러므로, 두 개의 건국신화는 금관가야와 대가야가 실제 가야사회에서 강자였을 때를 배경으로 만들어졌다는 사실을 의미한다. 아울러 가야의 정치적 힘의 중심이 하나가 아니었다는 사실을 시사한다. 가야사의 전개 과정을 감안할 때 시대가 바뀜에 따라 힘의 구심점이 달라졌다고 보면 신화의 내용은 순조롭게 해석된다.

넷째, 신화 속에 등장하는 소재들 역시 예사롭지 않다. [신화 1]에는 '알'이, [신화 2]에서는 '산'이 시조탄생의 주요 소재로 등장한다. [신화 1]의 '알'이라는 물체는 해와 같이 생겼다고 표현하고 있는데, 이것은 태양숭배와 관련이 있는 것으로 해석된다. 또 알과 관련된 소위 '난생설화'는 건국주체가 다른 곳으로부터 이주해 온 유이민이라는 사실을 암시한다고 보기도 한다. 하늘의 일방적인 시혜를 땅의 인간들이 받아들인다는 설정 역시 외부로부터의 강한 문화적 파급을 시사한다. 이 점은 고구려의 주몽이 알에서 나온 사실에 대한 해석과도 같은 맥락이다. 반면, [신화 2]에 나오는 가야산은 오랫동안 거주해 온 토착민과 함께 해 온 존재이므로 토착민들이 건국주체가 된 사실을 시사한다.

다섯째, 건국의 주체가 된 인물들의 출신을 보면 남성은 하늘신이거나 하늘에서 내려온 태양과 같은 존재인 반면, 여성은 산신(땅) 혹은 바다(물)로부터 오고 있다. 이것은 단군신화의 환웅이 하늘에서 내려온다거나, 고구려시조인 주몽의 아버지가 천제天帝의 아들 해모수라는 점과 상통하고, 주몽의 어머니가 물을 다스리는 신神인 하백의 딸이라는 것, 신라시조 혁거세의 왕비 알영이 우물에서 태어났다는 것 등과도 상통한다. 즉 신화 속에서 남성은 하늘·태양, 여성은 땅·물로 상징되고 있는데, 이것은 고대인들이 보편적으로 가졌던 세계관이 신화 속에 반영된 것이라 할 수 있다. 대개 신화 속에서의 남녀는 상징성을 띤 주인공들이다. 즉 모든 것의 근원이 하늘과 땅, 불(태양)과 물(달)이 조화를 이룬

데서 나온다는 사실을 남녀간의 결합이라는 인간사의 형태로 상징화시켜 표현한 것이다. 가야의 신화도 예외가 아닌 것이다.

이와 같이 우리는 가야의 두 건국신화를 통해 가야가 정치적으로 하나로 통일된 국가가 아니었다는 점, 가야소국들이 형제관계를 표방할 정도로 긴밀했다는 점, 금관가야와 대가야가 힘의 구심점이 되고 있었다는 점, 건국 주체가 각각 유이민과 토착인이었다는 점, 고대인들의 세계관 등을 엿볼 수 있었다. 이것이 바로 두 개의 신화가 내포하고 있는 가야시대의 역사적 현실인 것이다.

2) 가야의 국가성립

무엇이 국가인가

건국신화에 의하면 가야는 어느 시점에서 왕이 태어나고 아주 짧은 성장과정을 거친 뒤 나라를 건국한 것으로 기록된다. 하지만 어린아이가 한순간 어른이 될 수 없듯이 국가가 하루아침에 이루어질 수는 없다. 사람이 많이 모였다는 것만 가지고 국가라고 할 수 없기 때문이다.

국가가 성립될 수 있는 바탕, 즉 적당한 인구, 경제적 기반, 이들을 통제할 수 있는 권력과 제도적 장치 등이 조성되어야 국가라고 부를 수 있고, 이런 것들은 점진적이며 완만한 과정을 거치면서 이루어진다. 그러기에 국가도 하나의 성장하는 유기체와 같은 것으로 보아야 한다. 그런데 이 유기체가 어느 정도의 모습을 갖추어야 국가가 성립했다고 할 수 있을까.

가야의 성립은 앞서 살펴본 가락국기에 등장하는 신화 속의 '아홉 명의 간[九干]'의 존재에서 그 단서를 찾을 수 있다. 여기서 '간'은 '왕'과 같은 뜻으로 개별 단위 읍락邑落의 우두머리를 말한다. 읍락은 가장 기본적인 정치단위로서 오늘날 면단위 크기의 정치체로 보면 되겠다. 바로 이 읍락의 간들이 모인다고 표현한 것은 국가의 성립이 이 읍락들이 결집하는 과정과 밀접한 관련을 가진다는 것을 의미한다.

각각의 읍락들은 산천을 경계로 하여 각기 독립적인 생활을 영위하면서 서로 경쟁과 교류의 관계를 가지며 생활하는 개별공동체다. 이 읍락들은 점차 인구가 증대되고 생활반경이 확대되고 외부에 대한 인식이 넓어지면서 공통된 과제를 안게 된다. 그 과제란 외부세계로부터 오는 위협을 방어하고 더 큰 세계와 접촉하고자 하는 욕구와 관련된 것이다. 다시 말하면 원거리 교역을 통해 새로운 문물을 접하거나, 미지의 적대세력에 대한 방어를 위해 상호간 협력이 필요하게 된 것이다.

가야의 건국도 독립적으로 성장한 읍락들이 이러한 필요에 의해 결집한 결과라고 할 수 있다. 결집된 읍락의 수장(우두머리)들이 모여서 필요한 운영구조와 위계질서를 만들고, 새롭게 만들어진 공동체의 이름 즉 국호를 사용하며, 이를 대표하는 왕의 존재가 등장하게 된다. 바로 이 시기를 '국가의 성립'으로 보는 것이다.

물론 이 단계의 국가는 아직 중앙집권화된 고대율령국가와는 차이가 있다. 왕의 명령이 각 읍락 깊숙이 미치는 제도적 장치도 아직 마련되어 있지 않으며, 크기도 오늘날의 군郡정도에 지나지 않기 때문이다. 왕은 자신의 나라에 소속된 읍락의 수장들을 제대로 통제할 수 없는 경우도 있었다. 그래서 이 단계를 '소국'단계라고 불러 고대율령국가와 구분한다.

언제 가야가 성립되었나

「가락국기」의 건국신화에 나타나는 가야의 시작은 기원후 42년으로 기록되어 있다. 그대로 믿어버리면 쉽겠지만 그렇게 간단한 문제가 아니다. 『일본서기』에는 기원전 33년에 '임나사람'인 '소나갈질지蘇那曷叱知'가 등장하고 있어 기원전 1세기에 이미 가야가 있었던 것처럼 보이기도 한다.

그러나 두 기록 모두 후대에 만들어진 신화적인 기사라는 점을 고려해야 하고, 특히 『일본서기』의 경우 거의 사료적 가치를 인정받지 못하는 초기기록이므로 그대로 믿기 어렵다. 다시 말하면 두 문헌기록의 신화적 성격상 건국연대를 그대로 받아들이기에는 현실성이 결여되어 있어 보다 객관적인 자료의 보완을 필요로 한다는 것이다.

그런 까닭에 학자들마다 문헌기록에 대한 합리적인 해석을 더하여 건국시기를 추정하기도 한다. 그 결과 기원전 2세기에 이미 가락국이 성립된 것으로 본 견해가 있는가 하면, 기원전 1세기, 기원전후, 기원 1세기, 기원 2세기대, 기원 3세기 중반 등 가야의 건국연대를 보는 견해는 다양하다.

이처럼 문헌자료가 가진 불확실성과 해석의 차이를 극복하기 위해 고고학자료에서 국가성립의 단서를 찾기도 한다. 국가라고 하는 정치체의 등장은 당시에 커다란 사회적 변화를 동반하는 것이었고, 그 변화상은 물질자료로 남게 되므로 그것이 국가성립의 중요한 지표로 설정될 수 있기 때문이다. 가야의 국가성립과 관련하여 거론되는 고고학적 근거로서는 토광묘의 조성, 철기의 제작, 와질토기의 사용 등이 있다. 그런데 이들 자료는 서로 연동하여 나타나는 것이기 때문에 각각 따로 설명할 수 없는 측면이 있다.

토광묘의 경우 계급적으로 우월한 위치를 가진 계층이 발생했다는 사실을 보여주는 좋은 증거가 된다. 현재까지의 발굴자료로 볼 때, 낙동강 하류역에 유물이 부장된 토광묘가 집단적으로 출현하는 것은 기원전 1세기로 보고 있다. 기원후 1세기 전반경에 이르면 토광묘 중에서도 규모가 크고 부장품이 많은 무덤과 그렇지 않은 무덤과의 차별이 발생한다. 무덤의 규모와 부장품 양의 차이가 뚜렷해지는 것을 무덤[墳墓]의 '위계화位階化'가 진행되었다고 표현한다. 무덤의 위계화는 곧 분묘를 조성한 사회의 위계화가 진행되고 있음을 말한다. 즉 수장급의 무덤과 그렇지 않은 계층과의 차이가 확연해짐을 반영하는 것이다.

1세기경으로 편년되는 가야지역의 토광묘 안에는 자신들의 기술로 제작되었을 것으로 보이는 다량의 철기와 와질토기가 부장되고 있다. 철제 무기는 왕의 권위를 뒷받침하는 군사력을 갖출 수 있었을 뿐 아니라 인근지역을 제압하거나 정복전쟁까지 할 수 있게 한다. 그리고 철제 농공구의 사용은 토지를 더 깊이 더 넓게 경작할 수 있게 하여 생산력의 증대를 가져오게 하는 것이다. 뿐만 아니라 철기를 다루는 기술은 토기를 제작하는 데까지 응용되어 기존의 무문토기에서 한단계 발전된 새로운 재질의 와질토기를 생산할 수 있게 하였던 것이다.

그러므로 기원 1세기로 편년되는 무덤, 토기, 철기 등의 물질자료들은 당시 사회의 역동적 변화과정을 보여주는 산물이며, 그것은 바로 국가라는 정치체가 출현하는 과정과 궤를 같이하는 것으로 연결지어 설명할 수 있게 된다.

이렇게 볼 때 문헌자료에 등장하는 신화 속 건국연대인 기원후 42년에 해당되는 1세기는 고고학적으로도 충분히 뒷받침되는 시기라고 할 수 있겠다. 따라서 이 시기를 소국으로서의 가야(구야국) 즉 금관가야의 성립을 나타내는 시점으로 보아도 무리가 없다는 것이다. 단, 국가 성립 과정이 점진적인 변화를 통해 이루어진다는 점, 가야소국들이 하나가 아닌 다수의 소국으로 구성되었다는 점 등을 감안하면 기원 42년이라는 단일연도에 집착하기보다는 기원 1세기 전후라고 하는 다소 융통성 있는 시기를 설정하는 것이 오류가 적다고 하겠다.

(2) 가야사의 전개와 발전

1) 해상왕국 가야(1~3세기)

가락국의 성장

앞서 살펴본 가락국기의 건국신화의 뒷부분을 살펴보자.

이듬해 춘정월, 수로왕이 말하기를 "내가 서울을 정하겠노라" 하고 임시궁궐 남쪽에 새롭게 개간한 논으로 가서 사방의 산세를 둘러보고 주변 사람들에게 말하기를, "이 곳은 여뀌잎같이 협소하지만, 예사롭지 않은 곳이다……" 하고는 천오백 보 정도의 외성에 궁궐과 관청과 무기고 와 창고를 지을 터를 잡고 궁궐로 돌아와 농한기를 틈타 국내의 장정과 인부와 장인들을 징발하여 모든 일을 마쳤다.

이 기사는 초기가야의 사회적 상황을 반영하고 있는 것으로 내용 속에 국가가 성립되는 과정에서 필요한 주요 요소들이 등장하고 있다는 점에서 주목된다.

여기에 보면, 왕궁과 각종 공공건물을 신축하기 전에 먼저 논[水田]을 새롭게 확보했다고 한다. 이것은 국가의 성립이 단순한 정치적 제도장치의 마련이 아니라 일반 백성들의 생활안정을 바탕으로 하여 성립된 것임을 말한다. 새로 세운 궁궐과 관청 등의 건물 중 무기고武器庫는 국가에 필요한 무력장치가 설비된 것을 의미하고, 곡식창고는 조세를 거두게 된 사실을 시사한다. 장정, 인부, 장인 들을 징발하는 것은 백성들의 노동력을 동원시킬 수 있는 일종의 부역제도의 등장을 보여준다. 이 시기에는 아직까지 백성들을 직접 동원할 수 있을 정도는 아니었고, 각 읍락의 간干들을 통한 간접동원이었을 것이다. 조세 역시 간들을 통해 소위 '공납'을 받는 형식이었다. 또한 외성의 축조는 이 모든 것을 수행하는 정치의 중심권역이 설정되는 것을 의미한다. 중심이 되는 읍락 즉 국읍이 기존의 일반 읍락과 공간적으로 차별화되어 가는 모습을 나타낸 것이라 하겠다.

그 중에서 무력장치의 설비는 국가발전 과정에서 상당한 정치적 실력 다툼이 있었다는 사실을 시사한다. 이러한 무력대결을 신화 속에서는 다음과 같은 상징적인 이야기로 소개하고 있다.

> 완하국 함달왕의 부인이 임신하여 달이 차서 알을 낳았는데, 알이 사람이 되자 이름하여 탈해라 하였다. 탈해가 바다로부터 수로왕에게 와서 "내가 왕위를 빼앗으러 왔다."고 하니, 왕이 답하기를 "하늘이 나에게 명하여 왕위에 오르게 하였으므로 나는 하늘의 명을 거역하지 못한다. 내가 다스리는 백성을 어떻게 너한테 주겠느냐."고 하였다. 탈해가 이르기를 "그럼 나하고 술법을 겨루어 보자." 하니, 왕이 "좋다."고 하였다. 잠깐 사이에 탈해가 매가 되니 왕은 독수리로 변하였고, 다시 탈해가 참새로 변하니 왕은 새매로 변하였다. 순식간에 탈해가 본래의 몸으로 돌아오니 왕 역시 그렇게 했다. 탈해가 그제서야 항복을 하였다.

탈해는 신라의 4대왕이 된 인물인데, 수로왕과 마찬가지로 알에서 태어났다고 소개하고 있어 그 역시 출생부터 범상한 사람이 아니었다는 것을 보여준다. 수로왕에 도전할 만한 변신술법을 구사할 정도의 능력을 갖춘 인물이었던 것이다. 다만, 수로왕이 하늘에서 내려온 것에 반해 탈해는 완하국이라는 먼 곳에서 온 것으로 그려지고 있어 일단 출신에서는 탈해가 수로왕보다 위상이 낮아 보인다. 하지만 둘다 토착인이 아니라는 사실은 동일하다.

변신술은 고구려 건국신화에서 유화의 아버지인 하백과 해모수가 실력대결을 벌이는 과정에서도 등장하는데, 신화나 소설 속에서 주인공의 능력을 보여주기 위해 잘 동원되는 소재이기도 하다. 그런데, 여기서의 술법대결은 상징적 표현이고, 실제로는 현실 속에서 정치적 세력다툼을 말한 것이다. 가락국이 외부로부터 오는 적대세력과의 실력대결을 통해 발전해 나갔음을 이 신화는 상징적으로 보여주고 있는 것이라 하겠다.

이러한 양상은 비단 금관가야에 국한되는 것이 아니라 같은 시기 한반도 남부지역에 성립되고 있던 삼한의 개별소국들이 서로 경쟁관계를 거치며 성장해 나가는 모습으로 일반화할 수 있는 부분이기도 하다.

가락국과 변한

가락국(금관가야, 구야국)과 여타 소국들이 성립되고 있었던 당시의 한반도에는 중남부지역에서만 약 78개 이상의 소국들이 있었고 이들은 마한 54국, 진한 12국, 변한(변진) 12국으로 나뉘어져 있었다고 전하는데, 이 시기를 '삼한시대' 혹은 '원삼국시대'라고도 하며 가야시대의 전반기를 이루는 시대이기도 하다. 삼한 중 변진(변한)이 전반기 가야의 권역과 같은 범주로 본다.

그런데 『삼국지』 위지 동이전에는 가락국이나 금관가야가 나오지 않고 '구야국'이라는 소국의 이름만 나오고 있을 뿐인데, 어떻게 가야시대로 설정할 수 있는가. 서언에서 설명했듯이 구야국의 구야狗邪는 가야를

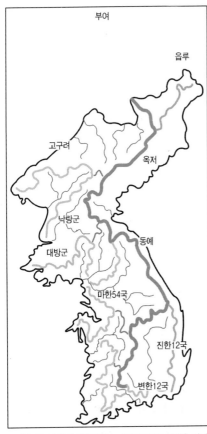

금관가야(구야국)가 해상교역의 기점으로서의 역할을 하던 시기의 한반도 상황

의미한다. 그리고 이 가야는 금관가야의 존재시기와 지역적 위치가 일치하므로 구야국이 금관가야와 동일정치체임은 분명하다. 따라서 구야국을 중심으로 하여 변한의 소국들이 일련의 연맹관계를 맺고 있었던 시기를 가야의 한 시기로 설정하는 것이다. 『삼국지』에 의하면 구야국이 속한 변한은 종족의 명칭이었을 뿐 아니라 정치적 범위로도 설정되고 있기 때문이다.[7]

가야(구야국, 금관가야)의 정치적 위상은 변한에서도 단연 으뜸이었을 뿐 아니라 진한지역까지 영향을 미칠 정도였다. 『삼국사기』 신라본기에 보면, 수로왕이 신라 변경에서 영토분쟁이 일어났을 때 가서 해결해 주었고, 신라왕은 수로왕을 위해 잔치를 베풀어 감사를 표했는데, 이 잔치에 한기부의 우두머리가 신분이 낮은 사람을 참석시키자 수로왕이 화를 내어 한기부에 가서 마음대로 실력행사를 하는 장면이 나온다. 이때의 신라는 진한의 유력한 소국(사로국)이었으니, 구야국 왕이 변한의 일개 소국왕의 위상에 머무르는 정도가 아니었음

---

7) 이 시기의 가야를 『삼국지』에 나오는 변한의 명칭을 내세워 '변한(전기가야)연맹'이라 하기도 하고, 혹은 금관가야 중심의 '전기가야'라고 칭하기도 하고, '가야사의 전사前史'라고 지칭하기도 한다.

을 보여준다.

구야국의 위상은 고고학자료를 통해서도 알 수 있다. 3세기까지의 영남지역의 유적·유물을 살펴보면 지금의 김해지역에는 다른 지역에 비해 단연 우세한 자료들이 출토된다. 무덤의 크기, 부장품의 다양함, 철기의 수량 등이 다른 지역보다 현저하게 우월한 것이다. 이는 구야국이 변한 내에서 힘의 구심점이자 중심세력으로서의 역할을 하였음을 보여주는 물적 증거라 하겠다.

위는 김해 양동리 78호분 출토 투구
아래는 김해 양동리 78호분 출토 판갑

해상왕국

구야국이 변한의 중심세력으로 성장할 수 있었던 요인은 해상권을 장악한 데 있었다. 구야국 즉 금관가야가 해상권을 장악할 수 있는 요인은 크게 두 가지였다.

첫째, 지리적인 조건이 해상교역에 유리하였다는 점이다. 『삼국지』 위지 동이전 왜조에 의하면, 중국 군현의 배가 해안을 따라 항해하여 바다를 건너 왜로 가기 전 일시적으로 정박하는 곳이 바로 구야국이었다. 반대로 왜에서 중국군현으로 가고자 할 때에도 마찬가지였다. 즉 구야국은 당시에 가장 빈번하게 이용되던 해로의 중간기점에 위치함으로써 '근해 항해'를 하는 배들이 경유할 수밖에 없는 위치에 있었던 것이다.[8]

창원 다호리 출토 판상철부

　또한 이곳은 낙동강 하구에 위치하고 있어 바다에서 내륙지역으로
통하는 길목이기도 했다. 내륙지역 소국들이 낙동강을 경유하여 해로로
나갈 때 반드시 구야국을 경유해야 하므로 하구를 지키는 구야국의 통제
를 받거나, 구야국을 통해서 외부접촉을 할 수 밖에 없는 조건하에 있었
다. 구야국이 내륙의 낙동강 연안에 위치한 소국에 대해서 관문 역할을
한 것이니, 여타 소국들과는 상대적으로 교역에 유리할 수가 있었던
것이다.

　둘째, 구야국이 철의 집산지로 유명했다는 사실이다. 철은 규격화된
도끼모양의 철판(판상철부, 주조철부)이나 덩이쇠(철정)로 만들어서 거
래했는데, 이들 철정이나 철부는 화폐처럼 교환의 매개체로 사용되기도

---

8) 앞서 수로왕에게 도전한 탈해가 노렸던 것도 가락국이 위치한 지리적 이점이었던 것
　같다. 탈해는 신라에 가서도 좋은 위치에 터잡고 있는 호공의 집을 꾀를 써서 빼앗는데,
　당시 사람들은 이를 나쁘다고 하기는커녕 오히려 그가 현명하다고 소문이 났고 그로
　인해 왕의 사위가 되어 왕위후계자까지 되고 있다. 이로 보아 탈해는 지리의 중요성을
　파악하고 있던 인물로 보이며, 수로왕과 대결을 벌인 것도 가락국이 가진 해상 요충지로
　서의 이점을 잘 알고 있었기 때문으로 보인다.

하고 현물로 가져가서 농기구나 무기로 변형시켜 사용하기도 하였다. 변진은 바로 이 철의 산지로서 유명했는데, 각 지역에서 생산된 철은 자연히 교통의 요지였던 구야국에 집산되어 특산품이 되었다. 이 철제품을 구입하기 위해 마한이나 진한인들은 물론이고, 백두대간의 동부지역에 거주하고 있었던 예濊, 바다 건너편의 왜倭, 한반도 서북부지역의 중국군현인 낙랑樂浪과 대방帶方 등지에서 몰려들었던 것이다. 구야국에 국제교역장이 형성된 것은 너무나 당연한 일

김해 양동리 162호분 바닥에 있는 철정꾸러미들

이었다. 이러한 교역조건 하에서 구야국은 변진의 최강국으로서의 세력을 과시하였다.

『가락국기』의 주인공 수로왕 이야기도 바로 이 시기 구야국의 활약상을 배경으로 하여 만들어진 것이다.

구야국 중심의 교역체계는 적어도 3세기까지는 무리없이 지속되고 있었다. 그러나 이러한 상황이 언제까지나 계속되지는 않았다.

2) 한반도 정세변화와 가야(4세기)

포상팔국전쟁

해상무역을 바탕으로 위세를 떨치던 구야국의 힘은 3세기 말경부터 서서히 약화된다. 구야국이 이권을 독점한 교역체계에 반발해서 포상팔국浦上八國이 전쟁을 일으킨 것도 구야국을 약화시킨 계기로 작용한다. '포상팔국전쟁'이라고 지칭되는 이 사건은 『삼국사기』와 『삼국유사』 모두 신라인의 시각에서 기록하고 있는데, 사건의 전개 과정을 요약해서 소개하면 다음과 같다.

포상팔국이 모의하여 가라를 침략했다. 가라의 왕자가 신라에 구원을 청하였다. 신라왕이 태자와 이벌찬에게 명령하여 가라를 구하고 팔국을 쳐서 항복을 받고, 포로가 되었던 6천 명을 빼앗아 가라에 돌려주었다. 가라가 왕자를 신라에 보내 볼모로 삼게 했다. 3년 뒤에 골포국, 칠포국, 고사포국 등 3국의 왕이 각기 군사를 거느리고 와서 갈화(울산지역)를 공격했다. 신라왕이 친히 군사를 거느리고 막으니 3국이 모두 패하였다.

여기에서 가라는 가야와 동의어로 구체적으로는 금관가야를 가리킨다. '포상팔국'이란 명칭은 '물가의 여덟 나라'라는 뜻으로 고성의 고사포국, 사천의 사물국, 마산의 골포국, 함안군에 있는 칠포국, 그리고 지명비정이 확실하지 않은 보라국[9] 등 다섯 나라의 이름만 전하고 있다.

전쟁의 원인은 역시 교역을 둘러싼 이권문제였다. 포상팔국 역시 해안지역에 위치하고 있었으므로 해상교역을 통해 이익을 얻으려고 한 것은 당연했다. 하지만 이들 소국들은 구야국이 관할하는 국제교역장을 이용

---

9) 『삼국유사』에서는 보라국을 전라도 '나주'로 지명비정하고 있다.

할 수밖에 없는 조건 하에 있었는데, 그 원인은 당시의 항해기술과 관계가 있었다.

고대 항해기술로는 바로 먼 바다로 나가서는 방향을 잡기가 어려웠기 때문에 특별하게 해류를 파악하고 있지 않을 경우 육지를 따라 항해하는 것이 안전하고 경제적이었다. 하지만 육지에 바로 인접해서 연안항해를 하면 복잡한 리아스식 해안을 따라가다 암초에 부딪힐 위험도 있고, 섬과 섬 사이에 흐르는 물살도 빨라서 항해하기 힘들며, 정체모를 해안집단의 습격을 받을 수도 있다.

따라서 중국군현의 배를 비롯하여 당시의 교역선들은 연안항해가 아니

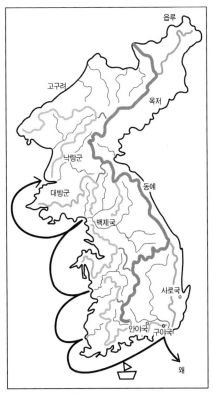

교역선의 근해항해 추정도

라, 육지로부터 일정한 거리를 유지하면서 항해하다가 주요 기점에 안착하여 교역하고 다음 지점으로 향하는 방법으로 해로를 다녔는데, 이것이 이른바 '근해항해'였다. 당시에 빈번하게 다녔던 근해항로와 주요 교역장을 추정해 보면 대체로 큰 강의 하구가 항해의 중간기착지이자 교역장이 형성된 곳이었던 것으로 추정된다. 낙동강 하구에 자리잡고 있었던 금관가야도 그 중 하나였던 것이다.

그렇기 때문에 포상팔국은, 해안가에 위치하였으나 이들 외래항해선과 직접 만나기 어려웠으며 금관가야에 가서야 중국 군현과 왜국의 상인

들, 한韓의 여타 소국들과 교역할 수 있었던 것이다. 금관가야에 와서 교역하는 동안에는 체류비용과 교역장 사용료를 부담해야 했을 것이고, 금관가야는 이를 이용하여 부가이익을 누렸을 것이다. 금관가야의 이같은 이권독점이 계속되자 상대적 박탈감을 느낀 여덟 나라가 연합하여 전쟁을 일으켜 대항하였고, 이 전쟁을 주동한 나라가 구야국의 라이벌인 안야국(아라가야)이었다.

안야국은 구야국과 함께 마한 목지국의 진왕으로부터 특별한 호칭을 부여받을 정도로 변한 내의 강국으로 부상한 나라였다. 그런 안야국으로서는 구야국이 가진 교역상의 이권을 부당하다고 생각했던 것이고, 여기에 동조하는 소국들과 함께 전쟁을 일으킨 것이다.[10]

불시에 포상팔국의 침략을 받은 구야국 즉 금관가야는 자력으로 당해내지 못하게 되자 진한의 강대국이 된 신라에게 원군을 요청한다. 금관가야는 신라의 도움으로 전쟁에서 이기고 기존의 교역권을 계속 유지하고자 했다. 그러나 원조의 대가로 전쟁 이후 신라에게 왕자를 인질로 보내는 등의 저자세를 보일 수밖에 없게 되고, 금관가야가 주도했던 낙동강 하류의 교역권의 일부도 신라로 넘어가게 된다. 3년 뒤 포상팔국 중 세 나라가 신라에 직접 쳐들어간 것도 낙동강 하류에서의 교역이권 중 일부를 신라가 조종하게 된 것과 관계가 있다고 보인다.

이 전쟁은 변한 소국들이 기존 금관가야 주도의 이권배분에 도전할 정도로 해상교역을 둘러싼 경제적 상황이 각박해진 현실을 반영한다. 그 주된 요인으로는 마한과 진한에서 각각 백제와 신라가 정치적 성장을 한 것과도 관계가 있다. 금관가야는 변하는 주변 상황에 발빠르게 대처하

---

10) 학자에 따라서는 이 전쟁이 포상팔국과 안야국(아라가야) 간에 일어난 것이라고 보기도 한다. 하지만, 당시의 교역루트 및 구야국과 안야국의 경쟁관계를 고려할 때, '금관가야 : 안야국이 주도한 포상팔국' 간의 싸움으로 보는 것이 옳다고 보아야 할 것이다.

지 못하고 신라에 의존하게 됨으로써 변한의 중심국으로서의 위상과 교역상의 이권을 점차 상실하게 되는 것이다.

백제와의 만남

포상팔국전쟁은 가야사회가 새로운 국면으로 넘어가는 상황의 전초전이었을 뿐이다. 새롭게 변동된 대외적 변화에 대처하지 않을 수 없는 상황에 직면하기 때문이다. 그 변동은 고구려·백제·신라의 성장과 맞물려 있다.

4세기 초 고구려가 낙랑군과 대방군 두 중국 군현을 소멸시킴으로써 고구려의 영역은 남쪽으로 확대되고 백제와 국경을 접하게 되었다. 중국 군현과 접촉하면서 마한 소국들을 통합해 나가며 성장한 백제도 역시 대내외적 성장을 거듭하며 중국 본토의 나라들과 독자적으로 교역을 할 수 있는 역량을 갖추게 되었다. 한편, 신라는 주변 소국들을 통합하고 고구려의 도움을 받으며 중국과 통교하는 등 안팎으로 성장해 나가고 있었다.

이렇게 되자, 중국 군현을 주요 교역대상이자 선진문물 도입의 창구로 삼고 한韓 소국들의 교역의 중계역할을 했던 금관가야로서는 타격을 입지 않을 수 없었다. 중국 군현의 배는 물론이고 각 지역의 배들이 이전처럼 정박하지 않게 되었고, 더 이상 철도 집산되지 않았을 뿐 아니라 이전처럼 판로가 순조롭지도 않았다. 반면에 신라와 백제는 각각 독자적으로 질 좋은 철을 생산하여 무기와 농공구를 이미 자체 제작하였던 것이다. 따라서 굳이 금관가야에서 철을 구입할 필요성이 없어졌기 때문이다.

거기에다 포상팔국전쟁 후 금관가야는 신라의 간섭을 받게 됨으로써 변진(변한)사회의 구심점으로 역할을 할 수 있었던 정치적 위상도 저하되어 갔다. 그렇다고 해서 금관가야가 신라권으로 편입되어 들어간 것은 아니었다. 이전보다 쇠약해지긴 했으나 여전히 해상왕국으로서의 면모를 유지하면서 가야국으로서의 독자적인 문화는 그대로 존속해 나가고 있었다.

이러한 변화 가운데서 가야의 여러 소국이 다시 힘을 합하여 새로운 대외관계를 모색하던 중, 또 하나의 큰 사건을 겪게 된다. 그것은 백제 근초고왕의 의욕적인 영토확장에서 비롯된다.

당시 근초고왕은 동아시아 최강국이었던 고구려와의 전쟁에서 승리를 거두었다. 그 결과 오늘날 황해도 일부 지역까지 진출하는 등 북쪽으로 영역을 확대하였다. 남쪽으로는 마한 소국들(영산강 세력)을 도륙하고 백제의 통치권으로 끌어들였다. 원래 마한 남부지역의 영산강은 마한의 교역중심지이자 해상의 요지였는데, 바로 이 곳의 서남해로를 백제가 차지한 것이다. 그리고 백제는 이 해로를 이용하여 가야지역으로 진출하였다.

『일본서기』에는 이 무렵의 기사를 다음과 같이 전하고 있다. 복잡한 부분은 생략하고 주요 줄거리만 소개한다.

신공황후 49년(249) 춘3월에 장군들을 보내 탁순국에 모여 신라를 격파하고 비자발, 남가라, 탁국, 안라, 다라, 탁순, 가라 등 일곱 나라를 평정하였다. 그리고 군사를 옮겨 서쪽으로 가서 침미다례를 무찔러 백제에게 주었다. 이에 그 왕인 초고(근초고왕)와 왕자 귀수(후의 근구수왕)가 또한 군사를 이끌고 와서 함께 만났고, 비리, 벽중, 포미지, 반고 4읍은 스스로 항복하였다.

이 내용을 액면 그대로 받아들이면, '249년에 왜의 신공황후가 장군들을 보내 신라를 격파했고, 가라 즉 가야의 일곱 나라를 평정했다. 그리고 서쪽으로 가서 침미다례(오늘날 전남지역)를 무찔러서 백제에게 주니 근초고왕과 태자가 왔다. 그 위세를 보고 주변 4읍은 스스로 항복해 버렸다'는 내용이다. 사건의 순서를 기록 그대로 정리하면 왜가 '탁순에서 신라격파→가라7국 평정→침미다례(전라남도)를 무찔러 백제에게 줌→근초고왕과 왕자가 왔음, 4읍이 항복함'이 된다.

이 기록은 『일본서기』의 사실왜곡을 보여주는 것 중 하나로 꼽힌다. 『삼국사기』와 비교해볼 때 연대에서부터 120년의 오차가 난다. 근초고왕의 재위연대와 비교하면 249년이 아닌 369년의 일이 되는 것이다. 그 내용은 왜가 한반도 남부지역에서 일방적으로 실력을 행사하고 그 결과로 얻은 땅을 백제에게 공짜로 주는 것으로 되어 있다. 이해관계를 바탕으로 이루어지는 국제관계에서 이러한 '인심 좋은' 외교는 누가 보아도 과장과 윤색이라는 사실을 알 수 있는 것이다.

하지만 이 기사를 천관우의 주체교체설로 재해석하면, 왜의 한반도 평정이 아니라, 백제 근초고왕에 의해 한반도 남부에 일대 변혁이 이루어지는 것으로 해석된다. 그런데 이 기사는 왜의 입장에서 거꾸로 기록한 것이므로 주체를 왜가 아닌 백제로 바꾸어 정정하고, 여기에 시간적인 전개과정도 백제 쪽에서 역으로 다시 해석을 하면, 위에서 언급한 대로 근초고왕이 '마한 남부지역 점령→해로를 차지→남해안 해로를 통해서 가야지역으로 진출'했다는 줄거리 전개가 성립될 수 있는 것이다.

논지에 따라서는 백제군이 육로를 통해 가야지역으로 들어왔다고 보고, 탁순을 내륙지역인 대구나 경산에 비정하기도 하지만, 당시의 정황으로 보아 해로를 통한 것으로 보고 탁순 역시 해안지역에 위치한 창원으

가라7국과 백제·왜와의 만남

로 보는 것이 가장 자연스럽다. 탁순 (지금의 창원)이 '가라7국 평정'의 기지가 되고 있는 점, 이보다 3년 전 탁순왕이 백제와 왜의 교통을 중계하면서 바닷길이 멀고 험하여 큰 배를 타야 한다고 언급한 점, 백제의 전라도 해안지역의 점령 등의 사실과 연관지어 보면 역시 백제와 가야와의 관계가 해로를 통해서 이루어졌다는 사실을 알 수 있다.

이때 백제와 가야가 맺었던 관계는 무력에 의한 복속 형식이 아니라, 양자 간에 새롭게 성립된 외교관계였다. 다만 양쪽의 힘의 우열관계가 너무나 뚜렷하였으므로 대등한 관계가 아닌 상하관계를 인정한 외교관계였다. 『일본서기』에 백제가 가야에 대해서 스스로를 '형' 혹은 '부친'이라고 칭하는 대목이 있는데 이것은 상호 우호관계의 돈독함이나 힘의 상하관계를 잘 반영하는 표현이다.

백제와의 교류에서 선두 역할을 한 나라는 금관가야가 아니라 오늘날 창원지역에 있었던 탁순이었다. 여기에 함께 참여한 나라는 비자발, 남가라, 탁국, 안라, 다라, 가라 등으로 모두 일곱 나라였다. 비자발은 비화가야, 남가라는 금관가야, 안라는 아라가야, 다라는 합천에 있었던 다라국, 가라는 고령의 대가야를 가리킨다. 탁국은 밀양지역의 소국으로 보는 견해가 유력하다.

요컨대, 4세기 후반 가야사회는 주요 일곱 나라를 중심으로 재편되어 백제와 왜를 대상으로 하여 새로운 교역활동을 주도해 나가게 되었던 것이다. 3세기까지 변진이라는 정치체로 불렸던 가야사회가 대외적 변화에 조응하여 탁순 등 7국을 중심으로 하여 힘의 구도를 재편해 나가고 있는 모습을 확인할 수 있는 것이다.

3) 대가야의 융성(5~6세기 초)

고구려와의 만남

4세기 말에서 5세기 초, 한반도 남부는 전쟁에 휘말리게 된다. 가야 역시 전쟁에 참여하게 되는데, 그 계기는 신라와 백제의 충돌에서 비롯된다. 이 무렵 신라는 고구려의 도움에 힘입어 대내외적인 성장을 하는 가운데 백제와 빈번하게 영역다툼을 벌이게 되었으나 아직 역부족으로 번번이 백제에 패배하고 있었다. 더욱이 왜가 백제에 동조하여 신라에 침입하니 신라는 고구려에 도움을 요청하게 되었다.

고구려의 광개토왕은 보병과 기병으로 구성된 군대 5만을 보내어 신라를 도왔고, 가야는 백제에 동조하여 고구려와 신라병에 대항하여 싸우게 된다. 이른바 '광개토왕의 남정南征'인데, 이 말에는 가야를 고구려의 정복대상 정도로 낮게 보는 시각이 깔려 있다. 일견 타당한 말이긴 하지만, 가야의 입장에서는 어디까지나 북쪽으로부터의 위협세력에 대항하여 싸운 정당한 전쟁이었다는 사실을 상기할 필요가 있다.

이 무렵 한반도 내의 역학관계는 '고구려·신라 : 백제·가야·왜'의 대치상태로 볼 수 있으나, 힘의 우열을 객관적으로 평가하자면 '고구려≧ 여타 국가'라고 할 수 있을 정도였다. 동아시아 최강의 고구려군과 가야와의 전쟁은 애당초 상대가 되지 않는 싸움이었다. 고구려군은 신라에서 퇴각하는 왜병을 좇아서 '임나가라'[11]의 종발성까지 쳐들어왔던 것이다.

---

11) 이 '임나가라'를 김해의 금관가야로 보는 설과 고령의 대가야로 보는 설이 있다. 왜병의 움직임과 관련해서 본다면 김해 쪽으로 보는 것이 옳을 것이나, '가라'가 4세기부터 이미 주요국으로 대두했다는 점을 감안하면 고령 쪽으로 보는 것이 타당할 것이다. 양쪽 모두

찰갑으로 된 말갑옷. 출토 상태

가야는 이 전쟁으로 인해 커다란 충격을 받게 되고 기존 사회체제도 심각한 타격을 입었다. 이 때 가야가 받은 타격은 고구려군에게 당한 인적·물적 피해이기도 했지만, 새로운 문화적 충격이기도 했다. 문화적 충격이라 함은 고구려의 선진문물과 전면적으로 접하게 된 것을 말한다.

일례로 아라가야가 있었던 함안에는 '마갑총'이라는 별명의 대형토광목곽묘가 발굴되었는데, 거기에서 고구려 고분벽화에 나오는 말의 찰갑옷이 출토되었다. 5세기 초로 편년되는 이 고분은 바로 고구려와 가야의 전쟁을 편년의 주요 기점으로 하고 있다. 완전무장한 고구려의 기병을 죽이고 얻은 전리품이든가, 아니면 고구려군대를 보고 배워서 아라가야가 자체 제작한 것일 수도 있는데, 어느 쪽이든 고구려와의 전쟁으로 얻어진 결과라 할 것이다.

비단 마갑뿐 아니었다. 가야의 무사가 착용한 갑주도 5세기 이후에는 찰갑[12]이 많아지고, 목을 싸는 경갑 등 각종 무구가 괄목할 만큼 발전한

가능성이 있으나 현재로서는 김해설 쪽이 우세하다.
12) 찰갑은 작은 쇳조각을 비늘처럼 엮어 만든 갑옷을 말하는데, 기존의 판갑보다 충격에 강하여 화살이나 창으로부터의 보호력이 훨씬 뛰어나다.

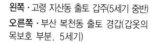
왼쪽·고령 지산동 출토 갑주(5세기 중반)
오른쪽·부산 복천동 출토 경갑(갑옷의
목보호 부분. 5세기)

다. 가야가 접한 것은 이러한 무구에 그치지 않았을 것이다. 각종 전투병
기에서 병법에 이르기까지 기존의 소국연맹단계에서 수행하였던 전쟁
보다 더 높은 수준의 전쟁을 경험한 것이니, 그 전쟁의 충격은 선진문화
로부터의 충격이기도 하였다.13) 이처럼 가야와 고구려의 만남은 전쟁을
통한 충격적 만남이었다.

중국과의 만남

이후 가야사회는 이전부터 성장해 온 토착문화 위에 외래문화의 영향
을 덧입게 되면서 5세기 대에는 가야가 정치·문화적으로 독자적인 영역
을 구축하게 된다. 이 시기 가야의 중심으로 성장한 나라는 고령의 대가
야였다. 대가야의 성장을 보여주는 자료는 고령 지산동고분군을 비롯하
여 수많은 유물과 산성 등 물적 자료도 많이 있지만, 무엇보다 가장

---

13) 이 전쟁을 가야사회의 분기점으로 보고 400년 즉 5세기 초를 가야의 전후기로 구분하는
기점으로 삼기도 한다. 즉, 피해를 많이 받았던 금관가야에 대신하여 내륙지역에서 상대
적으로 피해를 적게 받았던 대가야가 융성해진 계기로 보는 것이다. 하지만, 앞서 보았듯
이 금관가야는 3세기 말부터 쇠퇴의 기운을 보였고, 고령의 대가야는 앞서 살펴본 369년
의 소위 '가라7국기사'에서 '가라국'이라는 이름으로 등장하고 있다. 이미 이 시기부터
대가야가 가야사회에서 부상하고 있었음을 보여주고 있는 것이다.

큰 것은 내륙 한복판에 위치하고 있던 대가야가 바다 건너 중국의 남조 제나라에 사신을 보내고 벼슬을 책봉받은 사실이다. 『남제서』에는 다음 과 같은 내용의 글이 실려 있다.

> 가라국은 삼한의 종족이다. 건원 원년(479)에 국왕 하지가 사신을 보내 공물을 바치니, 황제가 다음과 같은 조서를 내렸다. …… 가라왕 하지가 멀리 해외 동쪽에서 선물을 바쳐왔으니, 보국장군 본국(가라)왕으로 봉하 노라.

민족주의 시각에서 보면 중국으로부터 벼슬을 받는 것이 무슨 좋은 일이냐고 할 수 있겠지만, 고대의 국제관계에서는 중국으로부터 책봉을 받는다는 것은 주변의 정치세력에 대해 우월감을 나타낼 수 있는 근거가 되기 때문에 중요한 의미를 갖고 있었다. 가야뿐 아니라, 고구려, 백제, 신라 모두 마찬가지였다. 그러므로 대가야왕이 중국의 황제에게 3품에 해당하는 벼슬을 받았다는 사실은 다른 가야소국의 왕들로부터 충분히 우위권을 인정받을 수 있는 큰 사건이었다. 그리고 그만큼 어렵고 험한 여정을 거쳐 얻어지는 것이기도 했다.

교통수단이 발달된 오늘날에도 내륙에 위치한 고령에서 중국의 남쪽 으로 이동하려면 상당한 비용과 시간을 필요로 하는 일이니, 천 수백 년 전에야 말할 것도 없이 힘든 일이었을 것이다. 대가야의 사신은 왕의 국서를 들고 여러 사람을 동원하여 무거운 공물을 가지고 오랜 시간이 걸리는 험한 길을 가야했다. 대가야가 어떤 경로를 거쳐 남제로 갔는지에 대해서는 몇 가지 견해가 있다.

첫 번째, 기존의 수로와 해로를 이용하는 방법이다. 낙동강을 통해 바다로 나가서 근해항해를 하여 백제의 땅인 부안지역에 이르고, 거기에 서 제사를 지낸 뒤 바다를 건너 중국으로 건너가는 경우다.[14] 이 경로는 항해의 길이는 좀 긴 편이나 수로의 편리함을 감안한다면 가장 쉬운 길일 수도 있었다.

두 번째, 낙동강은 아무래도 신라에게 노출되기 쉬우므로 반대방향인 백두대간을 넘어 배를 타고 섬진강을 통해 남해안으로 나가서 서남해로를 따라 부안까지 가는 경우다. 대가야의 영향력이 전라도의 남원·임실·진안·장수에까지 미쳤다는 사실이 토기를 통해서 나타나고, 6세기에 동진東進하던 백제와 대가야가 섬진강 하구에서 충돌한 사실을 증거로 삼고 있다.

세 번째는 육로를 이용하는 방법으로, 백두대간을 넘어 백제영역을 지나서 부안지역에 도달했을 가능성이다. 5세기 후반경에는 대가야와 백제의 사이가 좋았고, 부안 역시 백제영역이었으니 백제의 협조를 받았던 것은 틀림없을 것이므로 굳이 돌아서 갈 필요가 없었을 것이기 때문이다. 직선거리로는 이 경로가 가장 짧다.

이 중 어느 길을 택했는지는 알 수 없지만, 현재 학계의 대세는 두 번째 견해 쪽이다. 하지만 첫 번째와 세 번째 경로도 완전히 배제할 수 없다. 이 무렵의 가야는 백제와 신라 두 나라와 모두 우호관계를 맺고 있었기 때문이다.

그 당시 가야를 둘러싼 대외상황은 5세기 후반 고구려의 영향권에서 벗어나고자 하는 신라와, 고구려와의 전쟁에서 패배한 백제가 나제동맹을 맺고 고구려라는 공동의 적을 두고 협력하여 대처하고 있었던 시기였

---

14) 부안에서 출토된 제사유적에 대가야계 토기가 나왔으므로 부안을 경유했다는 사실에는 의심할 여지가 적다.

다. 가야 역시 이 동맹관계에 적극적으로 협조하여 신라가 고구려의 '미질부성'을 칠 때 백제와 함께 병력을 파견하여 원조하기도 했다. 따라서 어느 경로로 가든지 이들 두 나라가 방해세력이 될 이유는 별로 없었다. 다만, 관심있게 지켜보기는 했을 것이다.

대가야는 이렇게 주변 상황을 잘 이용하여 중국 남제와 외교를 텄으며, 이러한 정치적 능력에 힘입어 가야 내에서 중심에 설 수 있게 되었던 것이다.

4) 신라 · 백제의 압박과 가야 멸망(6세기 초~562)

대가야의 혼인동맹

대가야는 6세기 초까지 가야사회의 맹주국으로서 중심적 역할을 하였다. 하지만 6세기 들면서 가야를 둘러싼 주변 강국의 움직임이 심상치 않게 돌아가고 있었다. 신라는 지증왕대에 군현제를 실시하여 통치지역에 직접 관리를 파견하였고, 법흥왕은 율령을 반포하여 중앙집권화 과정에 박차를 가하고 있었다. 백제 역시 웅진으로 천도한 뒤 내적인 체제정비를 도모하고 대중국외교를 활발하게 전개해 나가면서 강국으로서의 면모를 되찾아 나가고 있었다. 대가야 역시 가야의 맹주국으로서의 위상을 높이기 위해서 가야 전체에 대한 패권의식을 음악으로 표현하기도 하였다. 또한 신라와도 혼인동맹을 맺어서 친신라적인 대외정책을 펴나가기도 하였다. 대가야가 친신라적 정책을 취한 이유는 6세기 초부터 백제가 가야권을 서서히 잠식해 들어오고 있었던 것과 관계가 있다.

이 시기 백제는 왜와의 교류를 더욱 적극적으로 추진하면서, 지금의 전라도지역의 대가야권에 속해 있던 소국들을 백제영역으로 끌어들였다. 이로 인해 대가야에 속해 있던 지금의 전라도 임실, 남원지역 및 대가야의 해외교역 거점이었던 대사지역(오늘날 섬진강 어귀 하동)을 백제에게 빼앗기고 말았다. 그 결과 대가야가 백제와 맺고 있었던 기존의 우호관계는 결렬되었고, 백제에 협조했던 왜와의 관계도 불편해지게 되었다. 그 반작용으로 대가야는 신라와의 우호를 통해 외교적 입지를 지키고자 혼인동맹을 맺었다.

그러나 혼인을 매개로 한 신라와의 동맹관계는 오래 가지 못했다. 신라의 왕녀가 대가야왕에게 시집올 때 데려온 종자들의 옷차림을 둘러싸고 가야 내에서 불편한 관계가 야기되자, 신라가 혼인관계를 파기하려 들었기 때문이다. 대가야왕은 이에 반대하였으나, 신라는 일방적으로 관계를 파기시키고 가야변경의 성들을 빼앗아 버렸다. 이 사건이 일어난 때는 529년으로 혼인동맹을 맺은 지 7년 만이었다. 이렇게 해서 대가야가 신라와 맺은 혼인동맹은 실패로 끝나고 오히려 가야지역 영토의 일부를 신라에게 빼앗기는 결과를 가져오고 말았다.

아라가야의 외교전

한편 대가야가 신라와의 우호관계를 지속하는 데 대해 우려하고 있던 아라가야(안라국)가 대외적으로 적극적인 움직임을 보이고 있었다. 혼인동맹 파기의 발단도 남부가야지역의 강국이었던 아라가야의 왕인 '아리사등'이 이의를 제기한 데서 시작되었으며, 이것은 친신라정책에 주력하는 대가야의 외교정책에 대한 이의제기이기도 했다.

이미 표면적으로 왜를 가까이하며 가야의 자립을 추구하던 아라가야는 곧바로 현실적인 실천으로 옮겼다. 혼인동맹이 깨어진 그 해, 즉 529년에 아라가야는 새로운 회의장을 짓고 가야 각국의 주요 인물을 불러서 회의를 개최한 것이다. 소위 '안라회의'라고도 불리는 이 국제회의에는 백제, 신라의 사신들도 초청하였다. 본회의는 가야소국의 대표가 중심이 되어 진행하였고, 백제·신라의 사신들은 은근히 소외시켜 버렸다. 의도적으로 가야의 자립적인 면모를 과시한 것이다.

아라가야의 전략은 백제·신라와는 어느 정도 거리를 두고 자립적인 움직임을 보이는 한편, 안라에 거주하고 있는 왜인들로 하여금 자신의 편에 서서 활동하게 하고, 멀리 왜국과도 가까운 관계로 보이게 함으로써 가야의 존립을 지속시키려는 것이었다.

하지만, 이러한 아라가야의 자립적인 움직임을 우려하던 백제가 531년에 군대를 아라가야의 걸탁성에 주둔시켜 버렸다. 이전에 섬진강 하구를 차지하여 대가야의 대외교역창구를 막은 바 있었던 백제가 이제 무력을 동원하여 아라가야의 자립적 움직임을 감시하려고 했던 것이다.

백제가 아라가야에 군대를 주둔시킨 다음 해인 532년에는 금관가야가 신라에 투항해 버렸고, 뒤이어서 탁순, 탁기탄 등 가야의 두 나라가 신라에 복속된다. 이제 가야는 동남쪽으로는 백제에게 압박을 받고, 서쪽으로는 신라에 의한 잠식이 계속되면서, 두 강국 사이에서 어느 쪽으로도 의존을 하지 않으면 안 되는 처지가 되었다.

결국 가야는 친백제 정책으로 방향을 돌렸으며, 541년과 544년 두 차례에 걸쳐 백제 성왕의 소환에 응하여 가야소국 대표들이 멀리 사비성(부여)에 가서 회의를 하였다. 당시로서는 가야에서 백제의 수도 부여까지 간다는 것은 쉽지 않은 일이었다. 육로로 간다면 험한 백두대간을 넘어야 했을 것이고, 수로를 이용한다면 서남해안을 장시간 근해항해하여 금강에 다다라 부여까지 거슬러 올라가야 하는 길이었기 때문인데, 어느 쪽이든 상당한 시간을 요하는 여정이었던 것이다. 이 사비회의를 주도한 백제는 이전부터의 우호관계를 강조하면서 신라를 조심하라고

조언을 하고 선물도 안겨주는 등 친절을 베풀었다. 그러나 백제의 궁극적인 목적도 가야지역 병합에 있었다.

한편, 이 무렵 가야의 대외관계를 주도해 나갔던 아라가야는 신라와도 접촉을 계속하고 고구려와도 비밀리에 통교하면서 양대 강국 사이에서 살아남기 위한 자구책을 강구해 나갔다. 가야의 자구노력이 지속될 수 있었던 것은, 신라와 백제가 함께 고구려의 남쪽영역 즉 오늘날 한강지역을 탈환하는 등 공조관계를 펴고 있었으므로 아직까지는 가야에 대한 병합의지를 노골적으로 드러내지 않았기 때문이다.

하지만 신라·백제의 공조관계가 깨지면서 상황은 다시 불안하게 돌아가게 되었다. 백제의 대중국해로의 요지였던 한강 하류지역을 신라가 차지해 버린 사건이 일어났고, 이 사건은 신라와 백제가 충돌할 수밖에 없는 결정적 사건이 되었다. 국호를 '남부여'라 칭하면서 백제의 옛 영광을 되찾으려 한 성왕은 554년 신라와 전쟁을 벌였고, 백제의 감시하에 있던 가야는 어쩔 수 없이 이 전쟁에 군사를 보내지 않을 수 없었다. 그런데 '관산성 전투'에서 백제의 성왕이 신라군에게 전사를 당하였고, 이로 인해 함께 전투에 참가했던 가야 역시 패배를 하고 말았다.

전쟁의 패배로 타격을 입은 가야는 이제 자립적으로 재기할 수 있는 가능성이 더욱 희박해져 가고 있었다. 국왕이 전사한 백제는 가야지역에 눈을 돌릴 여유가 전혀 없어졌고, 힘의 균형이 완전히 신라로 기울어진 상황에서 가야소국들은 신흥강국 신라에 속수무책으로 노출되고 있었다. 이후 가야소국들은 각각 신라에 의해 회유당하거나 무력으로 하나씩 복속되어 갔고, 562년 최종적으로 대가야가 신라에게 멸망당함으로써 '가야'는 역사의 뒤안으로 사라지게 되었다.

(3) 가야의 범위와 시기구분

하나의 국가가 영유한 공간적 범위를 '영역'이라고 한다. 그런데 이 '영역'이라는 말은 국왕의 다스림이 미치는 범위라는 뜻으로 중앙집권화된 국가에나 어울리는 용어이므로 소국들의 연합이었던 가야에는 사실 타당하지 않은 말이다. 그래서 논자에 따라서는 가야권에 속한 지역이라는 뜻으로 '권역'이라는 용어를 쓰기도 하고, '공간적 범위'라는 말로 대신하기도 한다. 어느 것이나 적확한 용어라고는 할 수 없으나, 이 책에서는 가야의 존재양상이나 시기적 유동성을 고려해서 '범위' 혹은 '권역'이라는 말을 '영역'에 대신하여 사용한다.

가야의 범위를 설명하기 위해서는 먼저 가야의 존재양태를 이해해야 할 것이나, 그것은 다음 장에서 다루게 될 것이므로, 여기서는 가야권역에 소속될 수 있는 범위를 사료상에서 나타나는 명칭을 통해 정리해 보고자 한다.

다음 〈표 5〉에 의하면 시기에 따라 가야에 속한 소국의 수가 바뀌고 있음을 알 수 있다. 각 소국이 자립적이고 자율적인 정치적 향방을 가지고 있었기 때문이다. 이 중 『일본서기』 신공기에는 가라7국만 나와서 소국의 구성원이 상당수 줄어든 것으로 보이는데, 이것을 가지고 가야의 범위가 축소되었다고 단정지을 수는 없다. 단일 사건에 등장하는 소국들의 숫자이기 때문이다. 백제와의 외교에 참가한 주요 7국 이외에도 몇 개의 소국들이 가야권에 더 포함되어 있었다고 이해하는 것이 전후 가야의 구성원 수와 비교해 볼 때 순리적이다.

『삼국유사』의 6가야는 통일신라 이후의 가야인식이 반영된 것으로, 후대인에 의해 기억되어 재정리된 것이다. 6가야가 모두 낙동강을 따라

〈표 5〉 가야소국의 명칭과 위치

자료 (시기)	소국 명칭 (현재 지명 : 비정이 확실한 곳)
『삼국지』 동이전 변진12국 (1~3세기)	변진미리미동국(밀양), 변진접도국, 변진고자미동국(고성), 변진고순시국, 변진반로국(고령), 변[진]낙노국, 변진미오야마국, 변진감로국(김천), 변진구야국(김해), 변진주조마국(진주), 변진안야국(함안), 변진독로국(동래)
『일본서기』 신공기 가라7국 (4세기)	비자발(창녕), 남가라(김해), 탁국(밀양), 안라(함안), 다라(합천), 탁순(창원), 가라(고령)
『삼국사기』 악지 우륵 12곡 지명 (6세기)	하가라도(김해), 상가라도(고령), 달이(전남 여수), 사물(사천), 물혜(광양), 하기물(남원), 거열(거창), 사팔혜(합천), 이사(의령), 상기물(임실)
『일본서기』 흠명기 임나13국 (6세기)	남가라(김해), 탁순(창원), 탁기탄(밀양), 가라국(고령), 안라국(함안), 사이기국(의령), 다라국(합천), 졸마국(진주), 고차국(고성), 자타국, 산반하국, 걸찬국, 임례국
『삼국유사』 오가야조	아라가야(함안), 고령가야(함창), 대가야(고령), 성산가야(성주), 소가야(고성), 금관가야(김해)
『삼국유사』 오가야조 인용 「고려조사략」 오가야	금관가야(김해), 고령가야(함창), 비화가야(창녕), 아라가야(함안), 성산가야(성주)

동서안에 위치해 있는 것이 특징이고, 오랫동안 각각 독립세력이 형성된 곳으로 수혈식 고총고분군이 형성되어 있는 곳이기도 하다. 이들은 낙동강의 수계를 통해 교역권이 용이하게 형성될 수 있는 범위에 위치해 있다. 그럼에도 이들 6가야를 모두 하나의 정치권으로 볼 수는 없다는데 범위설정에 어려움이 있다. 6가야 중 가야권에서 벗어나 일찍 신라권에 편입된 것으로 보이는 지역이 있기 때문이다. 성산가야(성주), 고령가야(함창)의 경우가 그것인데, 이들 지역은 토기양식으로 보아도 가야권이라기보다는 신라권에 가까워서 가야사 범위에서는 한 발 뒤로 물려놓고 있는 곳이다. 하지만 김천지역이 변한의 한 소국이었으므로 그 남쪽에 위치한 성주 성산가야도 3세기까지는 변한의 한 소국에 포함시킬 수 있다.

창녕의 비화가야 역시 낙동강 동쪽에서 5세기 후반까지 독립소국이었

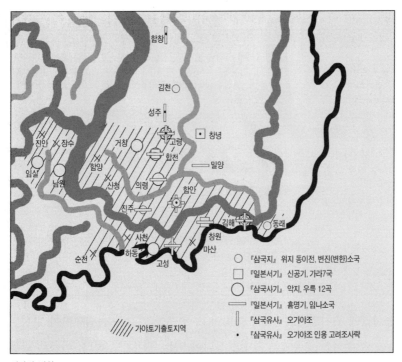

가야의 범위

다. 즉 비화가야는 3세기까지는 진한에 속하였다가, 4세기에 일시적으로 가야권에 소속되어 활동한다. 그 뒤 5세기 후반에 친신라적 경향을 보이다가 6세기에는 완전히 신라권으로 편입되어 가야권에서 떨어져 나가게 된다. 이로 보아 가야를 구성하는 소국은 시기에 따라 상당히 유동적임을 알 수 있다.

고고학자료 역시 가야권을 설명하는 데 유효하다. 특히 토기의 경우 가야권과 비가야권을 뚜렷하게 구분하는 기준이 되기도 한다. 대가야 토기가 많이 출토되는 전라북도 임실·남원 지역은 문헌자료에도 등장하고 있어서 양자가 서로 보조적 역할을 한다. 하지만 문헌자료에는 전혀 언급이 없는 진안·장수 지역에도 대가야 토기가 출토된다는 사실은 이 지역이 일시적으로 가야권에 소속되었음을 말해준다. 즉 가야토기가 상당한 비율로 출토되는 지역은 한시적으로 가야 권역에 소속된 집단으로 보는 것이다.

이상과 같이 문헌자료와 고고학자료들을 종합해 볼 때 가야의 권역은 남부 백두대간의 동쪽과 낙동강 서안을 중심으로 하고, 시기에 따라서 낙동간 동안지역의 일부, 백두대간의 서쪽지역의 일부를 포괄하기도 한 유동적 범위로 설정할 수 있다(지도 참조).

한편 가야사의 시간적 범위는 기원 1세기 전후에서 대가야가 멸망하는 562년까지로 본다. 이것을 시기적으로 어떻게 구분하여 볼 것인가에 대해서는 설이 여러 가지다. 각 학설마다 타당한 근거를 가지고 있으나 이 책에서는 일단 문헌자료에 나타나는 주요 사건을 기준으로 하여 세 시기로 구분하였다. ① 금관가야(구야국)가 변한(변진)의 중심이 되었던 1~3세기, ② 가라7국을 중심으로 교역체계가 재편된 4세기, ③ 고구려와의 전쟁 이후 대가야가 중심이 되어 독자적 문화를 발전시켜 나간 5~6세기로 나누어 검토하였다. 이를 여타 정치체들과 시기별로 공존하고 있는 상황을 도식화시켜 보면 〈표 6〉과 같다.

〈표 6〉 가야사의 시기구분과 주변 나라들

1 ~ 3세기	4세기 ~ 6세기 중반	562년 이후
부 여		
	고 구 려	
읍루·옥저·동예		
삼한 마 한	백 제	
진 한	신 라	
변 한	가 야	

5. 가야의 정치사회구조

고대의 정치사회구조는 국가가 생겨나서 발전되어 가는 과정과 밀접한 관계를 가지며 가야 역시 예외가 아니다. 고대국가의 형성과정에 관해서는 한때 학계의 주요 쟁점이 될 정도로 관심을 모은 주제였고, 그만큼 다양한 학설들이 나와 있는 분야이기도 하다. 여기서는 『삼국지』와 『삼국유사』에 나타나는 고대 한반도의 정치적 상황을 살펴보면서 고대국가가 발전해 가는 과정을 단계별로 검토한다. 아울러, 가야의 국가발전단계와 정치사회구조를 추론해 보고자 한다.

(1) 고대사회의 발전단계

1) '읍락' '소국' '부' '국가'

한국 고대사회의 발전과정을 엿볼 수 있게 하는 가장 중요한 두 문헌자료는 『삼국지』와 『삼국사기』다. 그런데 두 기록이 그려낸 3세기의 한반도 상황은 판이하게 다르다.

『삼국지』에 의하면, 3세기 당시 한반도에는 중남부지역에만 해도 78개나 되는 작은 나라들이 존재하고 있다. 황해도와 평안도 일부 지역에는 중국 군현이, 그 북쪽에는 고구려와 부여가, 동북쪽으로는 예, 동옥저, 읍루가 자리잡고 있었다. 크고 작은 나라들이 한반도와 만주지역에 걸쳐 공존하고 있었던 것이다.

반면 『삼국사기』에는 고구려와 백제와 신라, 즉 삼국이 전체 내용의 중심이 되고 수많은 정치체의 존재는 생략되고 있다. 삼국과 관련되는 몇몇 주변 소국들의 모습만 약간 나올 뿐이다. 그리고 이들 삼국은 건국하면서 바로 '고대국가'의 모습을 갖추고 있는 듯이 보인다. 백제나 신라를 78개 소국 중 하나에 불과한 작은 정치체로 묘사한 『삼국지』의 기록과는 대조적이다. 같은 실체가 왜 기록에 따라 달리 나타나며, 어느 기록이 우리 고대사회의 모습을 더 잘 묘사하고 있을까.

두 기록 속의 실체가 서로 달리 나타나는 것은 기록자의 시각이 다르기 때문이다. 『삼국지』는 3세기를 중심으로 하여 관찰자 시점에 따라 당시 한반도의 모습을 평면적으로 전개하고 있다. 나름대로 객관적인 서술을 유지하고 있으며 주인공을 따로 설정하고 있지 않다. 반면 『삼국사기』는 기원전 1세기부터 10세기까지 시대적 변천 과정을 통시대적으로 서술하고 있으며 신라·고구려·백제라는 주인공을 설정하여 전개해 나가고 있다. 그 때문에 삼국 이외의 여타 군소정치체에 대한 관찰은 생략한 것이다. 그렇게 본다면 『삼국지』는 3세기 상황만을 볼 경우 더 유효한 자료일 수 있지만 한국 고대사 전반에 걸친 역사적 상황 전개는 『삼국사기』 쪽이 더 풍부하고 중요한 사실을 많이 담고 있다.

그런데 두 기록 모두 고대국가가 형성되어 가는 과정을 엿볼 수 있게 하는 중요한 단서를 제공해준다. 『삼국지』의 경우 크고 작은 정치체가 공존하는 모습과 각각의 내부구조나 발전 정도를 통해서, 『삼국사기』 초기기록은 왕에 대한 칭호의 변천 과정과 체제정비 과정의 모습을 통해서 작은 단위집단이 어떤 과정을 거쳐서 고대국가로 나아가는지를 살펴볼 수 있게 한다.15)

15) 이를 '『삼국지』 단계론' '『삼국사기』 분해론'이라고도 하는데, 고대국가 형성 과정을 검토

먼저 『삼국지』를 보면 여러 형태의 정치체들이 나열되어 있는데, 이들의 내부구조에 대한 설명을 근거로 하여 선진지역과 후진지역으로 구분해 볼 수 있다. 이를 '『삼국지』 단계론'에 입각하여 3단계로 설정해 보면 다음과 같이 정리된다.

1단계 예·동옥저·읍루

이들은 종족의 명칭이면서 정치적 단위로 설정되고 있으나 국호는 아니다. 내부에 읍락이 있으나 조직의 체계화가 덜 진전되어 있으며 국호를 칭하는 소국도 생겨나지 않고 있다. 왕의 존재도 보이지 않고 읍락의 우두머리(대인, 삼로, 읍군)가 통솔하는 상태에 머물고 있다.

2단계 마한·진한·변한

역시 종족 명칭이면서 정치적 단위를 가리키나 그 자체가 국호는 아니다. 하지만 각각의 내부에 국호를 가진 소국들이 존재한다. 마한·진한·변한은 이들 소국들의 연합을 지칭하는 정치단위이기도 하다. 각 소국들은 경쟁관계 속에서 성장하고 있었고 소국전체의 대표인 왕도 존재하고 있다. 소국이나 읍락의 크기에 따라 우두머리의 명칭에도 차별이 있어, 읍락간의 우열관계 및 경쟁관계를 반영하고 있다.

3단계 고구려·부여

이들은 종족 명칭이 아니라 하나의 국가를 지칭하는 공식국호다. 그런데 그 내부에는 '부' 혹은 '가'라고 하는 반독립적인 정치체가 존재한다. 이 '부' 혹은 '가'는 원래 독립적인 소국이었으나 고구려와 부여라고 하는

하는 데 매우 중요한 단서를 제공하는 연구방법론이다.

보다 강한 정치체의 일원으로 편입된 존재들이다. 비록 이들이 부여나 고구려의 일원이 되었을지라도 소국이었을 때부터 가진 독립성이 완전히 없어지지 않고 어느 정도 자율성을 가지고 있다. 중심국에 의한 정치적 통합이 상당히 진전된 상태다.

이상과 같이 단계적으로 발전과정을 설정하는 근거는 단위집단이 통합되어 더 큰 정치체로 진전되어 나가는 정도에서 구한다. 여기서의 최하위 단위집단은 '읍락'(고구려의 경우 '나那')이다. 이 읍락이 연합하여 하나의 개별단위로서의 '소국'이 형성되며, 이 '소국'이 자신의 국호를 잃고 더 큰 정치체의 일부분이 되었으나 아직까지는 자신의 독자성을 일정하게 유지하고 있을 때 '부部'라 일컫는다.『삼국지』에 등장하는 이러한 단위집단의 명칭들은 고대의 '국가'가 형성되어 가는 과정에서 변화되고 재편되어가는 모습을 보여주고 있다.

한편『삼국사기』에는 삼국이 처음부터 고대국가로 시작한 것으로 기록되어 있으나,『삼국사기』분해론에 입각하여 그 내용을 자세히 살펴보면 소규모의 단위 정치집단이 점차 확대발전되어 가는 과정을 확인할 수 있다. 특히 신라의 경우 왕호의 변화에서 그 점이 잘 드러난다. '거서간·차차웅→이사금→마립간→왕'의 명칭 변화는 작은 소국의 우두머리에서 고대국가를 통치하는 지배자로 발전해 나가는 모습이다. 신라왕호와 국가 발전단계의 관계는 다음 절에서 살펴보자.

2) 고대국가로의 발전과정

① 촌락에서 읍락으로

인간이 만드는 가장 기본적인 공동체는 자연촌락이다. 산천을 경계로 마을이 형성되는데, 마을은 대체로 혈연적 공동체를 이룬다. 마을을 대표하는 촌장과 일반민들 간에는 계층적 상하관계가 그다지 뚜렷하지 않으며, 촌장은 단지 리더로서의 역할을 할 뿐 지배자는 아니다.

자연촌락은 오늘날 동단위 크기로서 정치적 단위라고는 볼 수 없다. 촌락이 여럿 모여서 하나의 읍락을 형성할 때 하나의 정치적 단위집단이 되며 리더로서의 권위를 행사할 수 있는 계층이 형성된다. 이렇게 생겨난 정치적 권력은 외적을 방어하거나 공격하기 위한 무력장치를 구비하고 원거리 교역을 위한 기반을 조성하는 데 유효하다.

이 정치체의 구성은 혈연 외에 지연적인 관계가 이들을 연결하는 주요한 근거가 된다. 이 단위정치체를 『삼국지』에서는 '읍락'이라 부르고 있는데, 『삼국사기』의 '읍'과 비슷하며, 고구려의 경우 '나那'라고 부르기도 한다. 읍락은 오늘날의 면단위 크기로 문헌사료에서 찾을 수 있는 가장 최하위 정치단위다. 유력한 읍락은 그 자체가 하나의 작은 소국을 칭하는 경우도 있다. 읍락을 대표하는 우두머리는 가장 유력한 촌락의 장으로서 읍락의 정치적 대표자가 된다. 이 읍락의 우두머리를 『삼국지』 위지 동이전에서는 '거수'라고 부르고 있다.

이 '거수'를 『삼국유사』 가락국기에는 '간'으로 표현하고 있는데, 수로왕을 추대한 '구간九干'의 간이 바로 거기에 해당되며, 이름 그 자체에 왕이라는 의미가 들어 있다. 이와 유사한 용어로 '추장酋長', '수장首長', '군장君長' 등의 호칭이 있으나, '간'이라는 말이 우두머리를 나타내는 가장 적절한 우리 표현이라고 할 수 있다. 『일본서기』에 등장하는 '한기旱岐', '간기干岐' 등의 용어도 모두 '간'과 같은 계열의 말이고 몽골어의 '칸汗'도 같은 계통의 말이다.

신라의 왕호 중에서 첫 번째로 등장하는 '거서간' 역시 '간'과 다를 바 없다. 거서간은 본래 귀인貴人이라는 뜻으로 역시 초월적 지배권을 나타내는 호칭은 아니며, '거수' 혹은 '주수'와 같은 존재였다. 거수는 물론이고 뒤에 설명하는 '주수'도 강한 정치적 권한을 가진 자가 아니라 거서간처럼 일반인들보다 '귀하게' 대접받는 정도의 권위자였을 따름이다. 읍락의 구성원들을 이끄는 우두머리였으나 강한 지배권을 가진 존재는 아니었기 때문이다. 신라 역시 처음에는 읍락과 같은 작은 규모의 정치집단에서 시작되었다는 사실을 '거서간'이라는 왕호를 통해 엿볼 수 있는 것이다.

개별읍락을 대표하는 거수의 경우 제정일치적인 성격을 띠기도 한다. 금관가야가 건국될 때, 아홉 명의 간들이 모여서 함께 제전을 벌이고 왕을 옹립하는 모습은 '간'이 갖고 있는 종교적 성격을 잘 보여준다. 신라의 두 번째 왕이 '차차웅'이라고 불렸다는 사실도 왕의 종교적 성격을 잘 나타내 주는 것이다. '차차웅'이라는 용어는 '무당' 혹은 '제사장'이라는 뜻의 종교적 직능자를 지칭하며, 『삼국유사』에서는 '거서간차차웅'이라고 붙여서 쓰고 있어 그 복합적인 성격을 잘 표현하고 있다. '거서간차차웅'은 고조선의 '단군왕검'과 마찬가지로 정치적·종교적 수장이라는 뜻을 아우르고 있는 것이다.

간, 거수, 거서간, 차차웅, 거서간차차웅 등으로 불린 지도자가 리드하는 단계가 바로 읍락단계이며, 제정일치적인 성격을 가지기도 하는 시기다.

② 소국의 성립

최초의 단위정치체인 읍락의 '거수'들이 필요에 의해 연합하여 보다 큰 정치체로 뭉치게 되면, 읍락연맹이 형성되고 공식적인 국호를 사용하게 된다. 이 단계를 '소국小國'이라 칭한다. 용어 그대로 '작은 나라'이며, 다른 말로 '읍락국가' '성읍국가' 등으로 불리기도 한다. 앞장에서 신화를 통해 살펴본 가야 건국이 바로 이 단계에 해당하며, 『삼국지』에 등장하는 소국들 중 하나로서, 규모는 오늘날 군단위 크기의 작은 나라다.

이 소국의 대표자 즉 왕은 '주수'라고 불렸고 주수가 거주하는 읍락이 '국읍'이 되었다. 주수는 거수들 모임의 대표자이며 읍락 가운데 가장 유력한 읍락의 거수이기도 했다. 그러기에 주수는 소국을 대표하는 우두머리지만 실제의 통할범위는 자신의 읍락 즉 국읍의 범위에 지나지 않았고, 읍락의 거수들 위에 군림하는 존재는 아니었다. 주수는 읍락의 거수들을 마음대로 제어할 정도의 권한을 갖지도 못했으며, 거수들은 소국의 대표자인 주수에게 무릎 굽혀 절하는 예의를 표하지도 않았다.

이러한 주수의 제한된 정치권한을 보완하기 위한 존재가 바로 '천군'이라는 제사장이었다. 천군은 주수와 함께 국읍에 거주하고 있었고 종교적 수장으로서 제사를 주관하며 읍락의 거수들을 이념적으로 통제하여 결집을 유도할 수가 있었다. 종교가 정치의 주요 부분을 담당한 것이다. 하지만 이 단계는 분명히 제정일치제는 아니었다. 종교적 직능자와 정치적 우두머리가 따로 존재하고 있으므로 제정이 분리되어 가는 단계에 있었다고 볼 수 있는 것이다.

천군天君이라는 명칭으로 보아서는 단순한 제사장이 아니라 소국의 왕으로 인식되었을 가능성도 있다. 단, 천군이 왕과 같은 존재로서 소국을 대표하였다고 하더라도 이미 정치의 실질적 권한은 주수에게 넘어가 있으므로 제정일치사회라고 할 수는 없는 것이다.

소국의 구성을 평면적으로 정리해 보면, 하나의 소국은 다수의 읍락들로 구성되어 있고, 그 중심이 되는 읍락 즉 국읍에는 주수와 천군이

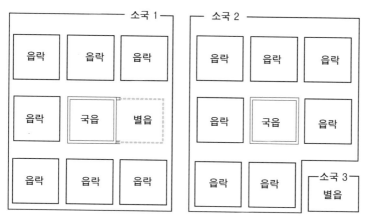

삼한의 소국 구성

거주하며, 이들이 소국의 대표자로서 읍락을 통제하였다. 또한 '별읍'이
라는 별도의 읍락이 있었다. 마한의 경우 이 별읍은 소국내에서 별도로
운영되는 읍락으로 신성지역인 소도였다. 다수의 읍락과 별읍으로 구성
되어 있는 것이 『삼국지』가 묘사하고 있는 마한의 소국인 것이다.

하지만, 변한의 경우 마한처럼 신성지역으로서의 '별읍'도 있었지만,
이와 별도의 형태로 존재하는 '별읍'도 있었다. 후자의 '별읍'은 신성지역
이 아니라 소국에 포섭되지 않고 개별적으로 떨어져 있는 읍락을 의미하
며, 그 자체가 독립적으로 존재하는 작은 소국이기도 했다. 따라서 변한
에는 규모가 아주 작은 소국도 함께 공존하고 있었다고 할 수 있다.
마한에 비해서 그 구성이나 발전 정도가 떨어지는 소국들도 많이 있었음
을 의미한다고 하겠다. 이를 도식화시켜 볼 때, 변한에는 위의 그림에서
와 같이 소국 1·2·3의 형태가 모두 공존하고 있다고 봐야 할 것이다.

마한과 변한의 소국들의 인구구성을 보아도 이러한 사실을 확인할
수 있다. 마한의 개별소국의 크기는 큰 나라는 만여 호고 작은 나라는

수천 호였던 데 비해, 변한의 경우는 큰 나라라고 해도 4천~5천 가에 지나지 않고 심지어 6백~7백 호 정도밖에 되지 않는 나라도 있었던 것이다.

요컨대 변한의 소국이 마한과는 달리 평균규모가 작았을 뿐 아니라 소국 크기도 다양하게 구성되고 있음을 보여주는 것이다. '포상팔국'에서 변진 12국 이외의 소국들이 언급되고 있는 것도 바로 여러 '별읍'이 존재하고 있었기 때문이라고 하겠다.

③ '소국연맹'

소국이 연합하여 결성한 정치체로서, 각 소국의 국호와 독립성을 그대로 가지면서 필요에 의해 결집된 형태가 바로 소국연맹이며, 이를 '연맹왕국'이라 부르기도 한다. 연맹의 우두머리는 가장 능력있는 소국의 왕이 차지하게 되는데 그 왕은 소국연맹장이 된다. 소국의 여타 왕들을 대표하는 존재이므로 세습적 체제가 아니고 능력에 따라 세워지는 존재다.

신라의 경우 왕호가 '이사금'일 때가 바로 소국연맹의 단계다. 그리고 이 연맹관계는 가야 전체를 아우르는 범위에서 결성되기도 하고, 필요에 따라 인근지역의 한정된 범위에서 결성되기도 하는데, 후자의 경우 '지역연맹체'라는 용어를 사용하여 전자와 구별하기도 한다.

『삼국사기』에 보면 '이사금'은 '닛금'이라는 이[齒牙]와 관계된 어원을 가지고 있다. 유리와 탈해가 서로 왕위를 양보하다가, 이가 많은 사람이 덕이 많다고 간주하고 유리가 탈해보다 먼저 왕이 되는 사실을 전하고 있다. 하나의 왕위를 두고 서로가 양보하는 것으로 기록되어 있지만, 사실은 그 이면에 힘겨루기가 들어 있는 것이다. 중요한 지위에 오를 자를 이의 수를 헤아려서 뽑는다고 한 것은 그저 상징적인 표현일 뿐이다. 그것이 의미하는 바는 능력을 겨루어 이긴 쪽이 연맹장을 차지하는, 아직은 고정되지 않은 왕위에 대한 쟁탈전인 것이다.

④ 부체제와 고대율령국가

연맹단계의 다음은, 연맹장이 자신의 권한을 강화시켜 소국연맹 전체의 왕으로서의 지위를 확고히 하고, 여타 소국의 왕들을 서열화하여 귀족으로 편입시키는 단계다. 각 소국은 이제 독립된 이름을 가지고 자체적으로 완결성을 가진 나라가 아니라 대표국의 한 부분으로 존재할 따름이다. 고구려의 5부, 신라의 6부 등은 기존의 독립소국이 중심부에 편입되어 전체의 한 부분이 된 모습을 나타낸다. 이 단계를 '부체제'라고 한다. 앞 절에서 언급된 『삼국지』의 고구려·부여가 바로 이 단계다. 이 시기가 되면, 이들을 대표하는 중심국의 왕은 능력본위가 아닌 세습을 통해 그 지위와 권한을 확고히 한다.

신라왕호의 경우에는 '마립간'으로 불렸던 시기가 여기에 해당한다. '마립'은 '마루'와 같은 말로서, '산마루', '콧마루'에서처럼 '맨 위' 혹은 '으뜸'이라는 뜻이다. 따라서, 마립간이라는 말은 여러 간들 중 '으뜸이 되는 간'이라는 뜻이므로 여타 소국의 '간'들보다 우위권을 가졌다는 사실을 나타내는 차별적인 호칭이다. 하지만 마립간이라고 하더라도 아직까지 기존의 독립소국이었던 개별 부에 대해 직접적인 지배권한은 없었고, 부의 장들 즉 기존 소국의 왕이었던 자들이 자기 관할지역에 대한 자율적인 권한을 가지고 있었다.

부의 장들은 점차 마립간 아래 서열화되어 왕 아래 귀족으로 자리잡아 가게 되지만, 원래는 소국의 우두머리였다는 사실이 그들 신분의 명칭에 그대로 남게 된다. 예컨대, 신라 관등명칭에 붙어 있는 '간지' '간' '찬'이라는 말은 앞서 설명한 '간' 즉 우두머리를 일컫는다. 백제 관등명칭에 붙은 '솔牽', 고구려 관등의 '형兄'이라는 단어 역시 모두 원래 소국의 왕 혹은 족장이었다는 것의 흔적이다.

여기서 한 걸음 더 나아가면, 왕이 여타 귀족들에 비해 초월적인 권한을 가지게 되는 '중앙집권화된 고대국가'로 나아가게 된다. 신라가 정식으로 '왕'이라는 칭호를 사용하는 것도 바로 이 무렵이다. 이 때가 되면 개별소국이었던 단위지역은 완전히 왕의 통치권 아래로 들어오게 되고, 왕은 이들 지역들을 직접 지배할 수 있는 제도적 장치를 마련한다. 왕의 권위를 강조해서 '대왕'이라는 호칭을 사용하는 것도 이후부터다.

귀족들은 왕의 신하로서 왕의 통치를 보좌하게 되는데, 이들 귀족 가운데는 앞서 언급한 기존 독립소국의 우두머리 출신이 있는가 하면, 왕의 참모나 행정관료로서 귀족이 된 자도 있었다. 왕은 이들 귀족들을 지배체제의 일원으로 삼거나, 통치지역에 관리로 파견하여 국가를 운영하는 데 주요 구성원으로 삼게 되는 것이다.

왕의 지배영역을 주·군·현 등으로 편제하고 직접 관리를 파견하여 왕의 명령을 지방 백성들에게 미치게 한다든가, 지역단위의 신앙체계를 넘어서 새로운 이념, 즉 불교와 같은 범세계적인 종교를 공인한다든가 하는 과정을 중앙집권화 과정이라고 한다. 왕을 중심으로 권력을 재편함으로써 명실상부한 왕의 통치권으로 인식하게 하는 제도적 장치인 것이다. 이 때가 바로 고대국가가 완성되는 단계이기도 하는데, 이를 '중앙집권화된 고대율령국가', 혹은 단순화시켜서 '고대국가' 등으로 부르기도 한다. 3세기까지만 해도 그렇게 많았던 정치체들 가운데 이 단계까지 발전한 나라는 고구려·백제·신라뿐이었다.

이상에서 설명한 바, 국가의 발전단계를 도식적으로 정리하면 〈표 7〉과 같다.

〈표 7〉 고대국가로의 발전단계와 우두머리 명칭의 변화

단위정치체 명칭	읍락	⇒	소국 (읍락국가)	⇒	소국연맹 (읍락국가연맹)	⇒	부체제	⇒	고대 국가
최고우두머리 명칭	간, 추장, 군장 수장, 거수, 왕	⇒	간, 주수, 한기, 왕	⇒	왕	⇒	왕	⇒	왕, 대왕
신라의 왕호	거서간, 차차웅 (거서간차차웅)	⇒	거서간, 차차웅	⇒	이사금	⇒	마립간	⇒	왕, 대왕

작은 읍락에서 중앙집권화된 고대율령국가까지 발전하는 과정에서 단계별로 진전시켜 나가는 기본적 요인은 생산력의 발전과 관계있으며, 역으로 정치적 발전은 생산력의 발전을 유도하기도 한다. 그리고 이러한 발전과정은 상호간 협력과 타협과 양보를 통해서 이루어지기도 하나, 그 이면에 힘의 우열관계가 작용하는 것은 물론이다.

3) 가야의 사회발전단계

고구려, 백제, 신라는 시기적 차이는 있지만 각 단계를 거쳐 중앙집권화된 고대율령국가로 성장했다. 그러나 가야는 고대국가 발전도상에서 멸망했다. 가야가 어느 단계까지 발전했는지는 학자에 따라 여러 가지 설이 있는데, 소국연맹까지 발전했다고 보는 설, 부체제까지 발전했다고 보는 설, 고대국가 단계까지 도달했다고 보는 설 등이 있다.

각 학설마다 타당한 근거가 있지만, 대체로 소국연맹단계까지 발전했다고 보는 설이 현재로서는 가장 적합한 것으로 보인다. 멸망할 때까지 개별소국의 완결성이 그대로 살아 있기 때문이다. 가야연맹을 주도해 나간 중심세력은 3세기대까지 금관가야였고, 4세기 후반 일시적으로 탁순이 주도했다가 5세기대 이후 대가야가 주도권을 갖는 것으로 바뀌어 나간다. 그리고 6세기 전·중반 일시적으로 아라가야가 주도권을 행사하기도 한다. 시기변동에 따라 소국연맹 내에서의 중심세력도 이동했음을 알 수 있는 것이다.

이처럼 힘의 중심이 이동했다는 것은 소국 전체를 아우를 수 있는 강력한 통제력이 아직 갖추어지지 않았다는 것을 의미한다. 소국들이 각각 독자적인 세력을 형성하여 서로 견제하면서 경쟁하는 관계였던 것이다. 이들 소국들이 똑같은 크기와 일률적인 발전단계에 있었던 것은 물론 아니다. 각 소국이 자율적으로 발전해 나가는 과정에는 선후 차이가 있었다. 그 중에서도 대가야나 아라가야의 경우에는 소국들 가운데서도 한 단계 앞선 단계에 도달해 있었다고 볼 수 있다. 그 증거로 『일본서기』에 가야소국들의 우두머리를 모두 '한기'라고 칭하고 있는 데 반해, 대가야와 아라가야의 경우에는 '왕'이라고 칭하고 있다는 사실을 들 수 있다. 또 대가야의 인근지역인 합천 반계제에서 '하부下部'라는 명칭이 새겨진 토기가 발견되어 대가야가 '부체제'의 조직을 갖추고 있었던 것을 알 수 있게 한다.

즉, 대가야와 아라가야는 인근 소국들과 읍락들을 자국의 범위 안에 일부 편제시켜 여타 소국보다 넓은 권역을 확보하고, 보다 강화된 내부체제를 구비해 나가고 있었던 것이다. 그렇지만 이 두 나라도 소국연맹에서 한 단계 더 나아간 부체제로 완전히 이행했다고 보기에는 미흡하다. 전체적으로 볼 때는 여전히 가야연맹의 한 소국에 불과했기 때문이다. 따라서 대가야와 아라가야의 발전단계는 이제 부체제로 막 진입해가는 단계 즉 부체제의 초기 단계로 보는 것이 순리적이다.

요컨대 가야의 정치적 발전단계는 가야소국 전체를 대상으로 보았을 때는 소국연맹 단계였다고 하겠고, 그 중 대가야와 아라가야를 개별적으로 떼어 놓고 보면, 부체제로 갓 진입한 단계였다고 할 수 있을 것이다.

(2) 가야의 정치사회구조

현대사회는 정치가 사회구조와 구성원의 '신분'을 규정짓지는 않는다. 소위 '신분'이라고 할 때는 당사자의 직업과 소속된 단체와 관련해서 이해하는 경우가 많기 때문이다. 정치는 권력과 가까운 관계를 가지고 있으나 정치 그 자체는 전문 분야일 뿐이며, 그 자체가 신분의 상하를 결정짓는 것은 아니다. 더구나 태어나면서 정치적 신분이 규정되는 생득적인 것도 물론 아니다. 현실적으로 신분의 상하·존귀는 존재하지만, 적어도 이념적으로나마 현대사회는 모든 인간이 평등한 신분구조를 갖고 있다.

하지만 전근대사회의 경우, 정치는 권력을 창출하며 정치권력과의 연관성은 개인의 신분으로 규정되며 그 신분은 세습된다. 신분은 제도화된 정치사회구조 속에서 그 권리를 보장받는다. 고대사회의 정치사회구조는 국가가 형성되고 발전해 나가는 과정과 밀접한 관계를 갖는다. 국가성립과정이 바로 무력에 의한 정치적 통합 및 복속활동의 결과이기 때문이다.

앞 절에서는 국가형성과정을 공간적 확대과정으로 설명했다. 그런데, 공간적 확대과정은 필연적으로 수직적 계층관계가 심화되는 과정을 수반한다. 가야사회 역시 그러한 과정을 겪으며 성장했다. 국가발전에 따라 가야를 운영해 나간 정치사회구조가 단계별로 변화해 나가는 과정을 도식화시켜 보면 다음 그림과 같다.

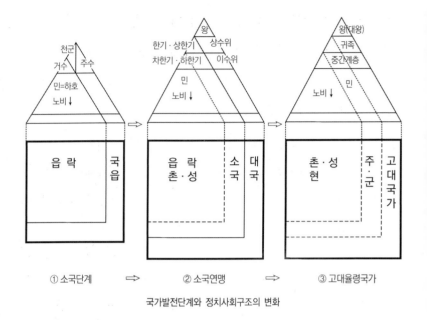

① 소국단계 ⇒ ② 소국연맹 ⇒ ③ 고대율령국가

국가발전단계와 정치사회구조의 변화

　그림에서 ①은 『삼국지』 위지 동이전의 소국을 모델로 한 것이며, ②는 『일본서기』 흠명기에 나오는 가야제국의 관직명을 참조해서 그린 것이고, ③은 『삼국사기』의 국가구성을 도식화한 것이다. 윗부분의 삼각형은 단위정치체의 수직적 신분관계를 나타내며, 아래 사각형은 각 단위정치체의 관할범위를 나타낸다. 실선은 각 단위체의 독립성이 뚜렷함을, 점선으로 표시한 것은 독립성이 약해짐을 표현한 것이다.

　첫 번째의 소국단계에서는 각 읍락은 자율적이며 각 공동체가 독립적인 성향을 보이고 있다. 신분관계는 단순하여, '민' 즉 '하호' 위에 거수층이 있고, 그 아래 소수의 노비가 존재하는 형태다. 하호들 중 부유한 자는 독자적으로 중국 군현에 가서 인수를 받아올 정도로 자율성을 가지고 있었다고 전하고 있어, 그다지 계층적 구애를 받지 않고 행동했음을 알 수 있다. 소국의 대표읍락인 국읍의 경우도 일반 읍락과 크게 다르지 않으며, 주수와 천군이 함께 국읍의 대표 지배자로 있었다는 점에서만 차이가 난다. 이들은 각 읍락 거수들의 지지를 얻어 최상위 신분을 유지하였으나, 중심 국읍의 우두머리인 주수는 읍락 거수들의 대표자였을 뿐 각 거수들이 관할하는 읍락 내부의 일에는 관여하지 못하는 존재였다.

두 번째 소국연맹단계에서는, 각 소국은 역시 독립적으로 존재하나 소국 내부 읍락의 결집력은 이전 시기보다 진전된다. 상한기·하한기·차한기 등의 한기층은 기존 읍락 거수들이 왕 아래 서열화하여 생겨난 계층이었다. 이들에 의해 소국 전체의 일과 내외 주요업무가 처리되었다. 한편, 한반도 서북부 지역의 중국 군현까지 자유롭게 다닐 수 있었던 하호의 존재는 보이지 않는다. 일반민들이 부를 축적할 수 있는 기회나 대외적인 자율권이 이전보다 제한되었기 때문이다.

'대국'으로 표현된 부분은 가야연맹 내에서 비교적 사회발전이 진전되어 여타 소국에 대해 발언권이 큰 나라로서 상대적으로 대국이라고 부를 수 있는 대가야와 아라가야의 경우다. 이들 나라들은 부체제의 초기단계라고 할 정도로 왕의 권한이 강화된 모습을 보이고 있다. 왕 아래 소국의 우두머리들로 구성된 한기층과 상수위, 이수위 등 행정관료를 거느리고 있다. 하지만 여전히 여타 소국에 대한 정치적 관여는 어려운 상태다.

가야의 발전단계는 여기까지다. 세 번째 단계, 즉 왕이 초월적인 권한을 가지고 있어 대왕으로 불리기도 하고, 왕의 통치권 안으로 기존 소국의 왕들은 귀족으로 편제되며 읍락의 거수 등은 중간계층으로 편입되는 단계인 고대율령국가로 가야는 발전하지 못했던 것이다.

고대율령국가로 발전한다고 함은 영토가 넓어지고 사회구조가 점차 체계화되는 것과 궤를 같이한다. 아울러, 국가가 발전한다는 것은 대외적 위협에 대한 방어체제가 강화되며 이로 인해 지배자는 안정적인 통치권을 지속시킬 수 있는 여건을 마련함을 의미한다. 또한 대외적 영향력이 확대됨과 동시에, 순조로운 교역을 통해 경제적 발전을 촉진할 뿐 아니라, 넓어진 세계관과 고급문화를 만들고 향유할 수 있는 바탕이 조성되는 것을 말한다.

그런 반면에 계층의 차별화는 더욱 심화되고, 지배·피지배관계가 강화되며, 까다롭고 복잡한 예의범절이 사람들을 속박하게 되며, 백성들이 누릴 수 있는 자율성은 점차 약화되어 갔다고 할 수 있다. 삼한의 백성(하호)들이 자유롭게 자신을 치장하고 원거리 여행을 할 수 있었던 것과는 달리, 고대정치의 발전이 최고조로 이루어졌던 통일신라의 백성들은 옷의 재질이나 장신구에 고급품질을 사용하지 못하도록 규제를 받았던 것도 바로 그 대표적인 사례 중 하나라고 할 수 있다.

요컨대, 국가가 발전한다는 것은 사람들이 더 나은 삶을 추구할 수 있는 제도적 장치가 발전한다는 것을 의미하지만, 거기에는 내적인 모순이 더욱 심화되는 점도 부정할 수 없는 것이다. 영토의 확장과 제도의 발전은 지배자의 입장으로 보자면, 더 편한 삶과 지위를 누릴 수 있는 사회경제적 바탕이 조성되는 것이다. 하지만 국가의 다수를 차지하는 민(백성)들의 입장에서 본다면, 국가 공민의 일원으로서 자부심을 부여받는 대신, 매년 무거운 세금과 공물을 부담해야 하며, 주요 건축과 토목공사에 노동력을 제공해야 하며, 전쟁터에 동원되어 왕을 위해 목숨을 던질 수 있어야 한다는 굴레가 씌워지게 되는 것이다.

결국, 고대국가의 발전과 개별인간의 자율성 확립은 '이율배반적'으로 진행된다는 것을 알 수 있다. 따라서 국가의 발전이 곧 역사의 발전이라는 등식은 성립될 수 없는 것이다. 고대율령국가로 발전하지 못한 가야가 열등하게 평가될 필요가 없는 이유가 바로 여기에 있다.

제2부
가야인의 생활과 문화

1. 가야인의 의복문화

　의복은 인간생활의 필수요소 중 하나다. 추위와 바람 등 거친 환경으로부터 몸을 보호해 주고, 신체를 가려서 수치를 면하게 해주기도 하며, 몸을 아름답게 장식하거나 몸매의 결점을 보완하여 이성과 가까워질 수 있게 함으로써 종족 보존에 도움을 주기도 한다. 또한 의복은 신분과 부의 표현이기도 하므로 자신의 존재감과 자부심을 더해주는 것이기도 하다. 그러므로 의복은 인간욕망을 표현하는 한 수단이라 하겠으며 현대인들은 이러한 욕망을 비교적 자유롭게 해결할 수 있다. 수많은 종류의 옷감과 다양한 패션이 존재하기 때문이다.

　목면의 보급이 고려 말부터 시작되었고, 이후 목면이 일반 서민의 생활에 미친 영향력을 감안한다면, 그보다 수백여 년 전의 가야시대 일반민들의 의복문화는 상대적으로 빈곤했을 것임은 능히 짐작이 가고도 남는다. 하지만, 그런 가운데서도 아름답고 실용적인 옷감재료와 의복스타일이 존재했으니, 이제 가야의 생활사로 들어가서 옷 입은 가야인들의 모습을 그려나가고자 한다.

(1) 옷감재료

　가야시대 직물에는 어떠한 것이 있었는지, 직조기술이 어느 정도였는지에 대해서는 상세하게는 알 수 없지만 문헌기록과 고고학자료를 통해 그 대체적인 내용은 알 수 있다.

가야인들이 사용한 옷감재료는 동물성과 식물성으로 나누어 생각해 볼 수 있다. 동물성 섬유로는 견류가 있었다. 3세기 가야사회를 보여주는 『삼국지』위지 동이전 변진조의 기록에는 가야(변진)인들이 "뽕나무를 재배하고 누에치기를 할 줄 알고 겸縑과 포布를 만들 줄 안다."고 소개하고 있다. 양잠을 통해서 겸과 포를 생산하고 있다고 하는데 여기서의 겸縑은 각종 비단을 총칭하는 보통명사로 해석된다.

양잠을 했으므로 비단이 만들어진 것은 당연하다고 봐야 할 것이나 '포'라는 용어가 겸과 함께 사용된 것이 의아하게 생각될 수도 있을 것이다. 원래, '포'라고 하면 식물성 베를 가리키기 때문이다. 하지만 여기서의 포는 동물성 면포綿布를 말한다. 면포는 나방이 나와버렸거나 병들어 품질이 낮은 고치를 부풀려서 목화솜처럼 만든 다음, 이 솜으로부터 실을 자아내서 짠 옷감을 가리키는데, 가볍고 질기고 실용적인 직물이다. 고치솜 그 자체를 옷 속에 두어서 누비면 보온성을 높여 주므로 겨울에는 따뜻하고 포근한 옷을 만들 수 있었다. 이러한 면포로 만든 옷과 비단의 복은 가야의 지배층과 부요한 하호下戶들이 착용할 수 있었던 것이다.

겸이나 면포와는 다른 비단 종류도 있었다. 『삼국유사』가락국기에 능綾이라는 이름의 비단이 등장하는데, 수로왕의 왕비인 허황옥이 가야에 시집 왔을 때 어느 고개에서 자신의 비단바지를 벗어서 산신령에게 바쳤고, 그 곳의 이름을 '능현'이라고 하였다는 것이다. 신화 속의 이야기이긴 하나 당시의 역사적 현실을 반영한 것이므로, 가야시대 왕족이 입었던 의복재료의 일부를 보여주는 기록으로 볼 수 있다.

'능'이라는 비단은 얼음결과 같은 무늬가 있는 얇은 비단천으로 주로 신분이 높은 계층에 많이 이용된 것이다. 그런데 이 '능'은 가야지역에서

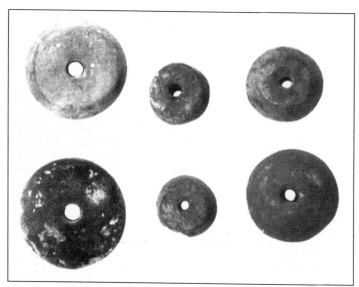

가야고분의 방추차

만들어졌다기보다는 외부로부터 들여왔다고 보는 것이 자연스럽다. 금관가야가 한 때 국제교역의 중심지로서 많은 교역상인들이 드나들었고, 또 허왕후 역시 외래 인물이기 때문이다. 능도 이러한 교역을 통해 들어온 수입품이었을 가능성이 크다.

한편, 식물성 의복재료로는 비단에 버금가는 고급직물로 꼽히는 '세포'가 있었는데, 폭이 넓어 '광폭세포'라 불렸다. 세포는 마의 일종인 경마絲麻로 짠 섬세한 직물로서 식물성 섬유 가운데서는 가장 고급직물이었다. 세포는 백제 아신왕이 광개토왕에게 항복하면서 바친 물품이기도 하고, 고구려에서는 '유인遊人'이라는 계층이 부담했던 특세품목이기도 하다. 이처럼 세포의 소비계층이 왕족 혹은 귀족이나 유인 즉 오늘날 연예인과 같은 전문 악인들이었다는 사실에서도 세포가 고급직물임을 알 수 있게 한다. 단순한 세포가 아닌 폭이 넓은 것이라고 기록한 것은 광폭세포가

고령 지산동 44호분의 주석실에서 출토된 작은 철도끼. 그림으로는 잘 보이지 않으나 직물의 흔적이 남아 있다. 천에 도끼를 싸서 부장한 듯하다.

일반 세포보다 직조하기 어려웠고, 이 지역의 특산물로 이름났기 때문이었다고 하겠다.

세포와 대응되는 옷감으로 보통 품질의 포布가 있다. 대마나 칡의 섬유질로 만든 거친 식물성 베로서 일반 백성들이 사용한 옷감 재료였다고 볼 수 있을 것이다. 그런데 베옷은 기온이 더울 때는 실용적인 옷감일 수 있으나 추위를 막기에는 부적합하였다. 따라서 추위를 막기 위해 짐승의 털이나 조류의 깃털을 옷 속에 대어 누비거나 털가죽 그 자체를 의복과 함께 걸쳐 입기도 했을 것이다.

베 중에서 변한의 이름을 따서 '변한포弁韓布'라고 불린 제품이 있었다. 변한포가 식물성 베를 말하는 것인지 아니면 위에 언급한 동물성 면포를 말하는 것인지는 기록만으로는 분명하게 알 수 없으나, 대량으로 유통된 것으로 보아 식물성 마포를 가리킬 가능성이 높다. 원래 포는 고대사회에서는 국가에서 거두는 세금품목 중 하나일 정도로 기본적인 교환가치를 지닌 것이었기 때문이다.

『삼국지』에는 중국군현 사람 천오백 명이 한인韓人들에게 붙잡혀 와서 강제노역으로 고생하다가 3년 만에 오백 명이 죽었는데, 나중에 이 사실을 안 중국군현에서 죽은 사람들을 살려보내지 않으면 공격하겠다고 위협하니 죽은 이들의 목숨을 대신하여 진한인辰韓人 만오천 명과 변한포 만오천 필을 내어서 변상하는 내용이 나온다. 좀 과장된 숫자이긴 하나, 분명한 것은 여기서의 변한포가 중국 군현에까지 알려진 이 지역의 특산

고령 지산동 45호분에서 출토된 철판. 직물 흔적이 남아 있다. 오른쪽은 확대촬영한 것으로 비교적 곱게 짠 직물의 조직을 볼 수 있다. 이 철판의 용도는 확실하지 않다.

품이었고 화폐와 같이 교환의 매개물로 이용되었다는 사실이다. 이와 같이 베는 의생활의 주요한 재료였을 뿐 아니라 교환·교역에서도 중요한 물품이었던 것이다.

또 고분과 생활유적에 다수 출토되는 방추차 등 고고학자료를 통해서도 직조가 보편적으로 행해졌다는 것을 알 수 있다. 직조물의 상태를 알 수 있는 섬유조직은 대부분 철기에 부착되어 녹과 함께 부식된 상태로 출토되는 것이 대부분이다. 고령 지산동 30호분에는 금동관을 싸고 있는 섬유조직, 고령 지산동 44호 석실에서 출토된 철제품에는 녹에 엉켜 남아 있는 직물 흔적이 있다. 고령 지산동 45호분 석실의 네모난 철판과 둥근 철판에는 비교적 발이 고운 평질의 마포가 남아 있으며, 청동파편에도 직물 흔적이 남아있어 이들을 통해서 가야직물의 모습을 엿볼 수

고령 지산동 45호분에서 출토된 청동 파편에 붙은 직물 흔적.
확대사진

있다. 합천 옥전고분군에도 다수의 직물흔적이 발견된 바 있어 가야의 직조기술을 짐작할 수 있게 한다. 가야의 직조기술은 왜에 전해져서 일본 고대사회의 의복문화에도 도움을 주었다.

(2) 의복갖춤

가야인이 입었던 의복과 관련되는 것으로서 먼저, 『일본서기』계체기 23년조(529)에 나오는 기록이 주목된다.

가라의 왕이 신라왕녀에게 장가들어 아이를 낳았다. 신라가 처음 딸을 시집보낼 때 100명의 종자들을 함께 보냈는데, (가라왕이) 이들을 받아 여러 지역에 흩어두고, 신라의 옷과 모자를 착용하게 하였다. '아리사등'이 옷을 달리 입은 것을 보고 성을 내어 강제로 소환시켰다.

이 기사는 소위 대가야와 신라의 혼인동맹이 깨어지는 빌미가 되는 사건을 기록한 것인데, 그 발단이 옷에서 비롯되고 있다는 점이 흥미롭다. '옷을 달리 입었다[變服]'는 사실만으로 '아리사등'이 성을 내었다는 것이다.

신라에서 온 종들이 변복한 의미가 무엇인지는 이 기록만으로는 분명치 않으나 이에 관해서는 여러 가지 설이 있다. 가야에 와서도 신라옷을 계속 고수했다는 설, 신라옷을 입고 있다가 가야옷으로 바꿔입었다는 설, 가야옷을 입고 있다가 어느 순간 모두 신라옷으로 갈아입었다는 설 등 세 가지 설이다. 각각의 설을 둘러싼 복잡한 내용에 관해서는 생략하고, 일단 옷의 모양과 관련하여 확실하게 알 수 있는 점은 가야옷과 신라옷이 달랐다는 사실이다. 『일본서기』 흠명기 5년 3월조에서 가야 출신 왜인인 좌노마도라고 하는 인물이 "신라 의복을 착용하고 신라의 나마관등의 예관을 쓰고 다른 옷을 입고 거리낌없이 신라를 왔다갔다 한다"는 사실이 묘사되어 있는 것도 역시 그러한 사실을 뒷받침한다.

그런데 3세기 기록인 『삼국지』에는 의복과 거처가 변한과 진한이 같다는 기록이 있다. 따라서 어느 시점까지는 신라와 가야의 옷이 서로 다르지 않았던 것은 분명한 듯하다. 문제는 언제부터 달라졌는가 하는 것인데, 이 문제와 관련해서는, 신라 법흥왕의 공복제정과 관련지어 해석할 수 있다. 즉, 신라에서는 법흥왕 4년에 옷에 대한 규정이 공포되었고, 그 규정은 적어도 상급귀족에서 하급지방관리 및 관에 속한 노비에게까지 미쳤을 것으로 생각된다. 신라 왕녀를 따라온 종자 역시 왕실에 속한 노비였을 것이므로 이 규정에 따라서 옷을 바꾸어 입었던 것이다.

결국 신라·가야의 옷은 법흥왕대 이후에 비로소 서로 구별되었다고 볼 수 있는데, 이 시기는 신라가 대내외적으로 새롭게 도약하는 시기다. 따라서 변복했다는 것은 신라에서 온 종들이 단순히 옷을 달리 입었다는 문제가 아니라, 신라 법흥왕의 정치적 영향력이 가야에까지 미쳤다고 하는 현실적 위협이었던 것이다.

요컨대, 법흥왕대의 공복제정을 기점으로 신라와 가야의 의복모양에 차이가 생겼으며, 또 그 차이는 공복 즉 관에 속한 사람들의 옷으로 한정되었다고 볼 수 있다. 따라서 법흥왕대 이전, 그리고 일반 서민의 경우에는 신라·가야의 의복에 특별한 차이가 없었다고 하겠다. 그렇다면 6세기 이전의 신라 의복을 통해 가야옷의 모양을 추정할 수 있을

신라의 부부토우. 남성은 고깔을 쓴 모습이다.

것이며, 4~5세기로 편년되는 신라토우는 가야인의 옷 모양을 알 수 있는 좋은 자료가 된다.

　토우의 남성들이 입은 옷차림은 바지와 저고리를 기본으로 하는데, 바지는 폭이 넓고 저고리는 허리띠로 여미며, 여기에 고깔처럼 생긴 모자[帽]를 더해 하나의 세트를 이루고 있다. 또『삼국지』에 겉옷[袍]을 입는다고 묘사하고 있으므로, 가야의 남성은 저고리와 바지를 기본으로 하고, 거기에겉옷을 입는 것이 예를 갖춘 정장차림이었다고 하겠다.

　그런데 3세기 가야인들은 옷과 '책幘'이라는 모자를 빌려 착용하고 자유롭게 중국 군현에 가서 '인수印綬'를 얻어오기도 하였는데, 인수를

고구려 남성들의 다양한 복장. 귀족들은 두루마기를 입고 있고 시종은 바지저고리 차림이다. 재주 부리는 남성들의 바지는 바지 아랫부분을 졸라맨 승마복 형식이다. 팔청리 고분벽화 모사도

받은 삼한의 하호가 천여 명이었다는 기록이 『삼국지』에 나와 있다. 인수는 도장을 비단끈에 매단 것으로 신분의 상징이자 장신구 역할도 하였다. 이렇게 볼 때 3세기 무렵 가야의 부유한 하호들이나 지배층이 성장한 모습은 바지와 저고리, 그리고 겉옷을 입고, 책을 쓰고 인수를 차고 있는 모습이었다고 상상해 볼 수 있다.

그런데 『수서』에는 신라의 의복은 고구려・백제와 대략 비슷하다고 나

책을 쓴 고구려 남성들. 안악3호분 모사도

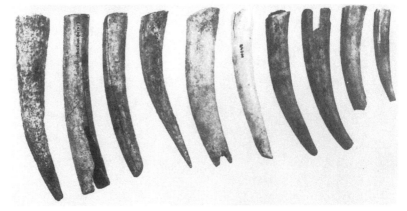

뼈로 만든 손칼의 손잡이. 줄을 매달기 위한 구멍이 뚫려 있었던 자국이 남아 있다. 부산 낙민동 패총 출토

휴대용 숫돌. 끈이 매달린 채 출토되어 허리에 찼다는 것을 알 수 있게 한다. 고령 지산동 44호분 출토

와 있다. 따라서 가야인들의 옷 모양 역시 그 기본적인 형태는 고구려 고분벽화에 등장하는 고구려인들의 옷 모양에서 추정해 낼 수 있을 것이다.

일반 남성들의 평상복은 고분벽화의 평민이나 일반 병사가 착용한 의상이 참조된다. 고분벽화에 나오는 일반 병사의 옷차림은 저고리와 통이 좁은 바지차림이며, 주로 무채색이나 단채색을 띠고 있는데 재료는 면포나 마직으로 추정된다.

또한 일상적으로 필요한 물품은 허리띠에 매고 다녔던 것으로 보인다. 손칼[刀子]이나 숫돌 혹은 박(표주박)과 같이 생활이나 노동에 필요한 연장 역시 끈에 매달아 허리에 차고 다니는 휴대용이었다는 사실을 문헌기록이나 고고학자료를 통해서 알 수 있다.

여성의 경우에는 주름이 표현된 치마와 비교적 긴 기장의 저고리를

입었고, 저고리 위에는 허리띠를 둘
렀으며, 두루마기 같은 겉옷을 착용
하였다. 따라서 여성 의복은 남성과
마찬가지로 투피스를 기본형으로
하고, 겉옷을 덧입는 것이 정장이었
다고 할 수 있겠으며, 이런 모습은
고구려 고분벽화의 여성 의상이나
신라토우에 표현된 의상에서도 알
수 있다.

고분벽화에서는 여성도 바지를
착용하고 있는데, 무용을 하거나 주
인의 시중 드는 일 등을 하기 위한
복장이었으며, 치마속바지로 착용

정장한 고구려 귀족여성. 삼실총 벽화 모사도

속바지를 착용한 고구려 여성들. 무용총 벽화

고구려의 바지 입은 여성들. 왼쪽은 무용하는 여자, 오른쪽은 시중드는 여자다.
무용총 벽화

하기도 하였다. 가야의 여성도 활동하기 좋은 바지를 일상 생활에서 입었는지 알 수 없으나 허황후 기사를 상기하면 적어도 치마속을 받쳐주는 속바지를 착용했던 것은 인정된다. 재료는 역시 지배계층의 경우 비단류나 세포였고 일반 민들은 베 종류나 면포였을 것이다. 저고리에는 여미기 위한 고름이나 허리띠를 착용하거나 다른 색깔의 옷깃을 달아서 장식성을 강조했다.

옷 못지않게 중요한 것이 신이다. 신에 관해서는 『삼국지』 한전에 가죽으로 만든 '갹답'이라고 하는 이름의 신이

복천동 출토 신발형 토기

소개되고 있어 주목된다. '갹답蹻蹋'은 목이 없는 신[履] 아래 정이나 나막신처럼 높이 올린 하부장치를 해놓은 것을 의미하는데, 고분에서 출토되

신발형 토기. 출토지 불명

는 식리飾履나 벽화에서 묘사된 리의 모습으로 보건데, 삼한의 '각답'은
신 아래 정을 박은 것으로 추정되고 있다.

『후한서』에는 삼한 사람들이 '초리草履'를 신었다고 기록되어 있는데,
이 역시 겉감은 가죽 등으로 만들고, 안은 부드러운 풀을 짜서 만든
것으로 지배층의 신이었다.

가죽으로 된 '화'는 『삼국사기』 색복지에 의하면 남자의 조복朝服 차림
에 받쳐 신던 정장용 신이었는데, 『양직공도』에 등장하는 백제 사신이
신고 있는 것과 같은 목있는 가죽신이었다.

한편, 가죽 이외의 마麻나 짚으로 만든 신도 있었다. 짚신의 경우 부산
복천동에서 출토된 신발형(초혜형)고배가 참조되는데, 짚으로 새끼를
꼬아서 윗부분을 샌들 비슷하게 만든 소박한 형태의 것으로 가장 보편적
으로 이용된 신이었다고 할 수 있다.

두건을 머리에 쓰고 머리카락과 함께 뒤로 잡아매어 한 갈래로 늘어뜨린 남성. 고구려 덕흥리 고분벽화

(3) 머리모양과 장신구

『삼국지』 변진조에 "12국에 왕이 있는데 모두 체격이 크고 의복이 깨끗하고 머리를 길게 한다."는 기록이 있다. 머리를 길게 한다는 것은 묶어서 틀어올리거나 하지 않고 그대로 늘어뜨린 모습을 묘사한 것이다. "12국에 왕이 있다"고 한 기사 다음에 기록된 것으로 보아 3세기 가야소국의 왕이나 제사장 즉, 천군天君의 헤어스타일이 아닌가 생각된다.

전사집단이나 일반민은 이런 머리모양으로는 기동성 있는 활동을 하기 불가능하였을 것이다. 전사의 경우 머리를 틀어올리거나 묶은 뒤 모자나 투구를 착용해야 활동성과 기동성이 있을 것이다.

『삼국지』 한조에는 삼한 사람들의 머리모양을 "괴두노계한 모습이 경병과 같다"고 생소한 말로 묘사하고 있는데, 이 말을 장회라는 사람이 해석하기를 상투 튼 모습이라고 하였다. 신라토우에 묘사된 남성은 대부분 머리 윗부분이 뾰족하다. 고깔을 쓴 것처럼 길게 올린 것도 있고 좁고 짧게 표현한 것도 있는데 전자는 고깔[弁] 모양의 두건을 쓴 모습이고 후자는 역시 상투를 튼 모습인 듯하다.

고구려 남자아이의 머리. 덕흥리 고분벽화

고구려 고분벽화에 등장하는 남성들 가운데는 머리를 두건으로 고정한 스타일이 보이는데, 머리카락을 두건 속에 올려 감추거나 뒤로 한 갈래로 묶고 있다. 소년들의 경우에는 머리를 양 옆으로 땋아 둥글게 말아붙인 형태인데, 일본 고대 어린이의 머리모양과 닮아서 머리모양도 고대 일본에 영향을 주었다는 것을 알 수 있게 한다. 당시의

일본 고대 어린이의 머리모양을 재현한 모습

지리적인 위치와 문화의 흐름을 생각할 때 가야의 소년들도 고구려의 헤어스타일을 따랐을 가능성도 있다.

여성의 경우 『북사』 백제전 기사가 참조된다. "백제의 여성들은 출가하기 전에는 머리를 뒤로 묶어 늘어뜨리고, 출가하면 양쪽으로 나누어

머리를 양쪽으로 올린 모습.
신분이 높아 보인다. 수산리
고분벽화

고구려 평민 기혼여성의 올림머리. 덕흥리 고분벽화

머리에 얹는다"는 기록이 있는데, 이 같은 머리모양이 고구려 고분벽화에 나오고 있어 흥미롭다. 수산리고분벽화에 백제 여성처럼 머리를 양쪽으로 얹은 여인의 모습이 등장한다. 신라토우에도 머리를 양쪽으로 올린 여성이 모습이 묘사된 것이 있다. 이로 보아 고구려 여성의 머리모양이 백제 · 신라의 여성과 공통되는 점이 많다는 것을 알 수 있다. 기혼자로 보이는 고구려 귀족여성들은 올림머리를 기본형으로 하고 여러 가지 변형 스타일로 멋을 내고 있고, 평민여성은 단순한 올림머리 모양을 하고 있다.

고구려 소녀들의
갈래머리.

그런가 하면, 출가하지 않은 여성
의 경우 머리를 뒤로 묶어서 늘어뜨리
거나 양 갈래로 묶어 내리기도 하였
고, 긴 머리를 자연스럽게 내린 모습
도 보인다. 출가를 기점으로 하여 머
리모양을 달리하는 것은 고대사회에
서 공통된 현상으로 보아도 될 듯하므
로, 가야의 여성 역시 그러했다고 볼
수 있겠다.

장신구의 경우, 일단 구슬이 가장
눈에 띄는 재료다. 『삼국지』에는 구
슬을 귀히 여겼다는 기록이 있다. 옷
감도 비단에 수놓은 것보다 구슬을 옷
에 직접 꿰어 장식한 것을 진귀하게
여겼다고 기록하고 있고, 3세기 무렵

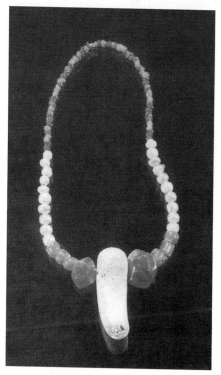

구슬목걸이

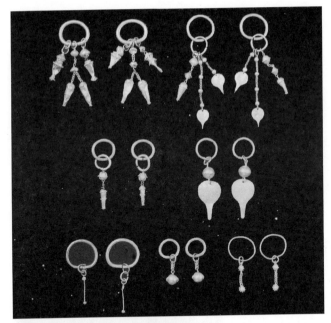

합천 옥전 고분군 출토
금귀고리

수정목걸이

까지는 금보다 구슬 위주의 장신구를 많이
착용하였음을 알 수 있다.

색색의 유리구슬이나 수정, 옥구슬이나
대롱옥 등으로 목걸이나 팔찌를 만들어 착
용하기도 하고, 조가비를 다듬어 목걸이나
팔찌를 만들기도 하였으며, 바다 건너 왜로
부터 건너온 제품을 착용하기도 하였다.

가야 후기에는 금제 장신구도 많이 출토
되는데, 특히 금귀고리의 경우 단순한 고리
모양에서 복잡하고 섬세한 모양까지 다양하
다. 귀고리의 모양과 형태변화에 따라 지역

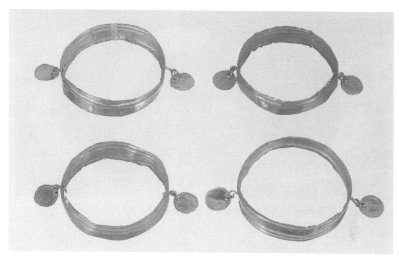

고령 지산동에서 나왔다고 전해지는 금팔찌

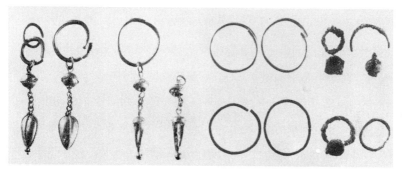

고령 지산동 44호분의 순장곽에서 출토된 각종 장신구들. 왼쪽은 금제귀걸이. 오른쪽은 청동환. 순장을 당했던 백성들까지도 금속제 장신구를 착용할 수 있었다는 사실을 알 수 있게 하는 유물들이다.

적인 특성과 시기를 구분해 낼 수 있을 정도여서, 가야 세공기술의 개성을 엿볼 수 있게 한다.

고령 지산동 고분군에는 순장자의 석곽에서도 금, 은, 금동, 청동 등으로 만든 귀고리나 팔찌가 출토되고 있어 가야의 일반 백성이나 노비도 장신구를 착용하였다는 것을 알 수 있다.

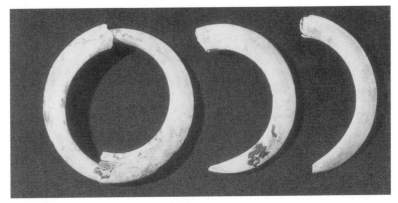
김해 대성동 출토. 왜로부터 들어온 팔찌. 멧돼지 이빨로 만들어진 것이다.

　반면 신라의 경우 이미 일성왕대에 백성들이 금은주옥의 사용을 규제하는 령을 내리고 있다. 이는 의생활에서의 계층적 차별이 심화되어가고 있음을 보여주는 것으로 가야사회와는 대비되는 모습이다. 앞선 '변복사건'에 언급되었던 법흥왕대의 공복 제정도 의생활에서의 계층적 구분을 엄격하게 규제하는 모습을 보여주는 것이다.

　가야에서도 백성들은 지배계층과는 차별화된 의생활을 영위할 수밖에 없었던 것은 사실이다. 하지만 이는 부와 권력으로 인한 차별이었을 뿐, 옷차림에 대한 제도적인 규제를 받은 흔적은 아직까지 나타나지 않고 있다. 이로 보아 가야에서는 6세기까지도 '삼한의 하호'들처럼 일반 백성일지라도 부를 축적할 경우 비단옷을 입고 금은주옥으로 치장하는 것이 가능했던 것으로 추정된다. 물론 그럴 수 있는 기회가 상하계층에 균등하게 주어지지는 않았겠지만, 적어도 가야사회가 계층적으로 덜 규제된 의복문화를 구가하고 있었음을 알 수 있다. 이 점은 가야가 고대 율령국가로 발전해 나간 신라와 구별되는 또 하나의 다른 점이라고 할 수 있겠다.

2. 가야인의 음식문화

　먹는 것에서 자유로울 수 있는 사람은 아무도 없다. 각종 영양제와 건강보조식품이 발달한 오늘날에도 특별한 경우를 제외하면 사람들은 하루 세끼 밥과 반찬으로 식사한다. 식사를 함으로써 살아가는 데 필요한 에너지를 공급받으며, 먹는 데서 오는 즐거움 또한 적지 않다. 식사와 음주는 대인관계와 사업을 원활하게 풀어나가는 사회활동이 되기도 하며, 주요 행사에서 베풀어지는 만찬은 베푸는 자와 참가자 모두에게 중요한 의미를 부여하기도 한다. 뿐만 아니라 종교의례 때 준비하는 음식은 의례참가자의 신앙을 표현하는 역할을 하기도 한다.

　각 민족마다 고유한 식생활이 있거니와 한 민족 내에서도 지역에 따라 다른 음식문화가 형성될 정도로 식생활은 지역적 특성을 띠며 발전해 왔으며, 그만큼 환경적 요건과도 관계가 깊은 것이 식문화다. 또한 음식은 당대의 시대적인 여건에서도 결코 자유로울 수 없다. 현대와 조선시대의 음식이 다르고, 전쟁시와 평화시의 음식도 다를 수밖에 없다. 그렇기 때문에 역으로 음식문화를 통하여 당대의 사회환경의 조건을 역추적해 나갈 수도 있는 것이다.

　가야의 경우 자료가 많지 않아서 식문화의 상세한 복원은 무리지만, 고고학자료에서 나타난 음식문화의 잔재를 통해서 개괄적인 복원은 가능하다. 가야시대의 음식문화는 어떠했으며 시대의 변화와 함께 어떻게 변화·발전해 갔는지, 가야의 정치권과 식생활권은 일치하는지 등에 대해서 살펴보고자 한다.

(1) 식품재료의 조달

먹을거리를 마련하는 과정은 인간이 자연에다 힘과 노동을 가하는 '생산력'에 비례한다. 여기서의 생산력이란 구체적으로는 농업, 어로, 수렵, 채집 등 자연 속에서의 다양한 생업활동을 말한다. 가야에도 물론 먹을거리를 구하기 위한 다양한 형태의 생업들이 있었다. 그 중 가장 먼저 들 수 있는 것은 농업이다.

『삼국유사』 가락국기에는 가락국 즉 금관가야가 성립될 무렵, 가야인들의 생활터전에는 '밭'과 '새로 만든 논'이 있고, '곡식창고'가 설치되어 있었다고 기록하고 있다. 농업이 상당히 체계적으로 행해지고 있었음을 전해주는 기사다. 하지만, 가락국에서 어떤 농작물을 재배하여 곡식창고에 저장했는지에 대해서는 나오지 않는다. 이를 알기 위해서는 『삼국지』 변진조가 참조된다. 변진에는 "토지가 비옥하여 오곡과 벼를 재배하기에 적합하다"고 한 내용이 있다. 흔히 '오곡'이라 할 때 사람들은 벼를 제일 먼저 꼽지만, 여기서는 오곡과 벼를 구분해서 기록하고 있어서, 이 시기에는 오곡이라고 할 때 벼는 포함시키지 않았다는 사실을 알 수 있다. 『삼국지』가 중국의 기록이므로 여기서의 오곡은 중국 진한대秦漢代의 오곡으로 꼽는 조[粟]·기장[稷]·콩[菽]·보리[麥]·삼[麻]으로 보아 크게 다르지 않을 것이다.

오곡이 실제로 가야에서 재배되었는지 고고학자료를 통해 살펴보겠다. 먼저, 조와 기장은 산청 소남리와 김해 부원동의 생활유적, 그리고 고령 지산동 44호분에서 출토된 바 있다. 출토된 유적은 많지 않으나 알갱이가 작아 쌀에 비해 검출이 어렵다는 점을 감안한다면 상당히 보편화된 작물이었다고 추정된다.

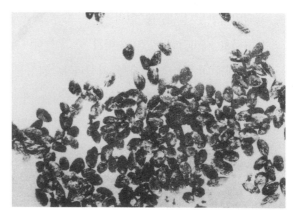
고령 지산동 44호분에서 출토된 기장

오곡 중 콩도 김해 부원동 유적에서 출토된 바 있다. 콩은 조와 기장보다 물을 많이 필요로 하는 작물이지만, 경작이 쉬워서 안정적인 소출을 얻을 수 있는 곡물로 알려져 있다. 『삼국사기』의 신라본기와 백제본기에도 콩에 관한 기사가 많이 나오고 있어서 콩이 고대사회에 많이 재배된 작물이었다는 것을 알 수 있다.

오곡 중 하나로 꼽히는 마는 마자麻子(대마의 씨)를 의미하는 것으로 추정된다. 마자가 식용할 수 있는 곡물이었다는 것이다. 가야인들은 베로 의복을 만들어 입었으므로 대마 재배가 보편적으로 행해졌다는 것은 의심할 바 없다. 그렇다면, 마자 역시 가야지역의 주요 곡물로 이용되었을 가능성이 크다. 하지만, 문헌자료의 기록에도 마자라는 곡물이 나오는 곳은 없고, 고고학자료로도 출토된 것이 아직 없어 가야에서 마자를 식물로 식용했는지 그 여부는 확실히 알 수 없다. 다만, 마자가 곡식으로 이용되었을 가능성만 열어 두고, 추후의 자료를 기대할 따름이다.

보리는 김해 부원동 유적에서 출토된 바 있고 『삼국사기』에도 보리에 관한 기사가 자주 등장하는 것으로 보아 고대사회의 주된 식량으로 이용되었다는 것을 알 수 있다. 벼는 물론 오곡과 함께 가장 중요한 식량의 하나로 자리잡고 있었다. 벼가 중요한 식량이었다는 사실은 『삼국지』에 '오월에 파종하고 제사를 지냈다'는 기사를 통해 짐작해 볼 수 있다. 『삼국사기』에 의하면 고대의 보리농사는 대체로 음력 4월 이전에 행해졌고 벼농사는 음력 9월 이전에 행해졌다고 기록하고 있으니, 오월에 파종하고 제사를 지낸 곡물은 벼라는 것을 알 수 있다. 파종하고 제사를 지낼 만큼 벼는 중요한 곡물이었던 것이다.

곡물뿐 아니라 채소류와 과일도 재배되었다. 『삼국사기』에는 복숭아와 오야에 관한 기사가 자주 등장하고 있어 신라와 백제에서 일찍부터 과수로 재배되었던 것을 알 수 있다. 가야에서도 김해 부원동 유적에서 복숭아씨가 출토된 바 있다.

채소류는 그 흔적이 남아 있지 않으나, 고고학자료나 문헌기록을 통하여 재배되었음을 알 수 있게 한다. 채소류는 야생채소를 채취하여 식용하기도 하였으며, 재배하여 먹기도 하였다. 광주 신창동 유적에서는 박, 오이씨 등이 출토된 바 있어 마한지역에서의 과채류 재배 사실을 알려주고 있다. 마한과 거의 같은 식생을 보이고 있는 진·변한에서는 아직 채소류의 출토자료는 없는데, 『삼국사기』 초기기록에 박과 관련된 기록이 등장하고 있어 진·변한 지역에 적어도 박이 재배되었음을 추정할 수 있게 한다. 이와 같이 식생활의 기본이 되는 곡식, 과일, 채소 등의 주요 공급원은 '농업'에 의해 얻어진 것이었다.

농업 이외의 생업활동은 사냥이나 가축사육, 어로활동 등을 꼽을 수 있다. 사냥이나 가축사육을 통해 획득한 야생동물이나 가축에게서 육류를 공급받을 수 있었다. 패총에서 출토되는 사슴, 노루, 멧돼지 등은 바로 수렵을 통해 얻어진 것으로 활쏘기, 덫, 함정파기 등 갖가지 방법으

<표 8> 가야지역출토 음식물잔재

종류		출토지	명칭
육류	짐승류	김해 부원동	말, 소, 돼지, 사슴, 고래
		김해 대성동	돼지
		창원 가음정동	개, 족제비, 오소리, 멧돼지, 쥐, 사슴, 고라니
		부산 북정 패총	쥐, 개, 멧돼지, 사슴, 소
		진해 용원동	사슴, 멧돼지, 노루, 수달, 너구리, 개, 소
		사천 늑도	고래, 개, 수달, 강치, 멧돼지, 노루, 사슴, 쥐
		함안 칠원 유원리	사슴, 멧돼지
	조류	고령 지산동	닭, 꿩
		창원 가음정동	오리, 독수리, 꿩, 닭, 비둘기, 참새
		부산 북정 패총	오리, 닭
		진해 용원동	청둥오리, 가마우지, 꿩.
		사천 늑도	기러기·오리과, 독수리과, 꿩, 까마귀과.
해수산물	어류	고령 지산동	누치, 청어, 대구
		김해 부원동	고래, 수달, 강치
		진해 용원동	청어, 대구, 농어, 돔, 민어, 고등어, 쏨뱅이
		창원 가음정동	상어, 농어, 능성어, 도미, 돔, 복어
		사천 늑도	상어, 숭어, 농어, 돔, 쏨뱅이
	패류	고령 지산동·고령 고아동	고둥, 소라, 굴, 조개
		성주 성산동	고둥
		김해 부원동	굴, 고둥류, 조개류
		김해 대성동	굴
		진해 용원동	조개류, 우렁이, 고둥류.
		창원 가음정동	조개류, 고둥류, 우렁이류
		사천 늑도	굴, 조개류, 고둥류, 우럭
		함안 칠원 유원리	굴, 대합, 고둥류, 다슬기, 재첩
	기타	고령 지산동	게
		진해 용원동	거북이, 돌고래
		창원 가음정동	거북이, 꽃게, 개구리
		사천 늑도	거북이
과일류		김해 부원동	감, 복숭아, 머루, 밤, 도토리, 호두
		창원 다호리	밤
		산청 소남리	도토리
곡류		고령 지산동	기장
		성주 성산동	벼
		산청 소남리	쌀, 조, 오곡
		진주 상촌리	쌀
		김해 부원동	쌀, 보리, 콩, 팥, 조, 밀

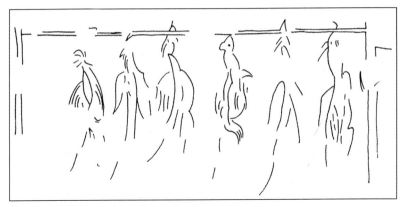

고구려 귀족집의 푸줏간에 걸려 있는 꿩. 팔청리 고분벽화 모사도

로 포획된 것들이다.

사슴은 멧돼지와 함께 신석기시대부터 가장 많이 애호되던 동물로서
삼국시대에도 여전히 주요 사냥대상이었다는 사실이 고구려 고분벽화
나 문헌기록을 통해 알 수 있다. 사슴과 멧돼지는 식용으로서뿐 아니라
제사·의례의 희생물로서도 많이 애용되던 수렵동물이었다. 가야에서
도 사슴과 멧돼지가 많이 애호되었다는 사실을 여러 생활유적의 출토자
료를 통해 알 수 있다.

수렵한 조류 가운데서는 꿩이 가장 많았다. 다수의 생활유적에서 꿩의
뼈가 출토되었는데, 사천의 늑도유적에는 섬이라는 지역조건에도 불구
하고 바다조류보다 오히려 꿩의 뼈가 더 많이 출토된 바 있다. 『삼국사
기』에 의하면 꿩을 사냥하는 기사가 있고, 흰 꿩을 바쳤다고 하는 기사도
자주 나와서 신라에서도 꿩이 식용으로 애용되었다는 것을 알 수 있게
한다. '천마총'에서 꿩의 알이 출토된 것도 그 물증 가운데 하나라고
하겠다. 고구려에서도 꿩을 애용했다는 사실은 고분벽화를 통해서 짐작
할 수 있다. 『삼국유사』에는 삼국통일기의 인물인 김춘추의 매일 식사량

에 대한 기록이 나오는데, 식사메뉴에는 꿩이 아홉 마리 내지 열 마리였다고 한다. 여기서의 식사량은 과장된 것으로 보이나 역시 꿩이 고대인들의 식생활에 얼마나 큰 비중을 차지했는지 알 수 있게 하는 기사다.

한편, 가축사육도 육류를 섭취하는 한 방편이었다. 가야의 생활유적에서 출토되는 사육동물의 흔적으로는 소, 돼지, 닭 등이 있다. 문헌자료에도 가축들이 등장한다. 『삼국지』에는 삼한에 소와 말이 있다고 나와 있고, 『일본서기』 수인기에는 가야에서 제사에 사용된 신성한 소가 등장하고 있어 소도 사육되었다는 사실을 보여준다. 한편, 사천 늑도유적에서는 개의 뼈가 출토된 바 있어 개가 가축으로 사육되었다는 사실을 뒷받침한다.

선사시대부터 행해진 채취·채집을 통한 음식물 획득도 여전히 지속되었다. 김해 부원동이나 창원 다호리에서 출토된 머루와 같은 야생과일과 도토리, 밤, 호두 등의 견과류는 채집식물들로 꼽히는 것이고, 다량의 조개류의 채취는 곳곳에 패총을 형성하게 하였던 것이다. 어패류는 해안지역의 주요 식품조달원이었을 것인데, 일반민들은 농삿일을 하면서 어로와 채취활동을 겸하며 어패류를 획득했던 것으로 보인다. 다수의 고분에서 어망추가 발견되고 있다는 사실은 어로활동이 일상적인 생계수단의 하나였다는 사실을 말한다.

패총에는 고래와 같이 원거리 어로를 통해서 얻어지는 바닷동물이 있는가 하면, 전문적인 잠수기술이 있어야만 채취할 수 있는 조개류도 있다. 이런 것들은 해안지역에 어로를 전업으로 하는 계층이 있었다는 것을 말해준다.

해안지대에서 얻어진 어패류는 건조시키거나 소금에 절여서 내륙지역으로 운반하여 조달했다고 보이는데, 내륙으로 통하는 육로나 수로가

대가야 지배계층 분묘에 부장된 해산물. 고령 지산동 34호분

이들 물자이동의 통로로서 사용되었다. 가장 유용한 원거리 교통 및 운송수단은 배였으며, 배는 그 자체가 어로수단으로 사용되기도 했다.

식품의 원거리 이동을 원활하게 할 수 있게 한 또 하나의 요인은 소금의 생산과 유통이었다. 소금은 어패류를 장기간 저장하면서 내륙지역으로 운반할 수 있는 길을 열어주었다. 소금에 절인 어패류는 그 자체가 음식물이었을 뿐 아니라 맛을 내는 조미료 역할까지 할 수 있었다. 어패류의 장거리 유통은 어업의 전문화와 그에 따른 교역활동을 더욱 활발하게 해주었을 것이다.

패총에서 출토된 어류와 해수류의 종류를 보면, 고래나 수달, 강치 등 수중동물에서 청어, 대구 등 한류성 어종을 비롯, 해안지역 특유의 산물이 많다. 하지만 내륙지방에서 출토된 해산물의 종류도 적지 않다. 내륙지역에서 출토된 해산물 중 고령 지산동 44호(5세기 후반)고분 안의 토기에 들어 있던 청어가 주목된다. 이 청어는 가야의 물류 유통경로를 생각할 때 남해안에서 낙동강을 경유하여 들어왔다고 추정된다. 청어가 한류성어종이나 남해안에서 포획 가능한 것이기 때문이다. 하지만, 신라 영역이었던 동해안에서 고령으로 들어왔을 가능성도 있다. 왜냐하면 5세기 후반은 가야가 신라·백제와 일련의 동맹관계를 맺고 있다는 사실이『삼국사기』에 나오고 있기 때문이다. 가야가 신라와 상호우호관계를 지속시키면서 정치 군사적으로 공조관계를 가지는 가운데 신라로부터 청어 등의 동해안 해산물을 공급받았을 가능성도 있는 것이다.

조개류는 가장 흔적이 많이 남아 있는 음식물 자료이다. 조개는 먹을 것에 비해 버리는 것이 많을 뿐 아니라 그 잔재가 오래 가기 때문이다. 조개류 중 굴이 가장 많이 남아 있는 종류인데, 음식물 잔재물로서 버려져 패총더미를 이룬 것도 있지만 다른 용도로 사용된 것으로 보이는 것도 있다. 가령 김해 대성동 고분의 경우 봉토 한가운데서 다량의 참굴 껍질 무더기가 출토되었는데, 이는 굴이 사자死者를 위하여 특별한 의미를 가지고 이용된 사실을 말해주고 있다. 횡혈식석실묘인 고령 고아동 벽화고분에서도 참굴껍질무더기가 출토되었고, 벽화고분 벽면을 바른 회벽 속에도 굴껍질이 섞여 있어 굴이 식품 이외의 석회제작용으로 사용되었음을 알 수 있게 한다.

이와 같이 가야인들은 농업을 비롯하여 수렵, 가축사육, 어로와 채취 등 다양한 생업활동을 통해서 먹을 것을 얻을 수 있었다.

가야 내에서도 지역마다 환경적 조건이 다르므로 음식물 역시 지역에 따라 다르다고 하겠다. 고고학자료로 출토된 지역별 음식물 종류를 표로 나타내 보면 〈표 9〉와 같다.

〈표 9〉 지역별 음식물 종류의 수

유적명칭/성격	유적위치	육류		해수산물			과일류	곡류	계
		수류	조류	어류	패류	기타			
김해 부원동/주거지·패총	해안	5		1	3		6	3	18
창원 가음정동/주거지.패총	해안	7	6	6	3	3			25
김해 북정/패총	해안	5	2						7
진해 용원동/주거지·패총	해안	7	3	7	3	2			22
사천 늑도/주거지·패총	해안	8	5	5	4	1			23
고령 지산동/고분	내륙		2	3	4	1		1	11
성주 성산동/고분	내륙				1			1	2
산청 소남리/주거지	내륙							6	6
진주 상촌리/주거지	내륙							1	1

〈표 9〉에서 볼 때 일단 음식종류에서는 해안과 내륙 지역에 차이가 있다는 사실을 일별할 수 있다. 고령 지산동과 성주 성산동의 경우 내륙 지역임에도 불구하고 해산물이 출토되고 있지만, 이 경우 대형고분에서 출토된 것이므로 일반화시킬 수는 없다. 다만, 지배자의 경우 음식물 종류에 지역적 제한을 받지 않고 다양한 음식물을 공급받았다는 사실만 확인할 수 있다.

반면 고령과 마찬가지로 내륙지역인 산청 소남리와 진주 상촌리의 주거지유적에서는 곡물밖에 나오지 않고 있다. 이들 내륙지역에는 패총이 만들어질 수 있을 정도의 많은 패류나 해산물을 섭취할 수 없었던 것이 분명하다. 그것은 지배계층의 분묘가 아닌 일반민들의 주거지 유적이기 때문이기도 하다. 지배층과는 달리 일반민들의 음식물 종류는 지역적인 제한을 받았다는 사실을 알 수 있는 것이다.

(2) 음식의 조리와 섭취

가야인들이 음식을 어떤 방법으로 먹었는지 알 수 있게 하는 자료는 고분에서 출토되는 각종 토기들이다. 매장된 토기는 부장용으로 특별히 제작되었으므로 실생활에서 쓰인 것이 아니지만, 그렇다고 해도 토기는 역시 실제 식생활을 반영하여 만들어지기 때문이다. 가야지역 유적에서 출토된 토기를 통해 가야인들이 어떻게 음식을 조리하여 먹었는지 살펴보자.

먼저, 토기의 형태를 통해서 유추해 본 조리법과 조리에 필요한 용기를 검토해 보면 가장 기본적으로 사용된 기종은 단지[壺]·독[瓮]·시루[甑] 등이었다. 이들 토기들은 조리용뿐 아니라 저장용으로도 사용이 되었다. 긴 달걀처럼 생겼다고 해서 장란형이라는 이름이 붙은 토기도 있는데, 소금을 만드는 제염토기로 추정되는 것이다. 이 토기들을 용도에 따라 구분해서 살펴보면 〈표 10〉과 같다.

〈표 10〉 용도에 따른 토기종류

그릇 종류	음식물 종류	용도	필요 용기
취사·조리기	육류 어패류 곡류 과채류	끓이기, 굽기 끓이기, 굽기 끓이기, 찌기, 짓기 끓이기	단지壺, 독瓮, 시루甑, 큰 바리深鉢
저장용기	육류 어패류 곡류 과채류	말리기 말리기, 소금저장, 발효 낱알저장, 분말저장 말리기, 소금저장, 발효	단지壺, 독瓮
식기	육류 어패류 곡류 과채류	식음용, 의례용	잔杯, 접시楪, 굽다리접시高杯, 바리鉢, 단지壺
기타	소금	끓이기	장란형 토기細長壺

가야인들이 음식을 섭취하는 방식은 여러 가지가 있었다. 가장 쉬운 방법은 싱싱한 날것을 조리하지 않고 그대로 먹는 방법이다. 과일이나 채소류 외에도 육류나 어패류 등 곡류를 제외한 거의 모든 식품들이 날로 먹을 수 있는 것들에 해당된다. 하지만 대부분의 경우 여러 가지 방법으로 1차 조리를 거친 뒤 먹었다. 조리법은 불 위에 바로 굽거나, 자갈돌을 달구어 그 속에 생선이나 구근류 등을 묻어 물을 끼얹어 찌는 등 원시적인 조리법도 있었고, 음식재료들을 바리나 단지에 담아 물을 부어 끓여 죽처럼 만들어 먹기도 했다. 죽은 양이 많이 불어나기 때문에 생산량이 적은 선사시대부터 애용된 음식이었다. 토기가 다양하게 제작됨에 따라 다양한 조리방법이 가능해졌다.

조리법 중에서 주목되는 점은 찌는 방식이 보편적으로 이용되었다는 것이다. 많은 유적에서 시루가 출토되고 있기 때문이다. 쪄서 음식을 만드는 조리방법은 끓이는 방식보다 조리한 뒤 음식량이 많이 붓지 않기 때문에 생산력이 낮은 단계에서는 사용하기 어려운 조리법으로 알려져 있다. 그러므로 시루가 많이 사용되었다는 사실은 식량생산이 어느 정도 안정적으로 이루어졌음을 보여주는 것이라고 하겠다.

일상적으로 먹었던 주식은 오랜 기간 동안 찌는 방식을 통해 만들어졌다. 오늘날까지 주식이 되고 있는 밥은 찌는 것이 아니라 '짓는' 방식이다. 원래 '밥을 짓는다'고 하는 말에는 다양한 조리방식이 복합되어 있다. 처음에 쌀을 물과 함께 끓이다가, 한참 지나면 자체 발생한 김에 의해 찌는 방식으로 바뀌고, 아랫부분에서 약간 굽혀져 밥에 적당한 맛이 배어나게 되는 것이다. 그러므로 전기밥솥이 아닌 직접 불을 피워서 조리용기를 얹어 밥을 짓는 것은 쉽지 않은 일이다. 더구나 토기를 이용하여 밥을 지을 경우에는 밥이 눌어붙어 열이 골고루 전달되기 어렵고

부엌에서 시루로 밥을 조리하는 모습. 고구려 안악3호분 고분벽화

지은 밥도 흙 냄새가 나기 쉽다고 한다. 그러므로 밥짓기는 철제 솥이 쓰인 이후부터 가능해졌다고 보고 있다. 철제솥이 일반에 보급되어 밥짓기가 보편화되기 전까지는 곡물가루를 찐 떡과 같은 것이 주식이었다고 보인다.

고구려 안악 3호분이나 약수리 고분벽화에서도 시루를 이용하는 모습을 볼 수 있다. 가야보다 선진문화권인 고구

화덕 위에서 시루를 이용하여 조리하는 모습을 묘사한 토기. 출토지 불명

려에서도 4세기 후반 시루사용이 보편적이었던 것이다. 5세기 이후에는 고구려에서도 시루와 함께 무쇠솥이 사용되었음을 알 수 있다. 아차산 고구려 보루 유적에 무쇠솥이 출토되고 있는 것이 바로 그것이다. 하지만 이 때의 무쇠솥도 밥짓기용보다는 역시 찜솥의 역할을 하고 있다.

『삼국사기』에는 신라초기 유리왕과 탈해가 서로 왕위를 양보하다가 떡을 물어 이빨을 세는 장면이 나오는데, 시기적으로 보아 여기서의 떡도 주식과 같은 역할을 한 음식으로 보인다.

가야의 경우 아직 무쇠솥이 출토된 것은 없는데, 이는 늦은 시기까지 토기를 이용하여 찌는 방식이 일반적이었다는 것을 말한다. 시루를 사용할 경우 처음에는 주·부식 개념 없이 음식재료와 조리용구에 맞추어 쪄서 상용하였다고 보인다. 곡물가루와 채소나 조개류 등을 함께 넣어 찌면 그 자체가 주식이 되었고 부식까지 동시에 섭취할 수 있게 되었던 것이다. 조리법이 다양해지고 여러 가지 음식을 따로 조리할 수 있게 되면서 주식과 부식이 분리되었다고 보는 것이다.

불에 익혀 조리하는 방법 이외에 과일이나 곡물을 발효시켜 술과 같은 것을 만들기도 하였다. 가야의 경우 발효를 위한 용기는 특별히 지적되고 있는 것이 없으나, 일본의 경우, 조몬繩文 시대의 토기 가운데 아가리 부분에 구멍뚫린 토기를 양조용

구의동 보루 유적에서 출토된 고구려의 쇠솥과 시루

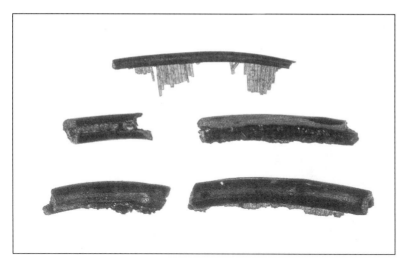

소쿠리테. 창원 다호리고분 출토

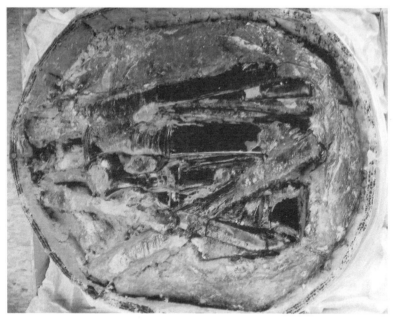

동검을 보관한 광주리. 창원 다호리 출토

토기로 추정하고 있어 참고가 된다. 제천행사에 술을 필수적으로 사용한 가야에서도 양조를 위해 사용한 토기가 당연히 있었을 것인데, 단지나 독이 사용되었을 가능성이 크다.

한편, 토기는 식품을 소금에 절이거나 말려서 장기간 저장하는 용도로 사용되기도 하였다. 단지류, 심발형 토기 등은 끓일 수 있는 조리기구였을 뿐 아니라 저장용기로도 사용된 토기였다.

이 밖에 광주리, 목제합 같은 식물성 소재로 만든 용기도 일상생활에서 많이 이용되었다. 이런 것들은 식품을 담아 보관하거나 운반하기 위한 용도로 사용되기도 하였으나, 일상 생활도구나 의기를 담아 보관하는 용기로도 사용되었다.

한편, 수저는 지금까지 전혀 발견되는 것이 없어서 손으로 움켜잡고

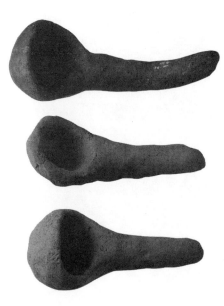

산청 소남리 출토 국자

먹었거나 나무를 이용했을 것으로 추정된다. 중국의 경우 춘추전국시대까지도 대부분 손으로 움켜쥐고 식사를 했다고 하며, 일본에서도 3세기에는 밥을 손으로 먹었다고 전한다. 이 점을 참조한다면 찌거나 구운 음식은 수저를 사용하지 않고 손으로 먹었을 가능성도 있다. 하지만, 죽이나 국처럼 끓여서 만든 음식은 나무나 골제로 만든 수저를 이용했거나 흙으로 구워 만든 국자형의 도구를 사용했을 것이다. 숟가락의 형태는 대전 월평동에서 출

백제인들이 사용했던 목제숟가락. 대전 월평동 출토

토된 목제 수저가 참조된다.

수저 외에 국자나 주걱 같은 배식용 도구도 있었다. 창원 다호리고분에는 목 긴 항아리 안에 나무로 만든 국자가 들어 있는데, 술이나 죽을 분배할 때 사용한 것으로 보인다.

고령 지산동에서 출토된 오키나와산 조개로 만든 국자 역시 주목되는 것이다. 이것은 대가야의 문화적 교류 범위가 넓었다는 사실을 보여주는 자료이거니와, 이 같은 형태의 국자는 최근까지도 타이완 원주민들이 사용되고 있던 것이어서 그 세련된 원형을 제대로 볼 수 있다.

이와 같이 가야인들은 다양한 조리법과 저장법을 통해 식생활을 영위해 나갔다. 하지만, 가야시대 전체에 걸쳐 동일한 식생활을 영위한 것은 물론 아니다. 시대에 따라 먹는 문화도 변화해 나갔던 것이다.

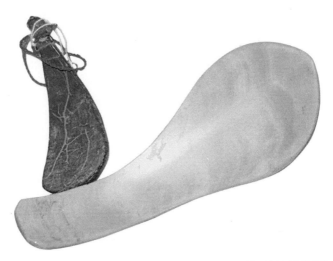

타이완의 원주민 타우족이 사용하던 조개로 만든 국자. 대가야 고분에서 출토된 국자도 처음에는 이이러한 모양이었을 것으로 추정된다. 옆은 코코넛 껍질로 만든 국자(타이페이 근교 베이토우 문물관 소장)

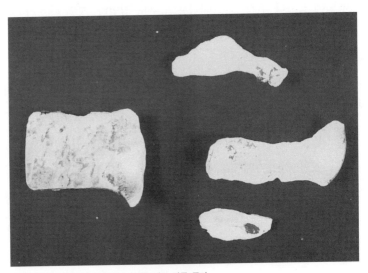

고령 지산동 44호분에서 출토된 야광조개로 만든 국자

(3) 식문화의 발전과 분화

토기는 기술의 발전과 생활의 변화에 따라 그 형태와 기종의 구성이
달라져 간다. 토기의 변화상은 바로 식문화의 변화를 반영하기도 하므로,
토기의 형태와 종류의 변천과정을 통해 식문화의 발전과 변화과정을
살펴보도록 하자.

〈표 11〉 시기에 따른 토기 종류의 비율이 변하는 과정

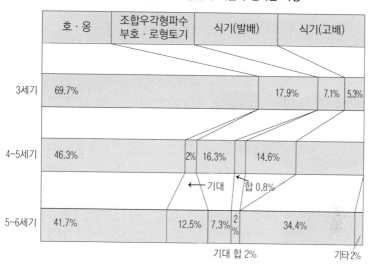

	호·옹	조합우각형파수 부호·로형토기	식기(발배)	식기(고배)	
3세기	69.7%		17.9%	7.1%	5.3%
4~5세기	46.3%	2% 16.3%	14.6% ←기대 합 0.8%		
5~6세기	41.7%	12.5% 7.3% 2%	34.4% 기대 합 2%		기타 2%

토기의 변화 중에서 우선 주목되는 것은 그릇의 종류와 출토 수량의
비율이다. 위의 〈표 11〉을 보자. 기원 전후시기부터 3세기까지의 유적에
서 출토된 토기 자료는 수량도 적을 뿐 아니라, 생활용 토기인 호(단지)와
옹(독)이 압도적으로 많다. 그 다음은 제사용 토기로 쓰인 조합우각형파
수부호와 로형 토기이며, 식기의 비율은 아주 낮다. 이것은 당시의 토기
가 대부분 조리기구, 저장기구, 의례용 토기로 사용되었다는 것을 말하
며 식기류로는 토기 대신 목기와 죽기가 사용되었다는 것을 의미한다.

김해 양동리 340호분 출토 각종 토기. 식기보다 저장용기의 비율이 많다.

옻칠한 목제그릇. 창원 다호리고분 출토

다양한 기종이 출토된 창원 다호리 유적을 보면, 단경호(목이 짧은 단지), 크고 작은 편저호(밑이 편편한 단지)와 원저호(밑이 둥근 단지), 오이부호(다섯 개의 꼭지가 달린 단지), 조합우각형파수부호(소뿔 모양의 손잡이가 달린 단지), 주머니호(주머니모양의 단지) 등 주로 단지류가 차지하고 있고, 발(바리), 배(잔) 등의 식기류는 출토량이 아주 적다. 극히 소량이 출토된 고배는 2점이 옻칠을 한 목기인데 의례용이거나 지배계층의 식기였을 것으로 추정된다. 김해 양동리 유적의 경우도 식기의 비율이 아주 적다.

4세기 이후부터는 생활용기 특히 단지와 독의 비율은 감소하는 반면,

고배에 음식을 담은 흔적.
고령 지산동34호분

식기류가 눈에 띄게 증가한다. 조리법이 발달되고 다양한 식품을 접하고 음식의 가짓수가 증가되는 과정에서 식기의 종류도 많아지게 된 것이다.

실제로 5~6세기 고분에서 발견되는 음식물은 고배나 개배 등 식기에 담겨 출토되는 것이 많다. 식기에 담긴 음식물은 식품재료를 분리하여 조리한 흔적이 보인다. 이것은 음식의 종류가 많아졌다는 사실뿐 아니라, 주식과 부식이 완전히 분리되었음을 보여주는 것이기도 한다. 식기비율이 증가하는 것을 볼 때 적어도 가야의 경우에는 5세기 이전부터 주식과 부식이 분리되어 있었다고 할 수 있다.

주·부식이 분리됨에 따라 수량이 증가할 뿐 아니라 개별 식기의 크기도 작아진다. 그만큼 세세하게 음식을 분리하여 담았다는 뜻이라고 하겠다. 작아지는 것뿐 아니라 고배가 많아지는 것도 주목되는 현상이다. 주로 제사나 연회에 사용되었다고 보이는 고배는 그 수량이 괄목할 만한

데, 특히 대형분에서의 고배비율은 아주 높다.

반면 중소 크기의 고분에는 고배의 수가 상대적으로 적고, 수혈주거지에서는 고배의 출토비율이 더 낮다. 가령 거창 대야리의 마을유적에는 수혈식주거지가 대부분인데, 여기에는 단지(호)가 9점, 독(옹)이 15점, 시루가 4점이고, 식기는 바리 1점밖에 없고 고배는 전혀 없다. 수혈주거지는 일반적으로 반고상가옥이나 지상가옥보다는 하위급으로 보이므로, 여기에서 출토된 토기는 가야의 일반민들이 사용했던 것으로 볼 수 있을 것이다. 고배수가 적은 이유가 바로 여기에 있다. 즉 일반민들이 일상생활에서 사용한 식기는 토기보다는 목기나 죽기 등이 더 보편적으로 사용되었으며, 사용한 식기수량도 그다지 많지 않았다고 볼 수 있는 것이다.

하지만, 진해 용원동 마을유적의 경우는 그 성격이 조금 달리 나타난다. 수혈주거지와 고상가옥 및 다양한 모양의 저장유구가 함께 발굴된 이 유적에서는 전체 42유구 가운데 22유구에서 고배나 고배조각이 한두 점씩 출토되고 있다. 이것은 생활수준이 달랐거나 생활문화의 차이에서 온 결과라고 할 수 있겠다.

고배는 식기에 포함되는 종류지만 일상용이 아니라 주로 제의나 연회 때 사용된 것이므로 일반 식기보다는 다른 의미를 가진 식기라고 하겠으나, 이들의 수량이 다르게 나타나는 것은 기본적으로 식생활의 변화를 수반하고 있다고 해야 할 것이다. 즉 고배의 비율이 증가한 것은 크고 작은 제의와 연회를 주관할 능력을 갖춘 계층이 증가했다는 사실과도 통한다고 본다. 그러므로 고배의 비율은 가야의 사회경제적인 신분관계의 변화를 반영하고 있다고도 하겠다. 무덤에 부장된 토기는 죽은 자가 생전에 누렸던 식생활 규모가 그대로 부장되었을 것이기 때문이다.

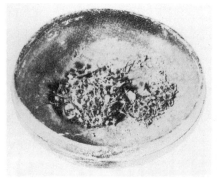

고령 지산동 45호분 출토 음식물 잔재. 왼쪽은 그릇에 남아 있는 물고기뼈. 오른쪽은 닭 반마리분의 뼈

즉 고배가 차지하는 비율이 무덤의 크기에 따라 차이가 나는 것은 상위계층과 일반민, 혹은 일상과 특별의례시의 식생활의 한 단면을 반영한다는 것이다. 고배가 상위계층에서만 집중적으로 사용되었다는 것은 상위계층과 하위계층의 식생활이 현저하게 다름을 나타낸다. 그만큼 지배계층이 음식물을 독점하는 비율이 커지고 있음을 말하는 것이다.

새로운 전답을 개간하거나 수리시설을 수축하고 보완하여 식량을 안정되게 생산하는 것도 고대정치에서 중요한 것이었지만, 식량을 독점하고 분배하는 것도 중요한 일이었다. 각종 연회를 통해 보이는 술과 음식의 의례는 정치를 정당하게 실현시키고 있다는 과시였을 뿐 아니라 군주에 대한 충성도를 확인하거나 상하 질서를 규제하는 상징적인 표현이기도 했다. 이러한 행사에는 일반 식기가 아닌 고배와 같은 특별한 식기가 필요했던 것이다. 무덤에서의 고배의 증가는 바로 현실에서의 이러한 식생활의 모습을 그대로 반영하고 있는 것이라고 보인다.

이러한 양상은 가야지역에만 국한된 것이 아니었다. 신라의 중심지에도 고배 비율이 증가된 것이 확인된다. 4세기 후반~5세기로 편년되고 있는 황남대총의 경우, 고배가 60% 이상 출토되고 있다. 가야와 마찬가지로 신라에서도 식생활의 계층분화가 현저해짐을 알 수 있는 것이다. 도굴의 피해를 상대적으로 덜 받았던 성주 성산동에는 고배비율이 가장 높아서 75% 이상의 높은 비율을 보이고 있다. 가야와 신라의 식생활 양상이 크게 다르지 않았다는 것을 말하는 것이다.

한편, 장경호의 증가도 주목해 볼 필요가 있다. 장경호는 고령 지산동 44호분의 예로 보아 곡물을 비롯한 음식물의 저장용기로 사용되었고, 또 고배와 마찬가지로 제사용으로 많이 사용되기도 했다. 또 대형분일수록 수량도 많고 종류도 다양하다. 반면에 일반민의 주거지 유적에서는 출토되지 않는 것으로 보아 장경호는 경제력을 갖춘 상위층이 소유할 수 있는 용기로 추정된다.

또 하나 주목되는 것은 뚜껑이 딸린 토기가 많이 증가한다는 사실이다. 4세기 이전의 토기가 거의 뚜껑없이 출토되는 데 비해, 5~6세기의 것은 유개고배(뚜껑있는 굽다리 접시)를 비롯, 개배(뚜껑접시), 유개장경호(뚜껑있는 목 긴 단지), 유개중경호(뚜껑있는 목단지) 등 많은 고분에 뚜껑있는 토기가 등장하고 있다. 이들 뚜껑이 있는 그릇종류들은 바로 저장용 혹은 가공식품류의 증가와 관련이 있는 것으로 보인다. 각종 형태의 유개장경호 등 중대형 크기의 기종에는 곡류를 담았던 경우도 있으나, 1차 가공을 거친 식품, 예를 들어 건과류와 건식류 혹은 발효식품 등을 넣을 수 있는 용기이기 때문이다.

이러한 가야인들의 식생활 변화 배경에는 철제 농기구의 발전이 뒷받침되고 있었다. 고배의 비율이 증가하는 4세기 말 5세기 초에는 철제 농기구의 종류가 많아지고 수량도 증가하는 시기다. 이러한 농기구의 발전은 식품재료가 되는 곡물이나 채소류, 과수류 등을 다양하게 경작하고 재배할 수 있는 조건을 만들었다. 거기에 육로와 수로를 통해 교통이 빈번해 지면서 대가야의 국읍을 비롯한 내륙지역에도 해산물이나 다른 지역의 특산물이 많이 유입되었던 것이다. 그 결과 식품재료가 증가하고 자연히 조리법의 발달과 가공법에도 발전을 가져왔으며 이로 인해서 저장식품과 가공식품 종류도 늘어날 수 있었던 것이다.

이상과 같이 가야사의 전개과정에서 식문화는 적지 않은 발전과정을 거치며 다양하게 영위되었다. 그러한 이러한 식문화는 가야만의 특정한 식생활 권역을 형성하였다고는 보기 어렵다. 같은 시기 신라권과도 크게 다르지 않다. 오히려 해안지역인가 아니면 내륙지역인가 하는 자연환경 적 조건이 식생활 문화에 더 큰 영향을 끼쳤다고 보아야 할 것이다. 또한 대형고분이 분포하는 중심지와 그렇지 않은 여타 지역과는 식문화 에 차이가 있으므로 지역별 계층차이도 있었음을 알 수 있다.

식문화의 발전은 정치사회적 발전과 궤를 같이하며 계층 간의 차이가 식문화에도 그대로 반영된다. 식문화의 발전으로 인해 일반인들의 식생 활도 이전보다는 나아질 수 있었으나, 식생활 발전의 대가는 대부분 지배자들의 몫이었다.

3. 가야인의 주거문화

누구나 자신의 미래상을 꿈꿀 때 빠지지 않는 것이 살아갈 공간에 관한 것이다. 그리고 현재 자신이 살고 있는 주거공간은 인간이 과거부터 꿈꿔 온 이상이 어느 정도 실현된 부분이라고 할 수 있다. 마찬가지로 가야인의 주거문화는 농업을 기반으로 하는 정착생활의 실현이면서, 우리 환경에 적합한 고유의 전통주거문화를 확립해 나가는 한 궤도선상에 있었다.

주거생활에 필요한 조건은 햇빛과 온도, 일정한 공간과 환기, 물 등일 것이다. 하지만 주거문화는 단순히 그러한 조건에 국한되지 않는다. 주거와 건축은 당대의 시대상을 반영하며 살아가는 양식樣式과 취향, 그리고 자연환경적 조건 등과도 밀접하게 관련되어 있기 때문이다. 또 주거문화는 계층적인 차별성이 다른 어느 것보다 외형적으로 두드러지게 나타난다.

가야의 주거문화 역시 자연환경과 시대적인 요구 및 계층적인 양상을 반영하면서 발전해 왔다. 가야인들이 어떻게 주거문화를 영위했는지 고고학자료를 통해 그 실상을 접근해 보고, 또한 사회발전에 따른 제반 상황의 변화가 주거생활에 어떠한 변동을 가져왔는지를 살펴보자.

(1) 마을의 형성과 생활반경의 확대

오늘날 대부분의 사람들은 산비탈이나 계곡보다는 넓은 평야와 길이 사방으로 난 평지를 선호한다. 하지만 고대인들이 초기에 선호했던 지형은 평지가 아니었다. 제방공사가 제대로 되어 있지 않았던 시대의 낮은 평지는 대부분 저습지거나 여름 집중호우에 홍수피해를 쉽게 받는 곳이기 때문이다. 그러므로 평지보다는 작은 하천을 낀 얕은 골짜기나 낮은 구릉지가 마을을 형성하기에 적당한 지형이었다.

『삼국사기』에는 고조선이 멸망한 후에 남쪽으로 내려온 유민들이 '산골짜기[山谷]에 거주했다'는 기사가 나온다. 이 표현은 고조선의 유민들이 마치 산속에 은둔하여 산 것 같은 감을 주지만, 실은 고대사회의 기본적인 삶의 조건을 묘사한 것이다. 홍수 피해를 적게 받고 물을 안정적으로 공급받을 수 있는 골짜기를 낀 곳에 주로 마을이 생겼기 때문이다. 오늘날도 마을 이름에 '골', '곡'이라는 글자가 붙은 지명이 많은데, 바로 이런 주거조건이 지명에 그대로 남은 흔적이라 하겠다.

한편, 「가락국기」에는 수로왕이 왕궁을 지을 터를 두고 "땅이 여뀌잎과 같이 좁다"고 묘사하고 있다. 좁은 곳에 왕의 궁궐을 짓고자 계획하는 것 역시 당시의 주거조건을 염두에 두어야 이해되는 부분이다. 왕궁 역시 일반적인 생활조건에서 떠나서 생각할 수 없기 때문이다. 금관가야의 중심지로 추정되는 김해의 봉황대나 대성동은 모두 좁은 구릉지에 자리잡고 있어 수로왕이 묘사한 왕궁의 입지조건과 통하고 있다. 낮은 구릉지 역시 삶의 터전으로 많이 이용되었던 것을 말한다.

이처럼 가야 초기에는 산곡과 구릉지에 삶의 기반을 둔 단위취락들이 형성되었으며, 각각의 취락들은 산과 하천을 경계로 독립적 생활반경을 형성하고 있었다. 그런데, 새로운 수전지를 개척하는 과정에서 저지대에도 취락이 생기게 된다. 저지대에 취락이 형성되기 시작한 시기는 현재까지 발굴된 고고학자료를 보면 지역별로 차이가 있지만 대체로 4세기 이후부터다. 그 대표적인 예가 창원지역에서 발굴된 바 있다. 창원 가음 정동의 마을유적은 구릉으로 둘러싸인 소분지로 집수구역에 해당되는 저지대에 위치하고 있고, 창원 반계동의 주거지 유적 역시 낮고 평평한 대지상에 위치하고 있다. 이러한 주거지의 저지대 진출은 수리제방공사에 따른 물길조절이 제대로 되지 않으면 불가능한 일이다. 따라서 주거지가 저지대에 생겨났다고 하는 것은 주변의 물길을 제어하는 제방공사가 이루어졌다는 것을 말한다.

이동하는 것은 주거지만이 아니다. 무덤도 이동한다. 3세기까지만 해도 취락 가까이에 위치하고 있던 무덤이 4~5세기 이후에는 취락과 분리되어 구릉지 사면으로 올라가고, 대형봉분을 가진 무덤의 경우 산구릉지 정상부로 이동하는 경향을 보인다. 또한 해발 300m 내외의 산에는 성을 쌓아 생활권을 보호하게 되면서 개별 단위공동체의 생활반경은 낮은 산과 인근 하천을 넘어 점차 확대되어 간다. 이러한 생활반경의 평면적 확대가 주거문화에도 변화를 가져오게 되는 것은 자연스러운 변화과정이라 할 것이다.

(2) 가옥형태와 그 변화

현재까지 고고자료로 알 수 있는 가야시대의 주거지는 김해, 합천, 진해, 창원, 진주, 산청, 사천 등 여러 지역에서 발굴되어 소개되고 있다. 이들 유적에서 발굴된 주거지를 형태별로 수혈가옥과 지상가옥으로 나누어 가야시대 가옥의 형태와 구조를 살펴보고자 한다.

1) 수혈가옥

수혈가옥은 땅에 구덩이를 일정한 깊이로 파고, 바닥을 편편하고 단단하게 다진 다음 둘레에 기둥을 세워서 지붕을 덮은 움집을 말한다. 신석기시대 이래 가야시대까지 가장 많은 비율을 차지하는 주거형태로 오랜 시기 동안 애용된 주거형태라고 할 수 있다. 이 수혈주거지 유적을 통해서 그 형태와 구조를 내용별로 검토해 보면 다음과 같다.

① 평면형태와 벽체시설

수혈주거지의 평면형태는 원형이 가장 많다. 『삼국지』에는 가야 전기 사회의 집을 "모양이 무덤과 같고 문이 위에 있다"고 묘사하고 있다. 바로 이 '무덤과 같다'는 표현은 평면형태가 원형이라는 뜻일 것이다. 즉, 원형으로 된 주거바닥에 기둥을 원추형으로 올려 세워서 지붕을 지상까지 닿도록 한 움집 형태다. 원형 이외에 방형과 장방형도 다수 있는데, 방형과 장방형의 경우 바닥에서 바로 기둥을 중심으로 향하여 맞배로 올린 형태가 가장 많다.

그런데 『삼국지』에서 인용하고 있는 『위략』이라는 책에는 "집은 나무를 옆으로 동여매어 만드는데, 뇌옥과 비슷하다."는 기사를 전하고 있다. '뇌옥'이라 함은 동물이나 죄수들을 가두는 '우리'와 같은 것이다. 비유대상이 좋지는 않지만, 이 기록에 따르면 '무덤과 같다'고 표현한 주거지보다는 한 단계 발전한 형태라고 할 수 있다. 성긴 기둥에 나무를 가로질러 걸쳐 올린 벽체시설이 있는 집의 형태를 묘사한 것이기 때문이다. 즉 이는 수혈바닥에 통나무를 벽에 붙여 성글게 세우고 벽체시설을 만들어

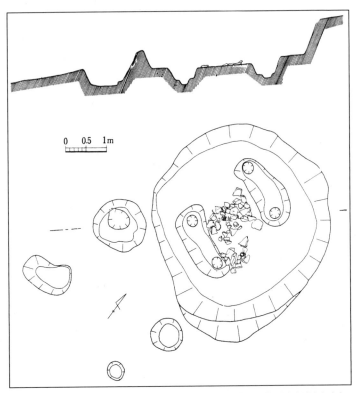

비스듬한 경사면에 자리잡은 수혈주거지. 원형 안의 중앙의 복잡한 그림은 화덕이 있었던 자리고 둘레에 네 개의 기둥이 있었던 흔적이 있어 취사공간을 구분하였음을 알 수 있다. 김해 부원동 유적. 가야 전기

지상으로 올라오게 한 것으로 완전한 지상가옥이라고는 할 수는 없고 반지상가옥이라고 볼 수 있다.

이와는 조금 다른 형태의 반지상가옥은 고고학자료를 통해 확인할 수 있다. 6세기 유적인 사천 봉계리에 있는 주거지유적이 그 예다. 경사면의 일부를 파고 주거지의 뒷벽을 따라 기둥들을 설치하고, 기둥과 기둥 사이에 목판을 대고 벽체를 세웠다. 경사면을 의지하여 세운 반지상가옥인 것이다. 이런 반지상가옥은 수혈주거지에서 한 걸음 발전한 형태이며

앞 면에서 볼 때에는 전체적으로 지상화된 것으로 보이는 가옥구조라
할 수 있겠다.

② 난방 및 취사시설

가장 오래된 형태의 취사시설은 돌을 둥글게 배치하고 그 위에 불을
피워 음식을 조리하는 노지爐址였다. 청동기시대의 가옥내 노지는 벽체
에서 떨어진 주거지의 중간 부분에 위치하는 것이 대부분이었는데, 이것
은 취사는 물론 난방과 조명까지 겸한 시설이었다.

이와 같은 가옥내 노지는 가야시대에도 여전히 사용되었다. 김해 부원

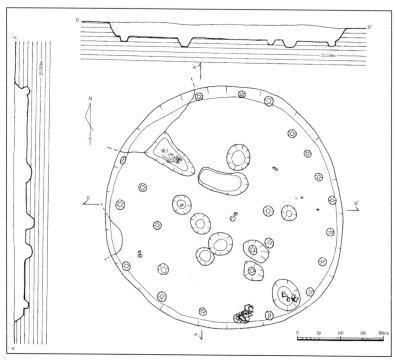

발굴된 수혈주거지의 평면형태 도면. 큰 원은 가옥 전체의 형태이며 안쪽과 둘레에 점점이 표시된 작은 원형은
기둥 구멍이다. 왼쪽 상단부의 튀어나온 부분은 화덕 자리다. 진해 용원동 유적의 주거지. 가야 후기

사천 늑도 주거지에 온돌이 설치된 모양

동 주거지에 노지로 추정되는 돌로 만든 시설 흔적이 남아 있는데, 그
한 예다. 이 노지의 둘레에는 기둥구멍 넷이 나란히 정방형으로 배치되어
있어 취사공간을 구분하고 있는 것이 특색이다.

돌을 배치하여 만든 노지보다 한 단계 발전된 것이 화덕시설이다.
화덕시설은 합천 대야리, 진해 용원동, 사천 늑도, 창원 남산 유적, 진주
대평리·내촌리 등의 유적에서 발견된 바 있다. 대부분 벽면 가까운
곳에 점토를 단단하게 하여 만든 것으로 역시 보온과 취사의 기능을
겸한 다목적용이다. 늑도 유적에는 벽면을 따라 적갈색 점질토를 화덕에
덧붙여 설치하여 만든 터널식 구조나 판석으로 조립한 시설도 있었는데,
이것은 단순하지만 일종의 온돌시설이다. 특히 판석으로 조립해서 만든

온돌구조는 노지에서 한 단계 발전된 난방시설이라 할 수 있겠다.

발굴된 주거지의 화덕시설이 대부분 서쪽에 설비되어 있다는 점도 주목된다. 『삼국지』에는 삼한의 주거를 소개하면서 "부엌을 모두 집[戶]의 서쪽에 시설한다"라는 기사가 있는데, 이 기사와 잘 맞아 들어가는 대목이기도 하다.

판석으로 만든 온돌 세부(사천 늑도 주거지)

요컨대 가야의 수혈가옥 내에는 취사·난방용 노지, 화덕, 온돌과 같은 시설들이 있었음을 확인할 수 있었다. 온돌은 수혈가옥에서 지상가옥으로 옮아가는 단계에서 열을 잃지 않고 잘 보존하고 또 효과적으로 이용하기 위해 만든 난방시설이었다.

③ 가옥의 규모와 부속시설

가야시대 수혈가옥의 규모는 거창 대야리주거지의 경우, 길이 550~560cm, 너비 280~430cm, 깊이 20~33cm 정도로 대부분 비슷한 크기를 보이고 있다. 진해 용원동은 $10m^2$ 이하가 5기, $20m^2$ 이하가 2기, $30m^2$ 이하의 것이 9기, $40m^2$ 이하의 것이 3기, 그 이상이 2기로 다양하며, 진주 내촌리는 직경 6~8m의 크기다.

그런데, 수혈가옥의 깊이는 그 이전 시기와 비교되는 바가 있다. 신석기시대의 수혈주거지 중에는 깊이 50~70cm이거나 깊은 것은 150~160cm씩 되는 것도 있다. 반면에 청동기 시대 이후의 수혈주거지는 보통 40~50cm 깊이고, 깊은 것은 70cm에 가까운 것도 있는데, 신석기

시대보다 얕아지는 경향을 보이고 있다. 이와는 달리 가야의 수혈주거지
는 깊이 20~30cm 정도여서 청동기시대보다 더욱 얕아지고 있는 것이다.
깊이가 점차 얕아지는 것은 그만큼 땅 속 온도의 의존도가 낮아지고
인위적인 벽체시설이 늘어난 결과인 동시에 수혈가옥이 점차 지상가옥
으로 옮아가는 현상을 반영하고 있다고 하겠다.

한편, 가야지역의 주거지에서는 가옥 바깥에 다양한 형태의 저장시설
들이 발견되고 있다. 김해 부원동의 경우 직경 70~50cm, 깊이 60~40cm
크기의 저장구덩이(저장혈)가 여러 군데 배치되어 있는데, 어떤 것은
기둥구멍이 없는 구덩이도 있다. 기둥구멍이 없는 것들은 구덩이 위에
바로 원추형 지붕을 얹어 사용했다고 추정되는 것이다.

진해 용원동 유적에는 주거지에 인접한 남쪽 사면과 그 주변에 저장혈
과 같은 특수용도의 크고 작은 기둥구멍이 있는 바닥면을 가진 부분이
있다. 이들 저장시설에는 구근식품은 물론, 채소, 곡물까지 저장이 가능
하였을 것으로 추정된다.

직경 4m 정도의 대형 저장시설을 만들어 사용한 곳도 있었다. 남강유
역 내촌리에 발견된 것으로, 내부에는 별다른 시설 없이 큰 독(대옹)을
비롯한 갖가지 토기들이 채워져서 출토되었으며, 창고와 같은 기능을
가진 것으로 추정되고 있다.

2) 지상가옥

지상가옥의 경우 두 종류로 나누어 볼 수 있다. 하나는 오늘날의 가옥
과 같은 지상가옥, 다른 하나는 고상가옥이며, 고상가옥에는 완전한
고상가옥과 반고상가옥이 있다. 김해 부원동, 진해 용원동, 창원 가음정
동, 창원 반계동에 그 유적들이 남아 있는데, 지상가옥보다는 고상가옥

고상가옥. 일반 가옥이나 공공건물
로 사용되기도 했으나, 창고로 사용
된 것이 많다. 오구라小倉 수집품

이 많아서 주목된다.

　고상가옥은 아래에 기둥으로 된 하부구조를 가진 것으로, 상부구조는
벽체시설과 지붕 등 일반 가옥의 형태와 크게 다르지 않다. 오늘날 한옥
의 대청마루나 원두막에 고상가옥의 원래 모습이 남아 있어 참조 된다.
고상가옥은 나무 위에 지은 수상가옥樹上家屋에서 발전한 것으로 보고
있다. 이 가옥은 습기와 뱀 등의 피해를 막기 위한 전형적인 남방식
주택인데, 그 아래 돼지를 사육하는 경우도 있었다. 고상가옥과 지상가
옥은 집모양 토기[家形土器]를 통해 당시 모습을 엿볼 수 있다.

　집모양 토기는 술이나 물을 따를 수 있는 주구注口가 달려 있는 일종의
병瓶과 같은 토기로서, 무덤 속에 넣어주는 명기明器로 만들어진 것이거나
제사용으로 사용된 것들이다. 집모양 토기의 모양은 상위급계층의 가옥

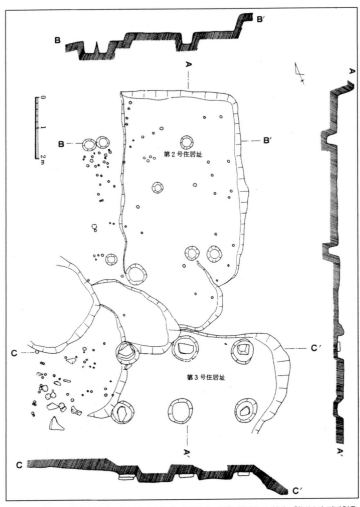

여섯 개의 기둥구멍이 고상식건물이 들어서 있던 자리였다는 것을 알려주고 있다. 윗부분의 장방형은 수혈주거지. 김해 부원동

이나 그들이 소유하고 있는 창고 등을 본뜬 것으로 당시의 집모습을 사실적으로 표현하고 있다. 그런데, 그 형태를 자세히 살펴보면 몇 가지로 분류된다. 하부구조가 기둥받침으로만 이루어진 고상식高床式, 벽체시

반지상가옥. 벽체는 완전하나 내부구조는 윗부분에 위치해 있어 사다리를 통해 오르내리도록 되어 있다. 왼쪽은 중앙박물관 소장 전현풍 출토품. 오른쪽은 호암미술관 소장품

설이 지상까지 내려와 있으나 집의 출입문이 사다리를 타고 올라가도 록 되어 있는 반고상식, 그리고 출입문까지 지상 에 설치된 완전한 지상 식 등이 있다.

이들 집모양 토기를 통해서 가야시대 지상가 옥의 형태와 구조를 구 체적으로 살펴보자.

완전히 지상식화된 가옥. 호암미술관 소장품

① 지붕 및 환기시설

지상가옥의 지붕은 대부분 맞배지붕이며, 띠를 띠고 있는 것으로 보아

초가를 인 것으로 보인다. 기와를 인 것으로 표현한 듯한 것도 있으나, 초가지붕이 더 많다.

집모양 토기에는 내부환기를 할 수 있는 환기구멍이 지붕을 받치는 들보 사이로 나 있는데, 빛과 공기를 투과시키는 창과 같은 역할을 한 것으로 보인다.

② 가옥 내부시설

창고형이 아닌 일반가옥형의 토기에는 굴뚝이 부착되어 있다. 이것은 고상가옥 안에도 내부 화덕시설이 되어 있었다는 사실을 알 수 있게 한다. 고상식이나 반고상식은 목조가옥으로 추정되므로 가옥 내의 화덕시설은 부뚜막형 토기에서 볼 수 있는 아궁이형 토기를 구비했다고 보이며, 수혈식주거지에서 나타나는 온돌 형태의 난방시설은 불가능했을 것이다. 온돌구조가 도입되는 것은 적어도 반지상식 혹은 지상식가옥으로 정착한 뒤에라야 가능했을 것이다.

그 밖에 가옥 내에 설치된 내부시설은 무덤의 구조를 통해서 보완추정해 볼 수 있다. 무덤은 죽은 사람이 거처하는 주택인 음택陰宅으로 간주되었음을 감안할 때 그 구조가 집모양과 유사한 점이 많을 것이기 때문이다. 가령 함안 도항리 54호분(문)의 수혈식석실 내에 선반시설이 설치되어 있는데 이것은 주거 내부의 공간활용의 한 단면을 보여주는 것이다. 즉, 일반 가옥 내에 선반시설이 있어서 등잔대나 물품보관대로 사용되었던 것을 반영하고 있는 것으로 보인다.

함안 말산리 구34호분에는 벽면에 점토를 칠한 흔적이 남아 있고 휘장을 늘어뜨리는 데 사용되었다고 생각되는 3~4개의 철정이 안에 들어 있다. 음택인 무덤에까지 이러한 시설이 사용되었다면 일반가옥 역시 이러한 실내장식을 했다고 봐야할 것이다. 가옥 내에는 벽면에 점토나 회를 발랐다는 것이고, 실내를 구분하고 장식하기 위해서 휘장을 사용한 사실의 흔적이라고 할 수 있을 것이다.

③ 규모

고상가옥의 크기는 발굴된 고상가옥의 규모를 통해서 알 수 있다. 김해 부원동의 경우, 2.1×2.1m 크기의 두 칸 규모고, 진해 용원동의 경우도 역시 2×2m의 방형유구와, 길이 약 4m의 긴 육각형과 쌍육각형의 유구가 남아 있다. 즉 고상가옥의 기본 넓이는 2×2m를 기본 단위로 하는 넓이라고 할 수 있다. 일반 가옥으로 본다면, 넓이로 계산하면 약 $4m^2$나 $8m^2$ 정도밖에 되지 않으니, 앞서 소개한 수혈주거지와 비교할 때 크기가 작은 편이다. 이 정도 규모의 작은 고상가옥 건물터는 창고였을 것으로 추정된다. 한편 진해 용원동에는 대형의 고상식건물터도 발견된 바 있는데, 후술하겠지만 이것은 일반 주거가옥과는 용도가 다른 것으로 보인다.

요약하면, 가야시대의 가옥 형태는 크게 북방식인 수혈가옥과 남방식인 고상가옥이 있었다. 이 중 수혈가옥은 수혈의 깊이가 얕아지고 벽체시설이 생겨서 점차 지상화되어 가고 있었고, 고상가옥은 점차 지상으로 정착하여 지상식으로 내려오는 과정에 있었다고 하겠다. 이 두 종류의 가옥이 만나서 전통한옥의 전형적인 구조가 만들어지는데, 수혈식은 온돌방으로, 고상식은 대청마루로 구성되었던 것이다. 그런 의미에서 전통한옥은 북방문화와 남방문화의 조화로운 만남이라고 하는 것이며, 가야의 주택은 바로 이 전통한옥이 만들어지는 발전과정상에 위치하고 있다고 하겠다.

3) 가옥과 취락의 공간분할

『삼국지』한전에는 "거처에는 어른과 아이, 남녀구별이 없다"고 하는 기사가 있다. 발굴된 수혈거주지 평면형태로 볼 때에도 대체로 1칸짜리 구조다. 소위 원룸식이라고 하겠는데, 그렇다고 하더라도 다수의 가족이 생활할 때는 적절하게 공간을 분할하여 배치할 필요가 있었을 것이다. 수혈식주거지 내의 공간을 분할한 흔적은 이미 신석기시대부터 발견되고 있다. 북한의 유적인 범의 구석 1기층 3호, 9호 집자리에는 기둥을 네 줄로 나란히 박아 세워 여러 칸으로 의도적인 구분을 하기도 하고 아예 두 칸의 수혈식 집구조가 형성되기도 했다고 전하고 있다.

최근 발굴된 청동기시대 주거지에서도 기둥이나 흙벽이 아닌 공간 자체의 기능분할로 자연스럽게 공간분할이 이루어지게 한 경우를 찾아볼 수 있다. 대구 서변동 41호 주거지를 그 예로 들 수 있는데, 장방형 주거지 한쪽에는 석기 제작장이 있고 한쪽에는 토기편들이 출토되고 있다. 석기 제작장이 있었던 자리는 남성, 토기편이 있었던 곳은 여성의 공간으로 사용되었다고 추정된다.

가야시대 수혈가옥의 경우 이러한 공간분할을 추정해 볼 수 있는 자료가 많지 않으나, 김해 부원동 B지구 2호 주거지가 주목된다. 여기에는 화덕 옆에 점치는 복골이 배치되어 있어 점을 친 곳이었다는 사실을 알 수 있다. 점을 치는 일이 일상적인 생활과는 다른 특별한 것이었다고 볼 때 이 화덕 주변의 일부는 신성공간으로 구별되기도 했을 것으로 추정된다. 뿐만 아니라 화덕 주변은 조리를 담당한 여성들의 공간이기도 했을 것이다. 이 외에는 수혈주거지 내에서의 공간분할을 알 수 있는 보다 적극적인 자료가 없지만 주거공간 내의 상하, 남녀, 노소, 주객 등의 자리를 구분하는 구조적인 질서는 유지했다고 보는 것이 자연스럽다.

지배층의 가옥, 특히 왕궁의 경우에는 이러한 공간분할이 더욱 뚜렷하였다. 그것은 가옥 내의 구분으로서가 아니라 기능별로 건물을 지음으로써 공간을 분할한 것이었다. 가령, 작업공간은 별도의 작업장으로, 조상의 영혼을 모시는 신성공간은 사당[廟]으로, 저장공간은 창고 등의 부대시설의 건축으로 공간분할되어 가는 것이다. 이러한 부대시설은 애당초 하나의 가옥 내에 있었던 공간들이 외부로 확장되어 분리된 결과였던 것이다.

한편 마을 전체 내에서도 적절한 공간배치가 이루어졌던 것을 고고학 자료를 통해 알 수 있다. 사천 늑도유적의 경우, 주거지 주변에 생활쓰레기를 폐기한 패총과 제사구역 등이 정해져 있다. 고성 동외동 유적의 경우에도 구릉 정상부 편평한 곳에 광장과 제사구역, 사면 아래쪽에 주거지, 쓰레기장인 패총, 제철지(공방)등이 위치하고 있어 마을 전체의 생활구역이 상당히 짜임새 있게 구비되어 있음을 알 수 있게 한다.

그리고 이들 공간은 외부인들의 출입을 제한하고 짐승들의 침입을 대비하는 환호나 목책과 같은 방어시설로 둘러져 있었다. 환호와 목책은 개별가옥 단위가 아닌 마을 전체를 울타리로 두른 것이었고, 환호 내의 대부분의 시설은 공동으로 사용하는 경우가 많았다. 제사구역, 패총은 물론 마당(광장)까지 공동으로 사용하는 공간이었던 것이다.

이러한 공간배치는 기본적인 생활범위가 개별가족 중심이 아닌 공동체 중심이었다는 것을 의미한다. 취사시설이나 저장시설은 개별 가족별로 소유하고 운영해 나가고 있었으나, 생활쓰레기 처리, 제사, 공방 등은 공동으로 운영해 나가고 있었음을 말한다. 특히 광장은 이러한 공동체 운영에 구심점 역할을 하는 장소였다고 하겠다.

가야에 아직 개별적인 울타리 시설이 발견되지 않았다는 사실은 개별 가호家戶가 아직까지 마을공동체에서 완전히 독립하지 못하고 있음을 보여준다. 즉 개인에게 있어서 가족 이상으로 마을공동체 성원과 더불어 사는 삶이 중요했다는 것이다. 고구려의 경우는 이 무렵 개별 가호별 울타리 시설을 보여주는 기록이 있어 개별 가호가 독립적인 생활을 영위한 것을 알 수 있다. 하지만, 가야에서는 아직 가족단위보다는 마을이 더 중요한 단위공동체였다.

(3) 주거문화의 계층분화

「가락국기」에는 수로왕이 처음 임시궁궐을 지어 들어갔을 때 궁궐의 질박하고 검소한 모습을 '초가의 흙계단 3척'으로 표현하고 있다. 이 기사만 보아서는 어떤 형태의 가옥인지 알 수 없으나 계단이 아래로 내려가도록 된 것이었다면 반수혈가옥일 것이고, 위로 올라가는 계단이었다면 낮은 고상가옥이나 지상가옥이었을 것이다. 이 정도라면 일반민들이 살고 있는 집과 크게 다를 바 없다.

『삼국지』 한전에는 "국읍에 비록 주수가 있으나 읍락에 잡거한다"는 표현이 있다. 소국의 지배자인 주수가 읍락에 잡거한다는 표현은, 주수가 백성들과 섞여 살면서 비슷한 주거문화를 영위했다는 것으로 해석된다. 또 "꿇어앉아 절하는 예절이 없다"고 한 것 역시 지배자에 대한 예의절차가 마련되지 않은 것을 표현한 말이다. 이것은 가야 초기사회가 아직 계층적 차별문화가 형성되지 않았음을 의미한다. 당연히 주거문화도 계층차별이 거의 없었다고 할 수 있겠다. 하지만, 사회가 발전하면서 계층분화가 진전되고 주거문화의 차이와 변화가 생겨나는 과정을 기록을 통해서도 엿볼 수 있다. 「가락국기」에 나오는 다음의 기사를 보자.

천오백 보 정도의 나성에 궁궐과 관청과 무기고와 창고를 지을 터를 잡고 궁궐로 돌아와 농한기를 틈타 국내의 장정과 인부와 장인들을 징발하여 모든 일을 마쳤다.

수로왕이 새로운 왕궁을 신축했다고 하는 것은 지배자의 거주공간에 일반인들의 주거지와는 뚜렷이 구별되는 건축물이 축조되고 있다는 것이다. 나성을 두르고, 나성 안에 궁궐과 관청, 무기고와 곡식창고 등이 들어서는 것이 바로 그것이다. 나성을 둘렀다고 하는 것은, 이들 건물을 구별하여 성을 쌓았다는 것인데, 왕의 거주공간과 부수시설을 특별히 구분하였다는 말이다.

원래 '나성'이란 왕성을 둘러싼 외성을 말하는데 상당한 규모를 갖춘 방어시설을 가리킨다. 고구려의 경우 평양에, 백제에는 부여에 나성이 축조된 바가 있는데, 고구려·백제 모두 6세기 무렵에야 나성이 정비되었다. 그렇기 때문에 고구려나 백제보다 사회발전이 늦었던 가야가, 그것도 기원 1세기에 나성이 축성되었다고 하는 것은 다소 과장된 것으로 봐야 할 것이다. 현재까지 출토된 자료에 의하면 나성과 같은 방어시설이 김해는 물론이고 가야지역 전체에도 존재하지 않기 때문이다. 금관가야의 국읍 중심지를 둘러싼 3세기 이전의 방어유적으로서는 김해 봉황대의 환호유적이 있을 뿐이다.

따라서 이 기사에서 나성은 환호나 목책 혹은 토성 같은 방어시설을 가리킨다고 보아야 할 것이다. 이중으로 둘러진 환호의 경우 나성과 유사한 역할을 할 수 있었을 것으로 생각되나, 이에 준하는 이중환호가 가야지역에서는 아직 발견된 예가 없다. 다만 한반도 문화의 영향을 받고 있는 일본 규슈의 요시노가리 유적은 그 한 예로서 참조된다.

왕궁과 관공시설은 단순한 주거를 위한 건물이 아니라 특수한 목적을 가진 집들이다. 자연히 이 건물들을 이용하는 계층들의 거주지가 주변에 생겨날 것이며 이들을 중심으로 해서 여타 읍락과는 차별화된 주거지역이 설정되는 것이다. 국읍과 읍락 즉 중심과 주변의 차별화도 점차 심화되어 가며, 지배층이 거주하는 중심부 즉 국읍은 많은 사람들과 물산이 집중하여 도시화가 진행되어 가는 것이다.

왕궁과 관청 등의 시설이 확충되어 갈 때 일반민들의 거주공간은 어떠했을까.

일반 가야인들의 주거문화에도 변화를 가져오는 시기는 4세기 이후다. 철기의 광범위한 보급이 바로 그 원인을 제공했는데, 철제공구의 보편적 사용이 주거문화에 새로운 전환을 가져왔던 것이다. 그 중 하나가 가옥형태의 발전이다. 앞서 살펴본 바, 집모양 토기에서 볼 수 있는 목조건축물들은 습기·통풍·채광·난방을 고려하여 건축한 것으로 수혈주거지보다는 발전된 목조건축기술을 보여준다. 이러한 목조건축기술의 발전은 철기의 보편화에 따른 것이라고 할 수 있다. 사천 봉계리 주거지에서 사용된 각재기둥이나 판재도 철제도구를 이용하지 않고서는 불가능한 것이다.

목조건축기술과 관련해서 주목되는 것은 함안의 수혈식 석실에서 일반적으로 볼 수 있는 감 시설이다. 여기에서는 '감龕'이 조그만 벽장모양으로 설치되어 있다. 함안의 무덤에서 발견된 이 감 시설을 처음에는

함안 도항리15호분(현) 내의 벽감구조. 대형목재를 양쪽으로 설치한 흔적

고구려나 백제의 영향을 받은 조명시설로 보았으나, 최근에는 이것이 함안지역에서만 발견되는 특수한 용도의 시설이라는 것이 밝혀진 바 있다. 즉 대형무덤의 뚜껑돌이 봉토의 압력에 무너지지 않게 하기 위해 목재 받침대를 설치한 흔적이라는 것이다. 받침대를 양쪽으로 버티게 하기 위해 끼운 시설이 바로 감 시설인 것이다. 감의 규모로 보아 여기에는 건축에 쓰이는 목재가 사용되었을 것으로 추측된다.

요컨대 아라가야인들은 석실을 축조할 때에도 대형목재를 이용할 정도로 목재 사용에 능했던 것이다. 역으로 보면 이것은 목조건축에 사용한 기술을 분묘의 축조에도 이용한 것이라고 볼 수 있다. 특히 고상가옥을 축조할 때는 더 많은 대형목재를 짜고 맞추었을 것이다.

가야의 사회발전에 따라 각 소국마다 왕궁과 공공건물이 많이 축조되었을 것이다. 왕궁은 왕권의 상징이자 과시로서 최상의 건축기술이 동원

아라가야 왕궁에 쓰인 것으로 추정되는 주춧돌. 함안 가야읍 가야리

되는 곳이므로 왕궁 축조는 당대 건축문화의 정수를 보여주는 것이라 하겠다. 대가야의 경우 왕궁지로 전해지는 곳은 고령 연조리인데, 왕궁지 북쪽 사면 일부에서 가야시대의 석축이 확인되었고, 가야토기편과 생활시설로 보이는 벽돌이 발견된 바 있다. 함안에도 가야읍 가야리에 아라가야 왕궁지로 전해지는 곳이 있는데, 현재 일반민가가 들어서 있다. 왕궁건물의 존재를 알 수 있는 흔적은 민가의 마당 안에 뒹굴고 있는 주춧돌 몇 개밖에 남아 있지 않으나 크기로 보아 대규모 건물이 있었음을 알 수 있게 한다.

공공건물의 경우 기록에 남아 있는 것은 529년 아라가야에서 개최된 국제회의를 위해 새로 축조한 '고당高堂'이 주목된다. 이 건물은 '계단을 올라간다'는 표현이 있는 것으로 보아 고상식이었음을 알 수 있다. 또한 고당은 많은 사람들이 모이는 공간이니 만큼, 회의를 개최할 수 있는 넓이의 공간과 숙소 등 부대시설이 딸린 건축물로서 일반 건축물보다 규모가 컸을 것으로 보인다.

『일본서기』 수인기에는 '군가郡家'라고 하는 관공서가 나오는데 거기에 있는 사람들은 군공郡公이라는 사람들이다. 이 군가는 다수의 군공들이 모여서 정사를 의논하는 곳이며, 그 지역의 신앙대상을 모시고 제사를 지내는 곳이다. 따라서 관공서와 같은 건축물은 일반 가옥보다 큰 규모의

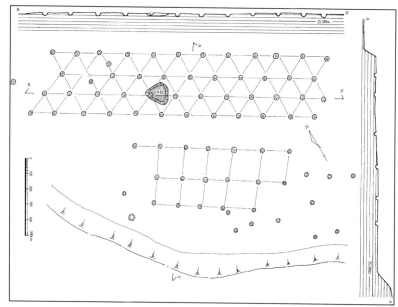

대형건물지. 기둥구멍의 배치 상태로 보아 대형 고상식건물로 추정된다. 진해 용원동 유적

시설 즉 회의소나 제사를 지내는 사당이나, 제사시설을 갖추고 있었을 것이다. 공공건물의 모습을 보여주는 고고학자료에는 진해 용원동에서 발견된 대형 고상가옥터가 있다. 길이 20m, 넓이 12m의 대형주거지는 일본의 예로 보면 대형 창고지일 가능성도 있으나, 군가와 같은 대형공공건물이었을 가능성도 있는 것이다.

요컨대 철기의 보편화에 따른 건축기술의 발전은 일반민들의 주거문화에 변화를 가져왔을 뿐 아니라 다수의 대형건물이 축조되었다는 것이다. 발전된 건축기술이 주거문화의 차별화에 일조하는가 하면 역으로 계층분화가 진전되어 가는 과정 즉 인간에 대한 지배·피지배관계가 심화되는 과정에서 건축기술의 발전을 촉진시키기도 하는 것이다. 주거문화의 계층적 심화는 인간 상호간의 계층적 갈등을 심화시킨다. 하지만 한편으로 상위계층의 수준높은 문화적 지향이 여타 문화를 더욱 세련되게 발전시킨다는 점 역시 무시할 수 없는 것 중의 하나다.

4. 가야인의 의례와 습속

   한 개인이 삶을 영위하면서 치러야 하는 의례는 적지 않다. 국민의례가 있는가 하면, 관혼상제의 가정의례가 있고, 종교의례가 있는가 하면, 회사나 이익단체 혹은 각종 조직에서 의례를 행하기도 한다. 과학적이고 합리적인 것과는 거리가 멀어 보이는 이러한 의례행위가 21세기도 여전히 지속되는데, 하물며 종교적 가치관과 공동체 규범이 개인의 삶을 규정하였던 고대사회에서야 더 말할 것도 없지 않겠는가.

   의례가 보다 풍요롭고 가치있는 삶을 위해 베풀어지는 행사라고 한다면, 이러한 바람을 현실 속으로 이루어가기 위해서 개인 혹은 공동체의 삶 속에서 행해지는 지속적인 습관은 그 사회 특유의 습속이 된다. 습속은 시대의 흐름 속에서 전통예절과 미풍양속으로 발전하기도 하고, 어떤 것은 가치관의 변화에 따라 사라지기도 한다. 가야인들 역시 그들만의 의례와 습속을 지니고 있었다.

   문헌자료나 고고학자료로 밝혀지고 있는 가야인의 의례와 습속이 적지 않으나 알려진 것은 그다지 많지 않다. 가야인의 삶과 관련된 각종 의례의 내용과 풍속에 대해서 살펴보고, 오늘날 우리의 삶의 형태와 닮은 점과 차이점을 생각해 보자.

(1) 의례

1) 혼인의례와 친족관계

① 혼인의례

『삼국지』에는 전기 가야인들의 혼인풍속에 대해 "시집가고 장가가는 예의와 풍속이 남녀가 유별하다"는 기록이 있다. 남녀가 유별하다는 의미가 무엇인지 구체적으로 설명하고 있지 않으나, 후술할 왕실의 혼인 기록으로 미루어 보건대, 여성이 남성한테 시집을 가는 남성중심의 혼인 풍습을 의미하는 것으로 추정된다. 이것은 조선시대는 물론 오늘날의 혼인풍속과도 크게 다르지 않은 것이어서 특별히 언급할 필요가 있을까 생각할지도 모르겠다. 하지만 이러한 남성중심의 혼인풍습은 같은 시기 고구려나 옥저 등의 혼인제도와는 많은 차이가 있는 것이었다.

고구려의 경우 혼사가 결정되면 여자의 집에 '서옥婿屋'이라는 조그만 별채를 짓는다. 사위될 사람은 돈과 옷감을 들고 여자의 집문 밖에 와서 무릎을 꿇고 절하고 딸을 달라고 애걸한다. 여자의 부모가 거절하면, 같은 행동을 몇 차례 반복하고 나서야 '서옥'에서 함께 잘 수 있다는 허락을 받는다. 사위가 가져온 돈과 옷감은 서옥 곁에 쌓아두게 한다. 딸과 사위는 서옥에서 기거하다가 두 사람 사이에 아이가 태어나고 그 아이가 장성한 뒤에야 비로소 남자는 처자식들과 함께 자신의 본가로 돌아가게 된다. 여자쪽에서 상당 기간 권리를 행사할 수 있는 혼인제도라 하겠다.

옥저의 혼인습속을 보면, 여자아이는 10세가 되면 혼인이 결정되고 혼인할 남자의 집으로 들어간다. 남자의 집에서는 여자아이가 장성할 때까지 키워서 성인이 되면 다시 여자의 집으로 돌려보낸다. 그러면 여자의 집에서 돈을 요구하고 남자의 집에서는 돈을 낸 뒤 여자를 남자의 집으로 돌아가게 한다. 이 혼인제를 '민며느리제'라고 지칭하기도 했지만, 남자의 집에서 일방적으로 여자아이를 데려와서 키워 며느리를 삼는 것과는 차이가 있다. 오히려, 여자를 데려오기 위해 일정 기간 양육을 담당하면서 여자로 하여금 남자 집의 생활방식에 적응하게 하고, 또 정식으로 혼인을 행할 때에는 여자의 집에 돈을 지불하는 것 등의 모습들을 보면, 옥저에서도 고구려 못지않게 여성의 집에서 상당한 권한을 행사한다는 사실을 알 수 있다.

그런데, 가야의 경우는 그와는 반대였던 것이다. 『삼국유사』가락국기와 『일본서기』에 나오는 수로왕과 허왕후의 혼인 및 대가야왕과 신라왕녀의 혼인기사를 순서대로 살펴보면서 가야의 혼인 형태를 엿보도록 하자.

A. 수로왕과 허왕후의 혼인

가. 배필을 정함.

나. 혼인 당일, 왕후를 맞아오게 함.

다. 구간들이 왕후를 보고 대궐로 모셔 들어가고자 하나 왕후가 사양함.

라. 왕이 직접 나가 장막을 치고 왕후를 기다림.

마. 왕후는 배에서 상륙하여 높은 산에 올라가 비단바지를 벗어 산신령에게 폐백으로 드림.

바. 왕후의 혼인예단 공개-노비20명, 비단, 의복, 금은 주옥 등.

사. 왕후와 왕이 만나서 함께 장막에서 신하들에게 예를 받음.

아. 2박1일을 장막에서 함께 지냄.

자. 왕후의 배와 뱃사공들을 돌려보내고, 왕과 왕후는 궁궐로 돌아옴.

B. 대가야왕과 신라왕녀의 혼인
가. 가야국왕이 사신을 보내 신라왕에게 청혼.
나. 신라왕녀와 혼인
다. 신라왕녀가 백 명의 시종을 데리고 왔음.

위의 두 기사는 왕들의 혼인이므로 특별한 예일 것이나, 왕의 혼인 역시 그 사회의 일반적 풍속에 바탕을 두고 시행되었을 것이므로 이들 내용 속에서 일반적인 혼인풍습의 전형을 찾아낼 수 있을 것이다.

먼저, 신랑인 수로왕은 신하들을 보내어 왕후를 모셔오게 하고 있다. 그런데 이를 왕후가 거절하니, 왕이 직접 나가 장막을 치게 하고 한참을 기다린 후에야 왕후를 맞아들인다. 바로 이 장면은 가야사회에서 행해지고 있던 남성중심의 혼인풍습이 허왕후의 거부로 인해 일부 수정되어 행해지고 있는 것을 보여준다. 신랑이 그대로 자신의 거처에 있으면서 신부를 맞는 것이 가야의 혼례관습이었다면, 신랑이 직접 나가서 일정한 장소에서 신부를 맞아들이는 예는 외래인인 허왕후에게 익숙한 풍습이었던 것이다. 즉 가야사회의 일반적인 혼인의례는 여성이 남성한테 시집을 가는 남성중심의 형태였고, 그것이 『삼국지』에 "혼인에 있어 남녀가 유별하다"는 방식으로 기록된 것이라고 볼 수 있다.

그런데 허왕후는 왕을 만나기 전에 독자적으로 종교의례를 행하고 있다. 산신령을 향해 비단바지를 벗어 폐백례를 드리는 모습이 바로 그것이다. 오늘날에도 혼인의례는 종교적 의례를 동반하는 경우가 많다. 새로운 삶을 시작하면서 종교의례를 행함으로써 앞날의 안위를 보장받으려는 것이다. 먼 곳으로부터 시집온 허왕후의 경우 그 바람은 더 컸을 것이고, 그것이 독자적인 종교의례행위로 나타난 것이라 하겠다. 한편에서는 왕후가 가지고 온 폐백을 공개하면서 신부의 재력을 과시한다.

드디어 왕후는 왕을 만나고 함께 장막궁에 들어가 앉아 여러 신하들의 하례를 받으면서 혼인잔치는 바야흐로 절정을 맞이하게 되는데, 이는 왕의 혼인에 대한 공식적인 선언이기도 했다. 그리고 장막궁에서 2박 1일을 함께 머문 뒤 마지막으로 신부의 수행원들을 돌려보내고 함께 입궐하여 새로운 생활을 시작한다.

혼인절차를 비교적 상세하게 기록하고 있는 수로왕의 혼인과는 달리 대가야왕의 혼인은 구체적인 혼례의식은 보이지 않지만, 전체적으로 볼 때 혼인과정의 주요 내용을 찾아낼 수 있다. 즉 청혼하는 절차, 신부가 신랑에게 가는 절차, 그리고 신부의 폐백 등에 관한 것이다.

왕실의 혼인절차와 의식이 일반인에게 똑같이 적용된다고 볼 수는 없겠으나, '청혼하는 절차 → 신부가 신랑에게 감 → 신랑이 신부를 기다림 → 종교의례 → 신랑신부의 만남 → 새로운 생활의 시작을 알리는 의식'이라는 기본 구조는 일반인에게도 유사하게 행해졌다고 보아도 좋을 것이다.

혼인을 위해 지참하고 온 폐백에 관한 내용도 자세하게 기록되어 있는데, 이는 고대 혼인의 의미와 관련지어 주목되는 부분이다. 폐백은 단순히 예의로 가져가는 선물 이상의 의미를 가진다. 신분이 높을수록 화려하고 풍부하게 장만하는데, 폐백이 부와 명예의 과시이자 혼인이 가진 의미를 표현하는 수단이기도 했기 때문이다.

오늘날도 혼인을 통해 경제적, 신분적 안정을 얻고자 하는 사람들이 있듯이 고대에도 마찬가지였다. 더구나 인간의 노동력이 중시된 사회였으므로 신부를 얻는 것은 가사노동력을 얻는 것이고, 자식을 얻는 것은 새로운 일손을 얻는 것이라고 보았다. 그렇기 때문에 고대의 혼인은 현실적인 경제성을 동반한 것이기도 했다. 왕실이나 귀족처럼 가사노동력을 구비하고 있는 신분도 역시 폐백은 경제적 의미를 가진다. 금관가야의 허황후가 노비 20명, 비단, 의복, 금은, 주옥 등을 가져와서 왕후의 '개인비용'으로 삼았다고 한 것도 바로 그런 의미로 해석해 볼 수 있다. 왕후의 신분에 걸맞는 삶을 영위하기 위한 경제적 기반인 것이다.

한편, 대가야왕과 신라왕녀와의 혼인16)에서는 폐백에 대한 기록은 없고 100명의 종자들을 데리고 왔다는 것만 알 수 있는데, 기록으로 봐서는 이들의 신분이 노비인지 일반민인지 확실하지 않다. 하지만 이들이 일단 신라왕녀의 종자로 왔다는 것으로 보아 노비와 다름없는 비자율적 존재였던 것은 분명한 것 같다. 실질적인 노동력을 가지고 있는 노비의 경제적 가치를 생각할 때 이 역시 상당한 규모의 폐백이라 할 수 있을 것이다. 이들을 토지에 투입해서 농사를 지으면 곧 바로 농업생산력으로 이어지고, 유사시 무장시키면 사병의 역할도 할 수 있기 때문이다.

또 하나 주목되는 것은 수로왕은 물론이고 대가야 이뇌왕의 혼인도 고대 국제혼인의 예를 보여준다는 점이다. 수로왕은 '아유타국'이라고 하는 외국으로부터 왕후를 맞아들였으며17) 이뇌왕 역시 신라로부터 신부를 맞아들이고 있는데, 두 경우 모두 정치성을 띠고 있다는 점에서는 공통된다. 수로왕이 외부로부터 왕후를 맞아들여 이를 초월적인 지배자로서의 권위를 유지하는 하나의 수단으로 삼았고, 이뇌왕의 경우는 대가야가 친신라정책을 펴기 위한 수단으로 신라왕녀를 맞아들인 것이므로

---

16) 대가야왕에게 시집왔다고 하는 신라왕녀는 『삼국사기』에는 이찬 비조부의 누이동생이라고 나와 있고 『신증동국여지승람』에는 이찬 비지배의 딸이라고 나와 있어 어느 것이 맞는지 모호하다. 하지만 신라의 왕족이나 귀족이 근친혼을 했다는 점을 감안하면 왕실과 혈연적 연관이 있는 여성이라는 뜻에서 『일본서기』의 표현대로 '신라왕녀'라고 하는 것이 무난할 것이다.

17) 아유다국의 실재성에 대해서는 여러 가지 견해들이 나와 있는데, 여기서는 그 실재성과는 상관없이 외래 출신임을 나타내는 상징적 근거지로서 인식하고자 한다.

둘다 다분히 정략혼의 모습을 띠고 있다고 하겠다.

정략적인 혼인이 아니더라도 개별국의 범위를 넘어서는 혼인관계는 일반민들에게도 존재했던 것으로 보인다.『일본서기』흠명기에 친신라계 인물로 나오는 연나사延那斯(이나사利那斯)와 마도麻都는 왜와 가야인 사이의 후손으로 추정되며, 하내직은 왜인과 가야인 사이에서 출생한 인물로 추정된다. 이런 예들은 모두 국가를 넘어서는 혼인관계를 보여주는 예라 할 것이다.

② 친족관계의 형성

『삼국유사』에 나오는 왕들의 혼인관계를 보면 수로왕 이외의 역대왕들은 상위계층의 신분과 혼인관계를 맺으면서 〈표 12〉와 같이 배타적인 통혼권을 형성하고 있다. 이러한 통혼관계를 벗어났을 때도 있었으나 곧 원래로 돌아왔다. 좌지왕은 신분이 낮은 용녀傭女를 아내로 맞았는데, 그 때문에 국내가 요란해지고 국가에 우환이 생겼다고 보았다. 이에 왕으로 하여금 '용녀'를 버리게 하고 다시 기존의 통혼권 속으로 들어오도록 하고 있는 것이다.

그런데 이 계보는 가부장적인 남자위주의 왕계로 너무 잘 짜여져 있다. 이러한 완벽한 남계위주의 통혼관계는 금관가야의 왕계가 후대에 조작된 것이 아닌가 하는 의구심이 들게 하는 부분이기도 한다. 「가락국기」의 성립시기가 고려 문종대(1075~1082) 말기고, 그 내용이 나말여초의 전승에 의하여 수정·첨가되었을 가능성을 고려하면, 조작 혐의는 더욱 강해진다. 하지만 어느 정도 조작되었는지 어디까지가 사실을 담고 있는지 현재로서는 더 이상의 추론은 하기 곤란하다. 가야의 계층분화가 진전된 정도를 감안할 때, 왕실의 경우 배타성을 띤 통혼관계를 가졌던 것은 어느 정도 사실로 인정할 수 있을 것 같다.

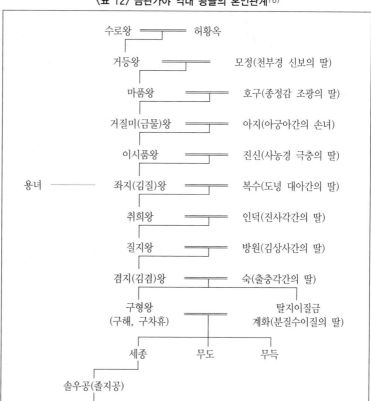

〈표 12〉 금관가야 역대 왕들의 혼인관계[18]

한편, 대가야 왕계는 금관가야와 같은 단일한 계보가 없어서 알기

어려우나, 단편적인 문헌자료[19]들을 조합하면 대강 〈표 13〉과 같이 그려

18) 『삼국사기』에는 금관가야의 마지막 왕인 구형왕의 셋째 아들이 무력이고 무력의 아들이
    서현이라고 나와 있다.
19) 『신증동국여지승람』 고령군조, 『일본서기』 신공기, 『남제서』 가라국조, 『삼국사기』 신라
    본기.

볼 수 있다.

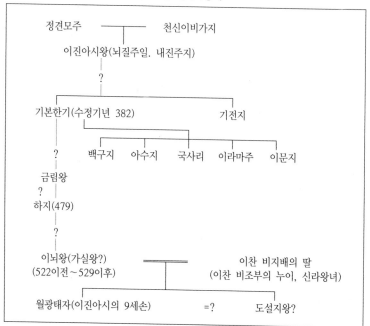

〈표 13〉 대가야왕계[20]

대가야의 왕실계통도 기본적으로는 가부장적인 남계위주로 이어지고
있다. 하지만, 여기서 대가야의 '기본한기[王]'의 누이인 '기전지'라는 인
물에 주목할 필요가 있다. 『일본서기』신공기에는 가라왕인 기본한기
때, 왜의 침입으로 가라왕실이 위태로운 지경에 처했는데, 기전지의
활약으로 위기에서 벗어나게 되었다고 전한다. 왕실의 위기를 구한 사람
이 왕이나 왕자가 아닌 왕의 누이였던 것이다. 가야왕실 내 여성이 중요
한 지위에 있었다는 사실을 알 수 있게 하는 대목이다. 왕의 누이나

---

20) 〈표 13〉에 물음표가 많은 것은 기록이 단편적으로 산재되어 있어 계보가 제대로 연결되지
않기 때문이다. 그리고 월광태자와 도설지왕은 같은 인물이라고 보는 학자도 있다.

왕비가 비중있는 역할을 한 것은 『삼국사기』 신라본기에서도 그 예를 여럿 볼 수 있어, 고대사회의 여성의 능력에 대한 평가가 낮지 않았음을 알 수 있게 한다.

또한 모계제가 부계제와 더불어 가야사회에 존속하고 있었다는 사실도 염두에 두어야 한다. 『신증동국여지승람』은 대가야의 마지막 왕자인 월광태자를 정견모주의 10세손으로 소개하고 있다. 시조왕인 이진아시를 내세우지 않고 여성인 정견모주를 시조로 내세우고 있는 것이다. 이를 두고 부계제가 확립된 후에도 가야의 기층사회에서는 모계제가 그대로 병행되었을 것이라고 추정하는 학자도 있다.

실제로 가야사회에 모계제가 병행되었을 가능성은 고고학자료를 통해 뒷받침되고 있다. 김해 예안리 고분군의 인골을 분석해서 그 계승관계를 따져 본 연구결과를 보면, 계승관계가 부계위주로 한정되지 않고 부계와 모계 두 가지 패턴을 모두 포함하고 있다는 것이다. 따라서 가야사회의 친족관계는 부계와 모계가 혼재된 사회였다고 할 수 있다.

2) 장송의례

가까운 사람이 죽으면 일단 슬픔이 먼저 앞서지만, 한편으로는 죽음에 대한 두려움과 꺼림도 함께 다가오는 법이다. 그렇기 때문에 장송의례 속에는 죽은 자와 이별하고 서로 떨어져야만 하는 비애감이 표현되기도 하지만, 그와 상반되게 죽음에 대해 꺼리는 요소, 즉 죽음이라는 부정不淨이 확산하는 것을 막기 위한 내용도 들어간다. 경우에 따라서는 죽은 자와의 재회의 가능성을 강조하기도 한다. 그리고 죽은 뒤에도 살아 있을 때에 가졌던 권력관계가 강하게 반영되기도 하며, 환경적 요소도 적지 않게 작용한다.

또한 죽음을 맞는 사람들의 세계관世界觀과 사생관死生觀이 어떠한가, 내세관來世觀이 있는가, 등에 의해 죽음의 의미가 다르게 나타난다. 그리고 이러한 죽음에 대한 사고는 상징적 행동인 의례에 의해 지탱되어 나간다. 그러므로 각 사회마다 죽음에 관한 의식은 달리 나타나며, 나름 대로 고유한 문화적 의미를 가진다고 하겠다. 가야 역시 그들만의 독특한 죽음에 대한 인식과 의례행위를 보여준다. 가야의 고분에서 나타나는 장례의식의 흔적과 관련되는 유구와 유물을 통해, 가야인들의 장송의례 행위와 함께 가야인의 죽음에 대한 인식을 살펴보도록 하자.

① 다양한 의례

『삼국지』에는 전기 가야인들의 장례모습을 보여주는 기사가 나오는데, '장송의례 때 큰 새의 깃을 넣어서 죽은 자를 보내는데, 그 의미는 죽은 자가 잘 날아갈 수 있게 하고자 함'이라고 하여 죽음에 대한 인식의 한 자락을 보여준다. 즉 사람이 죽은 뒤의 육신을 벗어난 영혼의 존재를 인정하고 그 영혼이 다른 세계로 날아간다고 이해한 것이다. 육안으로 보이지 않는 영혼과 내세의 존재를 인정했다는 것이다. 이러한 의식을 바탕으로 행해진 장송의례는 고고학자료를 통해서도 그 흔적을 찾을 수 있는데, 다양한 의례의 흔적을 구분해서 정리해보면 다음과 같다.

가) 무덤 안에 음식과 그릇을 부장하는 것.
나) 주구21)나 호석22) 주변에 항아리 등 토기를 깨뜨리는 행위.
다) 할석23)을 석곽처럼 1단 돌리고, 그 내부에 토기편만 따로 부장한

---

21) 무덤을 에워싼 도랑.
22) 봉토가 무너지지 않도록 주변에 둘러세우거나 쌓은 돌.
23) 글자 그대로의 의미는 '깬 돌'이지만, 여기서는 돌을 일정한 크기로 깨어서 거칠게 다듬은

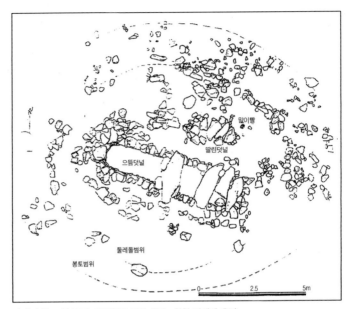

말이 순생殉牲된 무덤. 말이빨만 남아 있다. 합천 반계제 유적

것.

라) 봉토에 토기(연질옹류, 시루, 고배 등)를 묻어둔 것.

마) 뼈가 붙어 있는 고깃덩어리로, 시신의 위를 덮어줌.

바) 2차장(세골장)을 한 것.

사) 매장 뒤에 불로 태움.

아) 순장의 습속.

자) 말이나 개 등을 순생한 것.

가장 보편적으로 나타나는 것은 역시 가)의 무덤 안에 음식과 그릇을 부장하는 것이다. 규모의 대소와 수량에서의 다소의 차이는 있을지언정, 가야시대 거의 대부분의 분묘에서 찾아볼 수 있는 현상이다. 무덤의

상태를 지칭한다.

규모에 따라 부장한 토기와 음식의 규모도 달랐지만, 기본적으로 현세의 삶이 내세로 이어진다는 계세사상과 관련된 행위로 보고 있다.

나)의 토기를 깨뜨려서 묻는 행위는 그릇을 부장하는 것의 변형된 형태로 보인다. 용기를 깨뜨리는 것은 죽은 자에 대한 특별한 의식의 소산일 터인데, 아마 죽은 자에 대한 마지막 예우로서 제사의례를 행한 뒤 의례시 사용한 용기를 깨뜨린 것이 아닐까 추정하고 있다. 토기를 깨뜨리는 행위는 현실세계와 사후세계의 경계선을 인정하는 데서 비롯된 것으로 추정하고 있는데, 이는 죽음이라는 부정적인 것의 확산을 막기 위한 단절적인 행위라고 여겨지고 있다. 다)의 경우는 나)의 경우와 크게 다르지 않은 행위로 보이며 형식에서 차이를 보일 뿐이다.

라)는 봉토에 토기를 파쇄하지 않고 매납한 것으로 나)와 다)의 단절적인 행위와는 대조적이다. 토기를 봉토에 매납한 것은 음식의례를 행하고 난 뒤 사용한 토기를 죽은 자에게 봉헌하는 행위라고 해석하는 견해가 있다.

마)의 경우는 매장 당시의 상황을 정확하게 파악하기가 좀 애매한데, 시신 위에 바로 고기를 얹은 것인지, 아니면 목관 위에 얹어둔 것이 시간이 지나면서 관이 썩어 무너져 내린 것인지는 현재로서는 판단이 불가능하나 이것은 석곽이나 석실 안에 음식을 넣어 매장하는 행위와 상통하는 것으로 보인다. 즉 죽은 자를 위한 음식을 진설한 것으로 추정되는데 그릇 없이 고기를 뼈째 사용하고 있는 점은 약간 원시적인 감을 준다. 이와 닮은 풍습이 『삼국지』에 소개되고 있는데, 읍루사회의 장례풍속에 죽인 돼지를 무덤의 곽 안에 넣어서 죽은 자의 양식으로 삼게 했다는 기록이 그것이다. 비슷한 형태의 풍속이 같은 시기 한반도 북쪽에서도 행해지고 있었다는 사실이 흥미롭다.

『삼국지』에는 또한 옥저의 장송의례에 목곽 입구에 그릇을 매달고 쌀을 담아 두는 풍습이 있었고, 이 역시 죽은 자를 위한 양식을 마련한다는 의미를 가지고 있었다고 전하고 있어 주목된다. 이 쌀을 단순히 죽은 사람을 위한 양식이 아니라, 곡식 안에 든 영험한 기운 즉 '곡령'의 힘으로 죽은 자의 부활을 꾀한 것일 수도 있다고 의미심장하게 해석한 학자도 있다.

바)는 근현대까지도 서남해 일부 도서지역에서 남아 있었던 장례습속이었는데, 첫 번째 장례를 치른 뒤 일정 기간이 지나고 육탈된 시신을 추려서 다시 장례의식을 치르는 이중장을 말한다. 기록에는 동옥저와 고구려에 세골장이 있었고, 신라에서도 세골장을 시사하는 기록들이 있다. 하지만, 가야지역의 경우 일단 고고학자료로서는 위의 사례 외에는 찾을 수 없다. 그런데, 「가락국기」에 수로왕이 죽은 다음 빈궁을 만들었다는 기록이 있어 주목된다. '빈궁'은 장례를 치르는 동안 시신을 안치해 두는 것이므로, 이중장을 한 것이라고 해석할 수 있다. 수로왕을 빈궁에 얼마 동안 안치했는지는 알 수 없으나, 나중에 빈궁을 사당[廟]으로 삼아 '수릉왕(수로왕)의 사당'이라고 불렀다고 하므로 무덤을 다른 곳에 조성했다는 것은 분명하다.

더구나 「가락국기」에서 설명하고 있는 수로왕 빈궁의 구조가 높이 1장[24]이라고 되어 있어 고상식 가옥형태를 취했던 듯한데, 백제 무령왕의 빈궁으로 추정되는 정지산 유적의 기와건물터 형태와 닮은 데가 많다. 무령왕도 3년상을 치르는 동안 빈궁에 안치되어 있었으므로 백제왕실에서도 이중장을 한 것이 분명하다. 고구려에도 광개토왕이 죽고 3년 만에 광개토왕비를 세우고 있어 그 사이 일차적인 장례를 하고 있었을 것이므

---

24) 사람 키의 한 길 정도.

로 역시 이중장을 했다고 보인다. 이렇게 볼 때 이중장은 가야뿐 아니라 한국고대사회에 널리 행해진 장례 풍습이었다고 볼 수 있겠다.

사)는 매장 뒤 무덤 내부를 불태우는 변형된 화장묘인데, 이러한 동기에서 행해졌는지는 알 수 없다. 다만, 이와 유사한 예가 압록강변이나 중국 동북지방의 고구려 적석총 등에서도 확인되고 있기 때문에 북방계통의 습속이라는 것만 밝혀져 있을 따름이다.

아)의 순장은 다음 절에서 다루기로 하겠다.

자)의 말 혹은 개를 부장하는 행위는 동물에 대한 특별한 의식과 관련이 있다고 보인다. 사람을 함께 묻는 순장과는 달리 동물을 묻는 것은 '순생'이라고 한다. 순생을 하는 것은 무덤에 함께 들어간 동물이 죽은 자를 저세상까지 무사히 이끌고 가도록 바라는 기원을 담고 있거나, 내세에서도 그 동물과 함께 할 것을 바라는 것의 소산으로 본다.

기타 생업과 연관된 물품을 사용하여 장례를 치른 형태도 보이는데, 4세기 말에서 5세기 초로 편년되는 합천 저포리 B 20·29호에서는 어로 행위와 연관된 그물이 특정인의 장례의식에 사용되고 있음을 볼 수 있어 피장자는 어로를 전업으로 한 사람일 것으로 추정된다.

이상에서 살펴본 가야지역의 장송의례는 그 형식이나 내용이 다양했으나, 가야 전체에 일률적인 의식이나 특별한 규례가 적용된 것은 아니었던 것 같다. 이 점은 신라가 지증왕대 상복법을 반포하여 나라 전체가 정해진 법령 하에서 장례를 시행하도록 한 사실과 비교되는 것이기도 하다.

비록 가야의 여러 지역에서 행해진 장송의례의 형태가 각기 다양한 형태를 띠고 있었다 하더라도, 각각의 의례가 가진 의미, 즉 죽은 자에 대한 배려와 죽음이라는 부정적인 것과의 단절, 현세 생활이 내세로 이어진다고 믿는 계세사상 등은 가야사회 전체에 기본적으로 관통하고 있었다고 하겠다.

② 순장

함안 도항리 8호분 순장무덤. 6명의 피순장자는 주인공 발치 맨 아래쪽(그림 상단의 무덤 안쪽)에 가로로 안치되어 있다.

순장은 고대인의 내세관인 계세사상이 가장 잘 드러나는 것일 뿐 아니라 생전의 권력관계가 죽음 이후까지 이어지게 하는 장송의례 중 하나라고 볼 수 있다. 측근의 시종들이 함께 죽음으로써 죽은 권력자가 내세에서도 현세와 똑같이 시종들의 보호와 봉사를 받고 안락한 생활을 영위할 것이라고 한 생각의 소산인 것이다.

기록에는 『삼국지』 위지 동이전에 부여에서 순장을 했다는 기록이 있는데, 피순장자들이 많을 때는 백 명을 헤아릴 정도였다고 전하고 있다. 신라에서도 왕이 죽었을 때 남녀 각 5인을 순장했으며, 지증왕대에 이 같은 풍속을 금지했다는 기사가 전한다. 또한 경주 황남대총 남분에서는 소녀가 순장된 흔적이 발견된 바 있다.

가야에는 순장했다는 기록은 전혀 없지만 발굴을 통해 가장 많은 순장 사례들이 확인되고 있다. 특히 1970년대 말 경북 고령 지산동에서 수십 명을 순장한 고분이 처음 발견되어 주목을 받은 바 있다. 고령 지산동 44호분에는 36명이, 45호분에는 11명이 순장되었는데, 가야지역 내의 여러 순장묘들 가운데서도 최대규모이다. 가야 순장묘에서의 피순장자는 대개 5~6사람을 초과하지 않기 때문이다. 현재까지 발굴된 가야권 내의 유적에서 발견된 순장의 예는 〈표 14~17〉과 같다. 이 밖에 창녕, 합천, 함양의 대형고분에서도 순장의 흔적과 인골이 발견되고 있다.

그런데, 한 고분에 여러 명의 인원이 함께 매장되어 있을 경우, 이를 순장이라고 판단하기 위해서는 다음과 같은 특징을 갖추고 있어야 한다.

첫째, 계층성이다. 주인공과 순장된 사람과의 계층적 차이가 뚜렷하게 주종관계로 나타나는 것을 말하는데, 매장위치와 부장품의 질과 양 등을 통해서 판단한다.

둘째, 동시성이다. 같은 시기에 한꺼번에 매장되었을 경우에만 순장이라고 할 수 있다. 시간적인 간격이 있으면, 순장이 아니라 추가장이다. 이는 묘를 설계할 때의 계획성과 봉토의 파헤쳐진 여부를 통해 알 수 있다. 설계의 계획성은 석곽의 밑면 레벨이나 전체 구조의 통일성을 보고 판단한다. 그리고 봉토가 파헤쳐져 묘곽을 쓴 흔적이 있다면 순장이 아니라 추가장이다.

셋째 강제성이다. 본인의 의사와 상관없이 강제적 힘에 의해 죽은

<표 14> 김해 대성동의 순장

유 구	부 장 유 물	순장자수	고분형식	시 기
대성동1호	토기류, 마구, 농공구, 무기, 장신구류	5인?	목곽묘	5세기
동3호	토기류, 철정, 행엽, 찰갑, 구슬, 투구, 경갑 등	3인	목곽묘	4세기 후반
동7호	토기류, 철모, 도자, 갑주 등	3인	목곽묘	5세기 전엽
동8호	철모, 부, 겸, 도자, 교구, 행엽, 안교 등	4인	목곽묘	5세기 전엽
동11호	토기류, 철촉, 철모, 도자, 재갈, 갑주, 통형동기, 방패, 구슬 등	3인	목곽묘	5세기 전엽
동13호	토기류, 철제무기, 파형동기, 벽옥제석제품, 구슬 등	3인	목곽묘	4세기 전반
동23호	토기류, 무기, 철정, 갑주, 동경, 파형동기, 골각기, 구슬 등	2인	목곽묘	4세기 후반
동24호	꺽쇠, 철모, 철촉, 방추차	2인	목곽묘	5세기 전엽
동39호	토기류, 무기, 갑주, 통형동기, 구슬 등	3인	목곽묘	4세기 후반

<표 15> 고령 지역의 순장

유 구	부 장 유 물	순장자수	고분형식	시 기
지산동 30호분	토기류, 철정, 산자형금동제호록, 철제등자, 금동제마구류, 철촉군 다수	3인	수혈식 다곽분	5세기중
지산동 44호분	토기류, 금동제이식, 금제이식, 철제도자, 철침, 청동환, 동제이식, 환두대도, 철촉, 동제세환, 마구류, 철부, 철겸, 금제세환	32인 이상	수혈식 다곽분	5세기 후반 ~6세기 전반
지산동 45호분	토기류, 철촉, 은제이식, 철부, 철제도자, 금동이식	11인 이상	수혈식 다곽분	〃
본관리34·35·36호분	토기류, 마구류, 무구류, 철제농공구, 금동편.	각 1인씩	수혈식 석곽	4~5세기

자들이 함께 매장된 것이다. 둔기로 맞은 흔적이 있다든지, 약물에 의해 골격이 비틀린 상태를 보이는 것은 모두 강제적인 힘에 의해 죽음을 맞았다는 것을 말해 이다. 피순장자가 비록 자진해서 죽음을 향해 나아갔다 하더라도 거기에는 관념적 강제성이 들어 있는 것이다.

순장된 사람(피순장자)의 수는 생전에 피장자가 거느렸던 시종자의 수를 나타내는 것이기도 한다. 또한 순장은 왕에게 국한되어 행해진 것이 아니라, 왕족, 전前왕족, 왕비족 등 시종자들을 거느릴 수 있는 최고 상층귀족들 사이에도 다소간 행해지고 있었다고 보고 있다. 피순장자의 배치장소가 의외로 넓은 경우도 있는데, 이는 바로 이 장소가 주인공을 위하여 봉사활동을 하는 장소로 여겨졌기 때문이다.

〈표 16〉 함안 도항리의 순장

유 구	부 장 유 물	순장자수	고분형식	시 기
도항리 4호분	토기류, 녹각제도장구, 마구류.	1인 이상	수혈식 석실	5세기
도항리 14-2호분	토기류, 마구류, 철겸	1인	〃	6세기 초
도항리 54호분	토기류, 철부, 철겸, 철모, 도자, 청동제삼환령, 금동제이식	4인 이상	〃	〃
도항리 암각화고분	토기류, 등자, 이식	2인	〃	〃
도항리 15호분	토기류, 행엽	3인	〃	〃
도항리 8호분	환두대도, 유자이기, 금동제마구류, 말갑옷, 투구, 갑옷 등 철제무구류, 토기류	5인	〃	〃

〈표 17〉 성주 성산동의 순장

유 구	부 장 유 물	순장자수	고분형식	시 기
성산동 38호분	토기류, 행엽, 마구류	2인 이상	수혈식 다곽	5세기 중후반
성산동 39호분	토기류, 금제이식, 철제도자	1인	수혈식 주부곽	〃
성산동 58호분	토기류, 금제태환이식, 은제팔찌	1인	수혈식 주부곽	〃
성산동 59호분	토기류	2인 이상	수혈식 주부곽	〃

순장된 사람의 신분은 노비라고 간주하기 쉽지만, 반드시 그렇지만도 않다. 피순장자 가운데는 사회적으로 상당한 신분을 가진 인물로 보이는 경우도 있기 때문이다. 이들은 본인의 의사에 따라 스스로 죽음을 택했을

가능성이 높다. 따라서 이 경우는 외형적으로는 순장의 형태를 띠고 있지만, 본인의 입장에서는 순사殉死한 것과 크게 다르지 않다고 하겠다.

『삼국사기』에 고구려의 동천왕이 죽자 신하들이 자살하여 순사했다는 내용이 있다. 이는 내세에까지 왕과 함께 하고자 하는 바람에서 기인된 자발적 행동이다. 내세의 인간관계도 여전히 현세와 다르지 않다고 하는 생각에서 기인한다는 점에서 순장과 그 본질을 같이한다고 할 수 있을 것이다. 그러나 고구려의 경우 이미 사회적으로 순장을 실현시키는 제도적 장치는 없어졌다고 보여지므로 강제성은 없었다고 하겠다.

한편, 순장은 현세에서의 신분적 지위를 내세까지 연장시키려고 하는 욕망을 실현하는 것으로서, '생사여탈권生死與奪權'을 장악할 수 있는 지배층의 사적 지배 하에 이루어지는 것이라고 보는 견해도 있다. 그렇지만 순장을 단순히 힘의 논리로만 설명해서는 곤란하다. 왜냐하면 왕권이 강해지고 중앙집권화가 이루어지면서 오히려 순장이 사라지기 때문이다. 신라가 본격적인 중앙집권화 과정으로 나아갈 무렵인 지증왕대에 순장을 금지했다는 사실은 순장을 단순히 힘의 논리로만 볼 수 없게 한다. 순장금지조처는 죽음에 대한 인식전환의 결과이기도 하지만, 현실적 노동력이 될 수 있는 인간에 대한 인식이 바뀌었다는 측면에서 보아야 할 것이다. 즉 생산력 발달에 따라 필요한 대규모의 인적자원과 비용을 아껴서 보다 효율적으로 이용할 필요가 있었던 것이다.

실제로 순장의 비용은 적지 않았다고 보여진다. 분묘를 축조하는 데 드는 비용은 물론, 수많은 부장품들과 의례용 용기와 음식을 마련하고 운반해야 한다. 거기에다 실제 노동력이 될 수 있는 피순장자의 경제적 가치 등을 따지면 그야말로 엄청난 과소비였다고 할 것이다. 이것은 순장을 하는 사람들이나 순장을 당하는 사람 모두에게 있어서 죽음이란,

생의 종말이 아니라 다음 세계로 가는 하나의 관문으로 인식되었고, 그로 인한 현실적 이득이 있다고 생각했기 때문에 가능한 일이었다.

가야에는 순장을 금지하는 조처나 피순장자를 대체할 수 있는 것이 보이지 않는다. 신라의 경우 지증왕대 순장을 금지하는 조처가 나왔고, 순장자 대신에 토용이 대용품으로 사용된다고 한다. 그러나 가야에서는 멸망할 때까지 사람을 대체할 수 있는 대용품은 발견되지 않고 있다. 토기에 붙은 토우나 이형토기를 토용과 유사한 것으로 해석하여 순장과 관련해서 설명한 견해도 있으나, 가야의 오리형 토기나 토우가 부착된 토기는 4~6세기 순장이 한창 행해지던 시기에 등장하고 있어 이를 순장 대체품으로 보기는 무리라고 판단된다.

다만 일부에서나마 생산력의 효율성을 인식하기 시작했다고 보이는 것도 있는데, 미니어처의 부장이 그것이다. 철제농공구를 실물 그대로 부장하지 않고, 축소시켜서 실제 사용이 거의 불가능한 형태의 것을 부장하고 있는 것이다. 이러한 현상은 특히 대가야권에서 나타나는데, 가야인이 사후세계와 현실세계의 차이를 합리적으로 인식하기 시작한 데서 나온 행위로 보인다. 하지만 가야 멸망이 가까워지는 시기까지도 순장이 그쳐지지 않았다는 사실에서, 가야인들의 현실인식이 다른 나라들보다 늦었다는 사실을 알 수 있게 한다.

결국 가야인들은, 변해가는 시대에 적응할 수 있는 합리적인 사고전환과 현실적인 실용성보다는 자신들의 믿음에 더 많은 노력과 비용을 들였다고 할 수 있다. 그것은 결과적으로 가야가 후진성을 면할 수 없게 했던 요인이기도 했으며, 가야사회가 극복해 내지 못했던 모순구조의 한 양상이었다고 할 수 있을 것이다.

(2) 신앙과 습속

1) 신앙

가야를 둘러싼 주변 정세가 심각하게 돌아가고 있던 544년 정월, 백제 성왕은 가야의 주요 인물들을 소집하였다. 그런데, 성왕의 소환을 받은 이 인물들이 '제사 때가 되었으니 제사를 지낸 후에 가겠다'고 미루는 기사가 『일본서기』 흠명기에 나온다. 정월달에 제사를 지내는 것이 정례화되어 있었다는 것을 말한다. 제사를 지냈다는 것은 제사의 대상이 있었다는 것이고, 이는 가야인들의 신앙과 관련된 것으로 주목되는 점이다. 그렇다면 가야인들의 신앙체계는 어떠했을까.

『삼국지』에는 3세기 무렵 가야인들의 신앙을 엿볼 수 있는 기록을 전하고 있다.

> 오월에 씨를 뿌리고 난 뒤 귀신에게 제사를 지낸다. …… 시월에 농삿일이 끝난 후에도 똑같이 한다. 귀신을 믿는다.

오월제전이 농사의 풍요와 풍작을 기원하는 의미에서 행해지는 것이라면, 시월에 하는 것은 추수에 대한 감사제라 하겠다.[25]

그런데 농사의 풍요를 기원하고 감사하는 제사의 대상이 천신이 아니라 '귀신'이라고 나와 있다. 여기서의 귀신은 오늘날 우리가 '귀신'이라고 할 때 일반적으로 떠올리는 이미지와는 좀 거리가 있다. 그래서 이 '귀신'을 '산신'을 의미하는 것으로 보고 가야인의 산악신앙과 관련지어 해석하

---

25) 이 10월제전은 같은 시기 부여에서 행해진 '영고'나 고구려의 '동맹', 동예의 '무천'과 같은 성격의 축제라는 것은 잘 알려져 있는 사실이다. 그런데, 삼한과는 달리 부여, 고구려, 동예의 경우에는 추수가 끝난 뒤의 행사만 있고, 오월제전에 관해서는 나와 있지 않다. 삼한사회에서 두 차례나 제전을 벌일 수 있었던 것은 기후조건상 삼한지역이 북쪽 지역보다 안정적인 농업생산을 할 수 있었던 데서 기인한 것이 아닌가 한다.

는 견해도 있다. 하지만 다양한 신앙체계가 있었다는 점을 감안하면 단일한 존재를 지정하여 단정해서는 곤란할 듯하다. 그런 의미에서 여기 서의 귀신은 '보이지 않으면서 인간들에게 깊은 영향을 끼치는 존재'이 며, 그렇기 때문에 '두려움의 대상이자 무언가 삼가야만 할 불안한 존재' 의 총칭이라고 할 것이다. 이러한 존재 중 농사와 관련된 것으로는 먼저 천신을 꼽을 수 있다. 실제로 천신에게 제사를 지낸다는 기록이 그 다음 에 이어지고 있기 때문이다.

국읍에 각각 한 사람을 세우고 천신에 대한 제사를 주관하게 했는데, 이름하여 천군이라 한다. 또 각 소국에는 별읍이 있어 이름을 소도라 하며, 방울과 북을 매단 큰 나무를 세우고 귀신을 섬겼다.

위의 기사를 보면, 소국의 중심읍락이 국읍에 천군이 있어 천신에 대한 제사를 담당했다고 한다. 그런가 하면 귀신을 섬기는 별도의 신성지 역이 있다고 하는데 이 신성지역의 귀신도 추상적이고 복합적인 두려움 과 경외의 대상으로 봐야 할 것이다.

농삿일을 인위적인 경작이나 주기적인 자연현상에만 의존하지 않고 특별한 제전을 벌여서 기원하는 것은 풍요와 다산을 바라는 욕구를 보다 안정적으로 충족시키기 위한 것이었다. 그것은 개인적인 것이 아닌 공동 체 차원의 행사였고, 사회적 질서유지와도 밀접한 관련성을 가지고 있었 다. 신의 뜻에 따라 선과 악이 규정되므로 종교적 제의를 거행할 때 단죄하기 때문이다. 그러므로 이 시기의 법률은 사회적인 제도장치이지 만 종교적 의미를 갖는 것이었다. 『삼국지』에는 "변진의 법속이 특히 엄준하다"고 전하는데, 여기서의 법속은 종교적 의미로 해석된다. 종교적 법속이 곧 사회적 규율과 풍속으로 직결되기 때문이다.

제사와 제전은 읍락을 통제하고 유대관계를 도모하는 데도 효율적이었다. 소국의 구성원들이 같은 바람을 가지고 동일한 신앙대상에게 제사를 지내고 기원함으로써 구성원들을 일체화시키고 이를 통해 위계질서를 확립하고 통제해 나갈 수 있었기 때문이다.

한편 『일본서기』 수인기에는 가야인의 또 다른 신앙을 엿볼 수 있게 하는 기록이 전하고 있다.

도노아라사등은 임나(가야)에 있을 때 …… 황우黃牛에 농기구를 싣고 시골집으로 가려는데, 황우를 갑자기 잃어버렸다. 곧 그 자취를 찾아가니 한 관아에서 자취가 멈췄다. 그때 한 노인이 말하기를,
"당신이 찾는 소는 이 관아로 들어갔소. 군공26)들이 이르기를 '소가 싣고 있는 물건으로 보아 반드시 잡아먹게 될 것 같다. 만약 그 주인이 찾으러 오면 물건으로 갚아줄 것이다'라고 하면서 바로 잡아 먹었소. 만일 '소 값으로 무엇을 얻고 싶은가'라고 물으면 재물을 바라지 말고 '이 군내에서 제사지내는 신을 얻고 싶다'고 하시오."라고 하였다.
얼마 후에 군공들이 말하기를,
"소의 값으로 무엇을 얻고 싶은가?"라고 물었다. 노인이 가르쳐 준 대로 대답했는데, 그곳에서 제사지내는 신은 흰 돌이었다. 이 흰 돌을 소 값으로 받아 가지고 와서 침실 안에 두었는데, 아름다운 여자아이로 변했다.

위의 기사가 나오는 『일본서기』 연대를 그대로 보면 기원전 26년 이전이 되는데, 이 연대는 후대에 소급하여 조작된 것이라고 보이지만 내용은

---

26) 군의 지배계층 혹은 관리.

가야지역에서 왜로 건너간 사람들에 대한 기록으로서 사실성을 내포한다고 볼 수 있다. 여기서 가야인의 신앙을 엿볼 수 있는 내용은 다음과 같다. 우선, 흰 돌 즉 돌에 대한 신앙으로 돌에 정령이 있다는 애니미즘적 신앙이다. 돌의 정령이 여자아이로 변하여 나타난 것이다. 숭배대상이 여성이라는 점은 『신증동국여지승람』의 천신에게 감응되어 대가야의 시조왕을 낳은 가야산신 정견모주를 연상시킨다. 고대사회에서는 여신女神 혹은 신모神母 등 여성신이 적지 않게 등장한다. 고구려 시조왕의 어머니였던 유화, 김유신을 구해준 세 여신, 선도산의 성모 등이 바로 숭배의 대상이 되었던 여성들이다. 대가야 시조의 어머니 정견모주는 물론, 후술하거니와 금관가야의 시조인 수로왕의 부인이었던 허황후 역시 그러했다.

한편, 이 기사에 등장하는 황우도 역시 신앙과 관련된 대상으로 볼 수 있다. 도노아라사등이 농구를 싣고 시골에 갔고, 이를 보고 군공들이 잡아먹을 소라고 짐작했다는 것이다. 농경민족에게 소는 신성한 존재로 인식되었으므로 제사 때 희생으로 사용되는 경우가 많다. 이 점을 감안할 때 도노아라사등은 이미 어떠한 의식을 위해 황우에게 농구를 싣고 가게 하였던 것으로 보인다. 따라서 여기에서 등장하는 소도 가야인들에게 성우聖牛로 인식되고 있었던 것이라고 볼 수 있다.

가야인의 신앙체계 가운데 또 하나 들 수 있는 것은 산신신앙이다. 산천을 경계로 지역공동체를 이루며 살아가던 가야인들에게 산은 대단히 중요한 존재였다. 소위 하늘에서 땅을 수직적으로 연결해 주는 대상물이자 삶의 중심이 되는 것이었다. 지역의 수호신이 대개 산악을 본거지로 삼고 있다고 믿었을 뿐 아니라 삶의 터전이 바로 산이었기 때문이다. 대가야 건국신화에서 대가야의 시조가 가야산신인 정견모주와 하늘신

사이에서 태어난 아들로 나오는 것도 역시 산이 하늘과 통하는 존재로서 신앙의 대상이었음을 보여주는 것이다.

산에 대한 신앙은 가야의 지형조건, 백두대간의 남부에서 동쪽으로 뻗어나간 산록에 산재하고 있는 각 읍락들의 지형조건과도 무관하지 않다. 산천을 경계로 흩어져 존재하고 있는 읍락들을 통괄하기 위해서는 산악신앙이 중요한 이념적 기반이 될 수 있었던 것이다.

이 밖에 뱃길을 무사히 가도록 기원하는 제사의례도 있었으니, 이는 바다의 해신에 대한 신앙과 관련된다. 대가야에서 남제에 사신을 보낼 때 바다를 건너기 전 제사의례를 지냈다. 전라북도 부안의 죽막동 유적은 바로 그 흔적인데 여기서 뱃길의 안전을 비는 제사를 지낸 뒤 바다를 건넜던 것이다.

바닷길의 안전을 기원하는 것이라면 수로왕의 왕후가 된 아유타국 공주 허황옥에 관한 기사를 빼놓을 수 없다. 『삼국유사』 금관성 파사석탑 조에는 다음과 같은 기사가 전한다.

처음에 공주가 양친의 명을 받아 바다를 건너 동쪽으로 가려고 했는데, 파도의 신이 노하여 막으므로 이겨내지 못하고 돌아와서 부왕에게 말했더니 부왕이 이 탑을 배에 싣도록 했고, 마침내 쉽게 바다를 건너서 남쪽 해안에 다다랐다.

이 기사에는 파도의 신을 잠재우기 위한 방편으로 탑을 배에 실었다고 했다. 그리고 그 탑은 지금 김해의 수로왕비릉 경내에 남아 있는데, 일반적인 한국고대의 석탑과는 모양이 다르고 돌의 재질도 특별해서 신화의 내용을 뒷받침해 주는 듯이 보인다.

그런데 탑은 잘 알려져 있다시피 불교의 상징물이다. 그렇다면 이미 1세기에 가야에 불교가 들어왔다는 것일까. 만일 그렇다면 5세기 후반에 처음 불교가 들어온 신라와 너무 큰 차이를 보이는 것이다. 가야와 신라가 지리적으로 서로 인접하고 접촉이 많아 문화가 서로 비슷한 점이 많다는 것을 감안한다면, 두 지역의 불교유입이 그렇게 차이가 날 수는 없는 일이다. 더구나 다음의 기사를 보면,

허황옥이 시집올 때 배에 싣고 왔다는 전설의 파사석탑

수로왕이 그를 아내로 맞아서 함께 나라를 다스린 것이 150여 년이었으나 그때까지는 해동에 절을 짓고 법을 받드는 일이 없었다. 아직 불교가 들어오지 못하여 이 지방 사람들이 믿지 않았다.…… 제8대 질지왕 2년 임진년(452)에 이 곳에 절을 세웠고, 또 왕후사라는 절을 세웠다.

라고 하고 있다. 즉 허황옥이 도래한 이후에도 불교를 믿지 않았고, 4백여 년이 지난 뒤에야 왕후사라는 절을 세웠다는 것이다. 신라도 이 무렵 불교가 들어오고 있으므로 5세기 중·후반을 가야의 불교 도입시기로 보는 데는 무리가 없는 듯하다.

하지만 절을 세웠다는 사실에 대해서는 그보다 더 뒷시기의 일로 보는 견해가 설득력을 얻고 있다. '왕후'라고 하는 명칭이 사용되었던 신라중대에 와서야 이 절을 세우면서, 그 기원을 금관가야의 질지왕대로 소급시켰다고 보는 것이다. 신라중대에 통일의 주역이었던 김유신의 가계와 관련하여 금관가야의 역사가 부각되었다는 점을 감안한다면, 타당성이 있다고 보인다.

그런데 신라중대에 세워진 절을 굳이 금관가야의 질지왕대에 비롯된 것으로 본 것은 어떠한 근거가 있었기 때문이 아닐까 한다. 그게 아니라면, 탑을 가져온 허황옥의 도래시기에 맞추는 쪽이 더 수긍하기 쉬울 것이기 때문이다. 이와 관련하여 『삼국유사』「가락국기」에 나오는 왕후사에 관한 기사를 검토해 볼 필요가 있다.

> 질지왕이 즉위하여 이듬해에 시조왕과 허황옥 왕후를 위하여 처음 수로왕과 합궁하던 지점에 절을 세우고 왕후사라 하였다.

질지왕이 절을 세운 자리는 수로왕과 허황옥이 합궁한 곳이었다는 얘기이다. 왜 하필 두 사람이 합궁한 곳이며, 수로왕이 아닌 왕후의 이름을 붙인 것일까.

신화 속에 나오는 남녀의 결합은 생산을 상징하는 고대인의 일반적인 인식에 근거한다. 따라서 이곳에서의 두 시조의 결합은 가야인들에게는 생산과 풍요의 상징이었고, 그 때문에 그곳은 지속적으로 제사의례가 행해진 곳이었다고 추정된다. 그리고 생산의 상징인 여성이 숭배대상이었으므로 왕이 아닌 왕후가 대표성을 띠게 된 것이라 하겠다.

따라서 질지왕이 세운 것은 절이 아니라 허왕후를 제사하기 위한 사당이었다고 보는 것이 타당할 것이다. 후에 불교가 보편화되면서 이 사당은 절의 기능을 띠게 되고, 통일신라시대에 이르러 정식명칭과 연기설화를 가진 절로서 거듭났다고 보아야 하겠다.

앞서 언급한 탑도 인도로부터 바로 들여왔다고 보기에는 의심스러운 바가 있다. 1세기 당시의 항해기술로 인도에서 가야까지 항해하기는 어려웠을 것이기 때문이다. 탑의 형태도 너무 소박해서 그 돌들이 실제 탑의 재료였는지조차 의심스러울 정도다. 김해지역이 가야시대 이후에도 대외교역활동이 활발했던 곳이라는 물증의 하나일 수 있으나, 언제 무슨 용도로 들어온 것인지는 규명해내기 어렵다. 다만 왕후사의 창건설화와 함께 등장하고 있으므로, 통일신라시대에는 이미 들어와 있었을 가능성만 있을 뿐이다.

한편 대가야에도 불교가 전해졌다고 볼 수 있는 단편적인 자료들이 남아 있다. 가령, 대가야의 시조의 어머니의 이름이 불교용어에서 온 '정견'을 딴 정견모주인 것, 대가야의 마지막 왕자의 이름이 '월광'이라는 점, 고령 고아동 벽화고분에 그려진 연꽃무늬, 대가야 왕성의 정문이름이 불경에 나오는 향나무의 이름을 딴 '전단량'이라는 점 등이 바로 그 증거들이다. 그리고 다음 장에서 서술하겠지만, 우륵이 지은 12곡의 이름 가운데, 불교의식에서 사용되었던 '사자기'라는 기악이 등장하고 있는 것도 대가야의 불교전래와 관련지어서 언급되는 것들이다. 따라서 대가야에 불교신앙이 들어와 있었던 것은 분명하다.

대가야에 불교가 전해진 경로는 세 가지로 추정할 수 있다. 5세기 후반 대가야가 남제에 조공했을 때, 남제로부터 직접 들어왔을 가능성이 그 첫 번째다. 두 번째는 백제를 통해 들어왔을 가능성이다. 가야가 백제와 오랫동안 상호교류를 지속했다는 점과 연꽃무늬가 그려진 고령 고아동 벽화고분의 계통이 백제의 횡혈식 석실고분과 같은 계통이라는 점이 그 이유로 꼽히고 있다. 세 번째, 신라로부터 들어왔을 가능성이다. 지역적으로 인접해 있다는 점도 그렇고, 더구나 법흥왕 때 신라왕녀가 대가야의 이뇌왕에게 시집을 왔는데, 그때 자신의 종교도 가지고 들어왔을 가능성이 크다는 것이다. 그녀의 아들이 '월광태자'였다는 사실도 이 점을 잘 뒷받침한다.

불교 유입 시기는 남제로부터 들어왔을 경우 5세기 후반 정확하게는 479년까지 소급할 수 있겠으나, 신라로부터라면 6세기 전기에 와서야 전래되었다고 봐야 할 것이다. 백제로부터 들어왔다면 최대 4세기까지 소급할 수 있을 것이나 가능성은 희박하다. 가야에 불교사찰이 있었는지의 여부는 지금까지의 자료만으로는 알 수 없다. 월광태자와 연관된 설화가 남아 있는 거덕사와 월광사라는 절이 고령에서 멀지 않은 합천지역에 있지만, 모두 가야가 멸망한 후에 지어진 것이기 때문에 가야시대 불교와 직접 연관지을 수는 없다.

이렇게 볼 때 가야에 불교가 들어온 것은 사실이라고 하겠으나, 왕실차원에서 그쳤을 가능성이 크고 불교이념이 백성의 일상 생활을 규제할 정도로 보편화되지는 않았다고 본다.

2) 습속

① 죽음과 관련된 습속

가야인들이 지켰던 습속 중 죽음과 관련된 것은 앞서 살펴보았듯이 계세사상에 입각한 것이 많다. 그 중 주목되는 것이 앞 세대 분묘와의 연결 현상이다. 앞 세대의 분묘를 따고 거기에 붙여서 새로운 분묘를 조성하고 있는 것이다.

이런 현상은 일단 전대의 묘를
일정 부분 파괴하고 있다는 점에서
극히 도전적이고 강제적인 행위로
보이기도 한다. 그렇기 때문에 이
현상을 힘의 논리로 해석하는 학자
도 있다. 즉 기존의 분묘들을 파괴
하는 것은 이들 분묘를 조성한 집
단에 대한 강제적인 실력행사이므
로 이는 지배집단이 교체되지 않고
서는 있을 수 없는 일이라는 것이
다. 특히 김해지역의 경우는 앞서
조성된 분묘를 의도적으로 파괴하
고 등장하고 있는 목곽묘에는 북방
문화가 유입되어 문화복합현상 등
이 나타나는데, 이것은 가야지역
에 북방문화를 가진 새로운 지배집
단이 등장한 결과라고 보는 것이

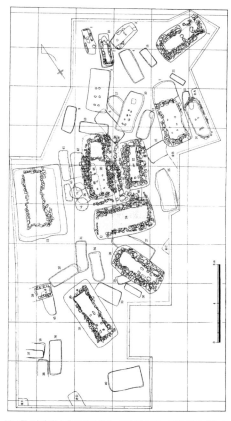

분묘를 연결해서 축조하고 있는 모습의 도면. 작은 직사각형이
모두 하나의 석곽이다.

다. 그리고 구체적으로는 길림성
동북지역의 부여계를 그 직접원류로 보아 김해지역에 등장한 새로운
지배집단은 부여라고 추정하기도 한다. 김해지역에만 한정시켜 본다면
그렇게 해석할 수도 있다.

반면, 이와는 좀 다른 견해를 펴는 학자도 있다. 분묘 연결현상은
앞선 세대의 분묘를 파괴하는 행위가 아니라 혈연적 관계 혹은 세대간
계보관계를 강조하는 행위로 해석하고 있는 것이다. 이 견해는 분묘

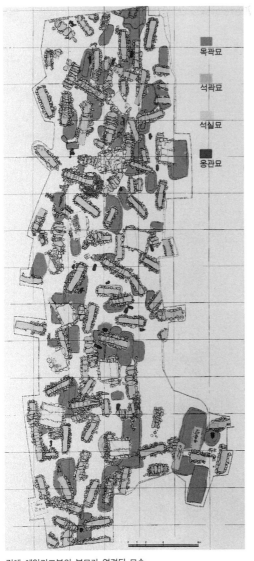

목곽묘
석곽묘
석실묘
옹관묘

김해 예안리고분의 분묘가 연결된 모습

연결현상이 가장 두드러지고 인골이 많이 남아있는 김해 예안리 고분군을 대상으로 삼아 집중적으로 분석한 결과에서 나온 것이다. 즉 앞서 축조된 고분을 일부 파괴하는 행위는 그 묘를 무시해서가 아니라 그 묘와의 관계를 강조하는 행위로 판단했던 것이다. 같은 현상을 가지고 전혀 다른 해석을 보이고 있는 것이다.

그런데, 두 견해 모두 가야지역의 수많은 분묘 가운데 지극히 일부 지역에 한정해서 설명을 하고 있다. 하지만 이러한 현상은 가야 전체에서 나타난다는 점에 주목할 필요가 있다. 김해지역뿐 아니라, 의령 예둔리, 함안 도항리, 함안 황사리, 진주 가좌동, 고령 본관동, 창원 도계동, 마산 현동, 합천 옥전, 합천 저포리, 산청 묵곡리 등 가야지역의 여러 곳에서 발견되고 있는 것이다. 분묘를 연결한 위의 도면을 보면 각 지역의 분묘 연결모습은 다양한 양상을 보이고 있다.

이들을 종합해서 분묘 연결현상이 가진 성격을 정리해 보면 다음과 같은 특징들이 포착된다.

첫째, 지배집단이 교체되었다고 할 정도로 무력적인 측면이 나타나지 않고 힘의 우열관계도 현저하지 않은 곳에도 이러한 고분이 많이 존재한다는 점.

둘째, 기존의 묘광보다 이를 파괴하고 있는 후대의 묘광이 위협적일 정도로 크고 우월한 경우도 있지만 그렇지 않은 경우도 있다는 점.

셋째, 연결된 분묘 형태는 토광묘와 토광묘, 토광묘와 석곽묘(돌방무덤), 석곽묘와 석곽묘 등 지역마다 다양한 형태로 나타난다는 점.

이상과 같이 정리해 볼 때 역시 분묘 연결현상은 파괴로 인한 것이 아니라 의도적으로 전대의 묘를 따고 연결해서 축조한 것으로 보는 편이 순조롭다. 설령 앞세대의 묘를 의도적으로 무시한 경우가 있다 하더라도 이를 지배자의 교체로까지 볼 수는 없는 것이다. 왜냐하면 기존의 분묘를 파괴하면서까지 같은 지역에 분묘를 조성하는 일은 그 지역이 일단 신성한 묘역으로 인식되었던 전통을 이어받았을 것이기 때문이다. 신성지역에 대한 인식을 공유하는 것은 서로 다른 계통의 종족간에는 생길 수 없을 것이다. 따라서 비록 앞세대의 묘를 파괴해서 새로운 분묘를 설치한다 하더라도 이를 지배집단의 교체라고 볼 정도로 급격하게 변동했다고 보는 것은 무리다.

따라서 분묘가 연결되어 축조된 현상은 각 집단의 선택된 인물이 매장된 것으로서 계승관계를 나타낸 것이라고 해석하는 것이 타당할 듯하다. 즉 가야 여러 지역에서 앞 세대와의 계승관계를 분묘연결을 통해서 표현

순장 규모가 가장 큰 고령 지산동 44호분. 사방을 조망할 수 있는 곳에 위치해 있다.

한 독특한 습속을 지니고 있었던 것이다.

주목되는 것은 이렇게 분묘가 연결되어 축조되는 현상은 직경 20m 이상의 탁월한 크기의 대형 봉분에서는 일어나지 않는다는 점이다. 이들 거대봉분은 입지경영에서도 중소 고분군과는 구별되며 구릉의 최정상부에 연속해서 축조되고 있다. 구릉 정선부頂線部의 경우, 대개 사면조망이 가능한 곳이며, 역으로 사방 어느 곳에서도 이 봉분을 볼 수 있다는 것도 된다.

대형 고분은 왕궁이나 공공건물 못지않게 주요한 축조물로서 정치·경제적 과시의 상징이었다. 그렇기 때문에 사방의 읍락을 조망할 수 있는 돌출된 구릉지의 정상부에 조성될 필요가 있었던 것이다. 이러한 정치적인 권력을 과시하는 대형 봉분은 이미 친족관계를 초월하고 있음을 나타낸다고 하겠다.

한편으로는 봉분의 피장자가 생전에 그들의 지배자이자 지도자였으므로 사후에도 사면을 경계해서 지켜줄 것이라고 하는 신앙의 소산이기도 하다. 수많은 비용을 들여서 거대 봉분을 조성하는 것도 그것이 현실 속에서의 바람과 무관하지 않다고 생각했기 때문이다. 봉분을 조성하는 주체가 죽은 자가 아니라 산 자이기 때문에 더욱 그러하다.

요컨대, 가야인들은 분묘를 연결하여 축조함으로써 죽은 뒤에도 혈연적 계승의식을 표현하고자 했으며 그것은 혈연집단 내의 소속감을 표현하는 것이기도 했다. 이러한 분묘연결에 구애받지 않은 구릉 정선부에 조성된 대형분은 정치적 힘의 과시이자 공동체 전체의 신앙대상이기도 했다. 즉 혈연적 관계를 초월한 신격화된 권력자였던 것이다.

② 삶 속에서의 습속

가야인들의 습속과 관련해서 『삼국지』의 다음 기록이 주목된다.

① 아이가 생기면 곧 돌로 그 머리를 눌러서 편편하게 하려고 애쓴다. 지금 진한인은 모두 편두다. ② 남자 여자 할 것 없이 왜에 가까운 사람들은 문신을 한다.

위의 기록에서 두 가지 습속을 볼 수 있다. 하나는 두개골을 변형하는 행위 즉 편두고, 다른 하나는 문신이다. 그런데, 편두의 습속은 진한인들이 하는 것으로 나와 있어 언뜻 변한이나 가야의 습속이 아닌 것처럼 이해하기 쉽다. 하지만 『삼국지』에는 삼한 모두 공통으로 해당되는 내용들이 구분 없이 기록되어 있기도 하고 특히 진한과 변한에 관한 기록은 '서로 뒤섞여 산다'고 하는 기록만큼이나 각각의 내용도 뒤섞여서 나오기

머리를 납작하게 변형시킨 편두 두개골(왼쪽)과 정상 두개골(오른쪽)

때문에 양자를 구분하지 않고 보는 것이 더 자연스러울 때가 많다. 진한인의 편두 기사 역시 변한의 것으로 함께 해석할 수 있는 부분이다.

실제로 김해 예안리 고분군에서 인위적으로 편편한 모양으로 변형된 두개골이 출토되어 변한 즉 가야지역에서도 편두가 행해졌다는 사실이 입증된 바 있다. 김해 예안리 고분의 여성인골 가운데 30%가 편두였고, 주로 특수 신분의 일부 여성에게 행해진 것으로 추정되고 있다. 이 습속이 언제까지 계속되었는지는 알 수 없지만, 고고학자료로 출토된 편두 두개골은 4세기로 편년되는 것이어서 4세기까지도 편두 습속이 지속되고 있었음은 확실하다. 하지만 그 이후에도 어느 정도 지속되었는지 여부는 알 수 없다.

두 번째는 문신에 관한 것이다. 가야인들의 문신은 교류가 잦았던 왜인의 영향을 받은 사람들이 행한 것으로 일부 해안지역에 해당되는 습속이었다. 왜인들의 경우 잠수하여 조개나 물고기를 잡을 때, 큰 물고기나 수중동물들의 피해를 막기 위해 문신을 했다. 그러다가 나중에는 문신을 하는 것이 예절이 되었다고 하며 지역에 따라 문신을 하는 위치나 크기에 차이가 있었으니 문신을 보고 어느 지역사람인지 알았으며 문신으로써 신분의 존비를 표현할 정도였다. 하지만 가야인의 경우 왜인들만큼 문신이 성행하지는 않았고, 일부 해안지역에서 유행한 정도에 그쳤다.

한편, 『삼국유사』 가락국기에는 '계욕禊浴' 풍속이 나오는데, 이것은 액을 떨어버리기 위해 몸을 깨끗이 하는 의식을 말한다. 고대사회에서는 국읍의 수장을 추대하거나 중대사를 의논할 때, 읍락의 대표들이 모여서 계욕의 의식을 한 후 술잔을 나누면서 물가에서 회의를 개최하였다. 이러한 것은 공동체 내의 위계질서를 정립하고 읍락 내의 제반 의결사항을 원활하게 운영하기 위해 필요한 절차였다. 개인이 아닌 공동체를 위해 지속적으로 행해지던 습속이었던 것이다.

기록에 나오는 또 하나의 습속은 점복과 관련된 것이다. 『삼국유사』 가락국기에 따르면, 앞서도 언급한 바 있는 좌지왕이 신분이 낮은 여자를 취하여 왕비로 삼았는데, 그 때문에 나라가 시끄러워졌다고 하며 그때 한 술객이 점을 쳐서 "풀어지면 후회할 것이요, 친구가 이르니 이야말로 믿음직하다"라는 괘를 내놓고, "임금께서는 역易의 괘를 경계로 삼겠습니까"라고 했고, 좌지왕은 이를 받아들여 여자를 내쫓았다고 한다.

괘의 내용은 주역에 나오는 것으로, 만일 이 기사를 그대로 받아들인다면 5세기 초에 금관가야에 주역이 들어와 있었다는 이야기가 된다. 금관가야에 주역이 들어와 있었다는 사실은 이 기사 외에 다른 자료가 없지만, 대가야에는 주역이 들어왔다고 볼 수 있는 자료가 있다. 가야금이라는 악기와 우륵이 작곡한 악곡이 있었는데, 가야금의 길이가 6척인 것은 6율을 나타내는 것이라고 하였다. 악곡에서 사용되는 일종의 음계인 '율'과 '여'는 '양'과 '음'을 나타내는 것으로 음양오행설과 관계가 있기 때문이다. 그렇다면 가야에 주역이 들어왔다는 것이 되니, 주역에 의한

점치는 뼈. 복골. 사천 늑도. 김해 봉황대 패총 출토

점복행위도 사실로 볼 수가 있겠다. 이러한 주역에 의한 점복은 오늘날에도 행해지고 있는 것이어서 가야인들 특유의 습속이라고 하기는 어렵다.

하지만, 동물의 뼈를 이용해서 점을 쳤던 것은 이 시기 가야인의 특징적인 습속으로 주목되는 바가 있다. 김해 부원동의 주거지유적과 웅천패총에서 출토된 복골卜骨들은 동물의 뼈를 이용한 점복행위의 습속을 잘 보여주고 있다. 주로 사슴의 견갑골을 많이 이용하고 있는 이 복골은 전라도 해안지대에도 출토되었고, 일본에서도 많이 출토되고 있다. 가야뿐 아니라 고대사회에 널리 행해진 습속이라는 것을 알 수 있는 것이다. 뼈를 어떻게 사용해서 점을 쳤는지는 『삼국지』왜인조에 뼈를 살라서 갈라지는 것을 보고 길흉을 점친다는 설명을 통해 그 내용을 알 수 있다. 출토된 자료 역시 그러한 행위를 한 흔적이 고스란히 남아 있다.

점복행위는 대체로 전쟁이나 제사 등 큰 일을 앞두고 행해지거나, 수렵이나 농업 등 경제생활을 영위하는 데 필요한 결정이나, 왕 및 왕족 등 국가의 주요 인물의 행위와 안부의 여부 등을 물을 때 사용했다. 고고학자료로 확인되는 가야인들의 습속 중 또 하나는 가족이 사망했을

치아를 인위적으로 마모시킨 흔적. 예안리 출토

때 애도하는 행위로서 상주들이 이를 뽑는 행위가 있다. 즉 죽은 자와
특별한 관계를 가진 사람이 자신의 생니를 뽑는 것인데 이를 복상발치服
喪拔齒라 부른다. 이 역시 인골이 양호한 상태로 대량출토된 김해 예안리
에서 그 예가 발견되었다.27)

이 밖에도 신체의 일부를 인위적으로 훼손하는 행위를 하기도 했는데
김해 예안리 고분에서 출토된 인골에 치아를 인위적으로 마모시킨 것이
있었는데, 이 시기 독특한 습속으로 주목되는 것이다. 또한 귀를 넓게
뚫어서 흙으로 구워 만든 둥근 이식(귀의 장신구)을 끼우는 습속도 있다.
귀를 넓게 뚫는 풍속은 최근까지도 아프리카나 동남아에서 행해지고
있던 풍속이었다. 이 역시 가야인들의 습속의 한 단면을 보여준다.

한편, 외래에서 들어온 습속이 잠시 동안 가야에서 행해진 경우도
있었다. 6세기 초 왜에서 건너온 아우미노케나노오미近江毛野臣가 가야에
터를 잡고 있으면서 사람들의 진실과 거짓을 가리기 위해 뜨거운 물을
두고 허실을 가리게 한다는 기사가 『일본서기』 계체기에 나온다. 즉

---

27) 일본의 경우에도 이러한 습속의 흔적들이 남아 있는데, 이를 주술적 인습의 잔존으로
보는 견해가 있다. 가장권을 계승하기 위한 발치(발치)라고 보는 견해도 있다. 그런가
하면 발치와 같이 고통을 동반하는 습속을 일반적으로 지속시키는 것은 사회적인 규제력
이 있었기 때문이라고 보고 공동체 내부에 계급적 분화가 진행된 것, 즉 공동체의 분화와
관계가 있다고 보는 견해도 있다.

흙으로 구워 만든 귀장신구. 사천 늑도 출토

끓는 물에 손을 넣게 하여 "진실한 자는 데지 않고, 거짓말한 사람은 반드시 데인다"라고 하여 이로 인해 데어 죽은 자들이 많이 생겨난 것이다. 이러한 종류의 습속은 『일본서기』 응신기에도 나오고, 중국사서인 『수서』 왜국전에도 소개되고 있는 것으로서 끓는 물이나 뱀이 든 독 속에 돌을 넣어두고 찾아내게 하여 거짓말한 자를 가려낸다는 것이다.

7세기 기록인 『수서』에까지 이러한 내용이 나오는 것으로 보아, 아마 오랫동안 행해진 왜의 습속 중 하나였을 것이다. 아우미노케나노오미가 이러한 왜의 습속을 가야로 가지고 와서 그대로 행했던 것이다. 그런데 이것은 가야인들에게 상당한 저항을 불러일으켰던 것 같다. 가야인들이 아우미노케나노오미의 이 같은 행동을 탄핵하고 있기 때문이다.

이상에서 살펴본 바와 같이 가야의 습속에는 점복행위와 같이 고대사회에 일반적으로 나타나는 것이 있는가 하면, 편두나 발치, 문신, 치아

마모, 귀에 구멍을 뚫는 행위 등과 같이 일부 지역에 특징적으로 나타나는 것 등도 확인된다. 이러한 습속들은 가야시대 전 시기에 걸쳐 일률적으로 행해진 것이 아니라 시기나 지역에 따라 다른 양상으로 존재하였다.

이처럼 가야인의 습속 중에는 지금의 우리와는 이질적으로 느껴지는 것들이 있었음을 알 수 있다. 이러한 습속들은 오늘날 현대인에게는 생소하게 다가오거나 먼 이방지역에서 일어나는 일로 느껴질 수 있겠지만 이를 유별나다거나 원시적이라고 치부해 버릴 수 없는 측면이 있다. 편두의 경우만 보더라도, 아기의 머리모양을 변형시키는 행위는 오늘날에도 행해지고 있기 때문이다. 부모들이 아이의 머리모양을 예쁘게 하기 위해 갓난아기를 엎드리게 해서 재운다거나 손으로 만져주는 것은 가야인의 편두습속과 크게 다르지 않다고 할 수 있다. 오늘날과 가야시대가 추구하는 보기 좋은 얼굴의 기준이 다를 뿐, 아이의 장래를 위해 부모가 일찍부터 정성을 들이는 마음은 조금도 다르지 않다고 하겠다. 신체에 인위적인 훼손을 가하는 행위 역시 형태만 다를 뿐 오늘날에도 행해지고 있는 것들이다.

그러므로 가야인들이 가지고 있었던 삶의 습속이 오늘날과 다르다고 해서 '저급하다'거나 후진적인 것이라고 단정할 수는 없다. 오히려 가야시대의 문화의 저변에는 발전된 고대사회에서 찾을 수 없는 미덕들이 존재하고 있었다. "길 가다가 사람들이 만나면 서로 양보한다"는『삼국지』변진조에 나오는 기록은 그것을 대변해준다. 공동체의 구성원을 존중해주고 양보하는 미덕이 지속되고 있었던 사회였던 것이다.

5. 가야인의 미의식

'가야라고 하면 가장 먼저 토기를 떠올릴 정도로 가야토기는 풍부하고 다양하며, 일반인들에게도 많이 알려져 있다. 같은 시기 신라나 백제 토기보다 오히려 더 기술이 앞섰다고 할 수 있을 정도로 가야는 토기선진 국이었다. 토기를 통해서 당시의 음식문화를 엿볼 수도 있었지만, 토기를 만든 기술과 갖가지 형태는 그 토기가 어느 시대에 만들어지고 사용되었는지 알 수 있게 하고, 또 어느 지역 사람들의 제품인가 하는 것도 알려준다.

뿐만 아니라 토기는 만든 사람들의 미적 감각을 보여주기도 하고 그것을 사용한 사람들의 의식구조를 엿볼 수 있게도 한다. 토기에 표현된 가야인들의 미적 감각과 지역별 특징, 이형토기異形土器를 통해 나타내고자 했던 그들의 의식 등에 대해서 생각해 보고자 한다.

(1) 토기와 미술

가야토기는 저마다 다양한 자기표현을 하고 있다. 균형감 있는 형태는 물론이고, 투창·투공·꼭지·문양·장식물 등은 실용적이고도 토기의 아름다움을 더해주는 것들인데, 이를 부분별로 나누어서 개략적으로 검토해 보면 다음과 같다.

가야토기의 여러 투창. 맨 아래 좌측 토기는 합천. 맨 아래 우측 토기는 김해. 나머지는 모두 함안 출토

1) 투창과 투공

투창은 토기의 무게를 가볍게 하는 데도 한몫 하지만, 토기의 모양을 한결 세련되게 만드는 역할을 한다. 또한 투창은 토기를 구울 때 내부에 열을 골고루 잘 받게 하는 역할을 하기도 하는데, 투창이 없는 토기는

굽다리 안쪽에 열이 덜 미쳐서 제대로 구워지지 않은 것도 있다고 한다. 칼로 오려내어 구멍을 뚫은 것은 '투창'이라 하지만, 작게 구멍을 낸 것은 '투공'이라고 한다. 투공보다 투창이 더 모양이 다양하다. 투창은 뚫린 모양에 따라 장방형투창, 삼각형투창, 원형투창, 화염형투창 등으로 불리며, 이 투창의 모양을 가지고 지역성을 나타내는 기준으로 삼기도 한다. 가령 화염형투창고배는 투창의 모양이 불꽃모양을 하고 있다고 해서 붙여진 것이며, 이를 '아라가야식 토기'로 분류하고 있는데 함안지역에서 출토되는 토기에 많이 나타나기 때문이다.

2) 손잡이(파수)와 꼭지

손잡이는 오늘날 머그컵처럼 둥근고리 형태가 가장 많이 보이고, '궐수문(고사리모양의 문양)' 형태로 멋을 낸 것도 있다. 또 소뿔처럼 생긴 손잡이가 붙은 '장경호'는 그 이름도 '조합우각형파수부호組合牛角形把手付壺' 즉 '소뿔처럼 생긴 손잡이가 짝을 이루고 있는 단지'가 된 것이다.

꼭지 역시 손잡이 구실을 하거나 장식의 역할을 하는 것이지만, 일반적

실용성과 장식성이 겸비된 손잡이

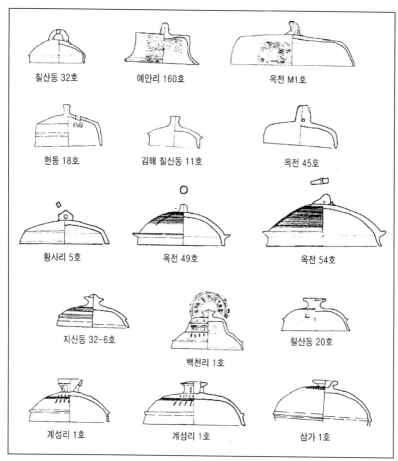

도면으로 본 다양한 꼭지모양

으로 뚜껑 윗부분에 부착된 것을 지칭한다. 꼭지는 그 생긴 모양에 따라 단추형꼭지, 모자형꼭지, 굽형꼭지, 우묵꼭지, 대각도치꼭지 등의 이름 으로 불리기도 한다.

왼쪽은 승석문(돗자리문양)이 시문된 단경호, 오른쪽은 격자문양이 찍힌 대부단경호. 박자에 새겨진 문양이 그대로 찍힌 것이다.

화려한 문양의 토기뚜껑

왼쪽은 파상집선문(고령 지산동 45호분 출토 발형 기대. 건탁한 것). 오른쪽은 솔잎모양 무늬(같은 그릇)

3) 각종 문양

문양은 토기를 만드는 과정에서 박자[28]에 새겨진 문양이 찍혀서 저절로 생긴 것이 있는가 하면, 토기 장식을 위해 일부러 새긴 것도 있다. 장식문양의 경우 토기마다 다양하게 표현되고 있는데, 조그만 참빗 같은 것으로 그릇을 돌리면서 물결무늬를 낸 '파상집선문'은 가야 대부분의 지역에서 보이는 것이다. 하지만 '솔잎모양 무늬'의 경우는 대가야지역에 많이 보이는 것으로 이 지역의 특징적인 문양으로 꼽히고 있다.

특별한 회화나 조각 같은 미술작품이 확인되지 않은 가야에서 이러한 토기의 소박하고 아름다운 무늬는 바로 가야인의 미술성을 그대로 보여주는 것이라 하겠다.

(2) 토기의 지역성

토기의 장식성과 지역적인 개성은 4~5세기 이후 눈에 띄게 증가한다.

---

28) 토기면을 다지는 도구. 안을 다지는 버섯모양의 내박자와 바깥을 다지는 주걱모양의 외박자가 있다. 박자에 어떤 문양이 있느냐에 따라 토기 표면에 문양이 찍히는 것이다.

가야토기의 각종 문양 도면

3세기까지만 해도 지역별 특색은 별로 나타나지 않아서 지금의 영남지역
인 진·변한은 물론, 마한의 일부지역까지 비슷한 형태의 토기가 사용되
고 있었다. 그런데 4세기 이후가 되면 토기재질에 변화가 올 뿐 아니라

형태에서도 이전보다 더욱 세련되고 제작지별로 특성이 생긴다. 4세기 대부터는 철기의 보편화로 생산력이 발전되며 지역 간의 교역·교류가 더욱 활발해진다. 지역 간의 접촉이 더 많아짐에도 불구하고 토기형식이나 표현양식이 닮거나 같아지지 않고 오히려 지역별로 특징과 개성이 더 뚜렷해지고 있는 것이다.

바로 이런 지역적 특성으로 인해 토기는 정치·문화권을 설정하는 기준이 되기도 한다. 토기양식과 정치권이 곧바로 일치하는지에 관해서는 논란이 있지만, 어느 정도까지는 유효할 것으로 보인다. 토기의 지역별 구분기준은 크게는 신라식과 가야식으로 대별하며, 영남지방에서 출토된 '가야식'은 다시 개별 지역토기로 구분한다. 각각의 구분기준을 개략적으로 살펴보면 다음과 같다.

1) 신라식과 가야식

가야토기의 외형적 특징 중 가장 먼저 들 수 있는 것은 여성적인 유연한 곡선이다. 이 점은 장경호에서 잘 드러나는데, 측면에서 볼 때 장경호의 옆선이 S자형으로 나타난다. 신라의 장경호가 목과 몸체 사이의 급격한 꺾임이 있어 남성적인 분위기를 느끼게 하는 것과는 대조적이다.

가야 고배(굽다리접시)의 대각(굽다리) 부분에 뚫린 투창 역시 신라의 그것과는 차이가 나는데, 좁고 긴 사각형의 투창이 아래위 직렬로 뚫려 있는 것은 가야식으로, 직사각형의 투창이 교열로 뚫려 있는 것은 신라식으로 대별된다. 또한 굽다리의 가장 좁은 지점이 가운데에서 약간 위쪽으로 위치하고 있어서 날씬한 장고형에 가까운 모양을 하고 있는 반면, 신라식은 굽다리의 맨 윗부분 즉 접시 부분 바로 아랫부분이 가장 좁아서 측면에서 보면 굽다리가 사다리꼴에 가까운 모양을 하고 있다. 가야식

〈표 18〉 가야토기와 신라토기의 특징 비교

	가야식	신라식
장경호	목과 목체가 S자형 곡선형태 여성적 분위기 고령지산동44호분 	목과 몸체 사이의 꺾임· 남성적 분위기 황남대총북분
고배	장방형의 직렬로 뚫린 투창 대각(굽다리)의 상단부분이 가장 날씬함 고령 지산동1-3호 출토 	장방형 교열로 뚫린 투창 그릇몸체 바로 밑부분이 가장 날씬함 황남대총북분 출토
뚜껑·접시부분	편편한 곡선형태 단추모양의 꼭지 고령 지산동44호분 	둥근 곡선형태 대각 일부를 거꾸로 한 모양의 꼭지 포항옥성리 출토

유개고배의 뚜껑과 접시는 대체로 납작하고 편평하지만 신라식은 둥글고 깊은 것이 많다. 꼭지 형태는 신라식이 주로 대각(굽다리)형이 많은데 비해 가야식은 단추형이 주류를 이룬다. 이러한 특징은 〈표 18〉과 같이 정리될 수 있다.

물론 이러한 특징은 대체적인 경향성을 말한다. 대형공장제품처럼 획일적이거나 생산지가 찍힌 것은 아니기 때문이다. 하지만, 가야사의 위상이 정립되는 과정에서 이러한 신라·가야토기의 구분법은 상당히 유용하게 이용되었다.

2) 소국별 구분

가야권 내에서도 토기는 지역별로 각각의 특징이 다르게 나타난다. 그 중에서도 기대(그릇받침)는 지역의 개성이 비교적 잘 나타나는 기종 중 하나다. 소국별로 형태를 나누어 일별해 보면 〈표 19〉와 같다.[29]

지역별 토기의 특성이 뚜렷해진 것은 무엇보다도 토기 제작집단의 전문성과 관련이 있다. 토기 제작에 필요한 기술, 이를테면 태토를 다루는 방법, 토기면을 다듬는 기술, 소성온도를 높이는 정도 등에서 수준이 향상되고, 기법에서 자유자재한 표현이 보이는 것은 전문적인 토기제작인이 아니면 불가능한 것이기 때문이다.

토기제작자들은 특정 지역에 거점을 두고 대량으로 토기를 생산하였으며 정치적 중심지와 밀접한 관련을 가졌던 것으로 보인다. 대가야의 경우 토기를 전문적으로 제작했던 요지는 고령읍 내곡리에 있었다. 대가야의 중심부였던 지산동 고분군은 물론 고령 본관동 등 여타 지역 고분군

---

29) 〈표 19〉의 것 이외에도 지역별로 재지적 특징을 보이는 토기들이 많이 언급되고 있으나 번잡함을 피하기 위해 세 지역만 정리한 것이다.

〈표 19〉 지역적 특색을 보여주는 기대

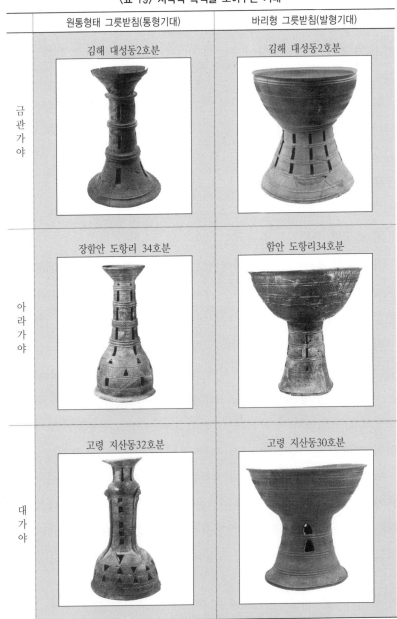

	원통형태 그릇받침(통형기대)	바리형 그릇받침(발형기대)
금관가야	김해 대성동2호분	김해 대성동2호분
아라가야	장함안 도항리 34호분	함안 도항리34호분
대가야	고령 지산동32호분	고령 지산동30호분

에서 출토된 토기의 태토 성분을 분석한 결과, 모두 내곡리에서 만들어진 토기와 같은 성분으로 나타난 바 있다. 이는 지산동토기와 본관동토기의 제작지가 같다는 것을 말한다. 그러므로 고령의 내곡리는 대가야 토기가 제작되고 있었던 주생산지였으며 거기에서 생산된 토기는 대가야의 주요 국읍과 그 주변지역에 공급되고 있었다는 것을 알 수 있다. 요지를 소유한 주체가 어디인지는 분명하지 않으나, 이곳에서 토기제작인들이 대량으로 토기를 제작한 사실은 분명하다고 하겠다.

아라가야의 경우, 삼봉산 북쪽 묘사리가 토기제작의 중심지였던 것으로 보인다. 함안의 묘사리 윗장명 마을 뒤편에 주변 요지에서 내다버린 불량토기의 폐기장으로 추정되는 곳이 있다. 정식 발굴이 되지 않은 곳이어서 아직 요의 구조는 확인되지 않았으나, 폐기장과 소토의 존재 등으로 보아 주변에 요지가 존재하는 것은 확실하다. 아라가야에도 전문

요지에 쌓여 있는 토기편들. 함안 묘사리 윗장명 마을

적인 토기 제작집단과 토기를 생산하는 공방마을이 있었다는 사실을 뒷받침하는 유적이다.

이들 토기는 주요 거래품으로 이용되기도 하였다. 대가야 중심지역의 주요 고분의 토기가 내곡리에서 만들어졌다면, 각 고분이 속한 단위지역은 주로 토기를 전문적으로 제작하는 요지가 있는 읍락으로부터 토기를 공급받아 사용했다는 것을 말한다. 즉 토기 요지를 소유한 읍락과 여타 읍락 간에 토기를 중심으로 한 거래가 이루어졌다는 것이다. 대가야인 고령지역 내에서는 내곡리, 아라가야인 함안지역에서는 묘사리, 비화가야인 창녕지역에서는 여초리가 토기 거래의 중심지였던 것으로 볼 수 있겠다.

토기의 거래는 경우에 따라 먼 거리를 두고 행해지기도 하는데, 특정 지역의 토기가 여타 지역에서 출토되는 경우를 보아서 알 수 있다. 함안 지역의 특징적인 토기인 화염형 토기가 경주 월성로에서 출토된 것이 단적인 예가 된다. 뿐만 아니라 일본 규슈와 긴키近畿 지역에서 보이는 가야계 토기도 초기에는 교역을 통해 입수된 박래품舶來品이었을 것으로 추정되고 있어, 토기가 해로를 넘나드는 원거리 교역의 주요 품목의 하나였다는 사실을 알 수 있게 한다.

(3) 토기에 표현된 상징

토기 중에는 일반적인 그릇 형태와는 달리 특이한 형상으로 표현된 것도 있다. 오늘날로 봐서는 그저 예술공예품의 일종으로 볼 수도 있겠지만 그렇게 단순한 목적으로 만들어진 것은 아닌 듯하다. 특정한 형상의 토기나 토기장식은 제사용으로 사용되거나 장례를 행할 때 피장자와 함께 묻는 명기明器에서 많이 발견된다. 이들 토기에서 선택된 이미지는 가야인이 내면적으로 인식하고 있었던 사고체계를 반영한 상징적이미지로 봐야 할 것이다. 각각의 형상에 상징화되고 있는 의미가 무엇인지 추론해 냄으로써 가야인이 지녔던 의식구조의 일단을 볼 수 있을 것이다.

1) 거북

거북모양 토우가 장식된 것 중 출토지가 확실한 것은 부산 복천동에서 출토된 기대가 유일하다. 자라형 토기는 거북과 유사한 이미지로서 같은 계통으로 볼 수 있겠다. 토기는 아니지만 거북 형상과 관련있는 유물은 남원에서 출토된 환두대도다. 이 환두대도의 자루 부분에는 금은실로 상감한 거북 등무늬 안에 작은 꽃을 장식한 것이 있다.

자라형 토기. 호암미술관 소장

거북을 만들고 장식하는 이면에는 거북에 대한 특별한 인식이 자리잡고 있었기 때문일 것인데, 거북에 대한 인식이 어떠했는지는 문헌자료를 통해 엿볼 수 있다. 『삼국유사』「가락국기」의 건국신화에 나오는 거북은 양면적인 모습을 보여준

거북문양이 상감된 환두대도 머리 부분. 남원 월산리 출토

다. "거북아 거북아 머리를 내 놓아라. 내 놓지 않으면 구워 먹어 버리겠다."라는 「구지가」 의 내용을 보면, 거북은 사람들 이 왕이 나타나기를 바라는 소 원을 비는 대상이기도 하지만 말을 들어주지 않으면 구워먹 겠다고 협박도 하는 만만한 존 재이기도 한 것이다. 『삼국유 사』「수로부인조」에도 바다용 에게 붙잡혀간 수로부인을 되 찾기 위해 함께 노래를 부르는 장면이 나온다. 그 노래의 가사 도 「구지가」의 내용과 유사하 다. 거북이 주술적 기원을 들어 주는 중간역할을 하고 있음을 알 수 있는 대목이다.

『삼국사기』에도 거북은 예사롭지 않은 동물로 등장한다. 신라의 중앙 집권화의 기반을 마련해 나가던 소지마립간대에 '동양東陽'에 사는 자가 눈이 여섯 달린 거북을 바쳤는데 배에는 문자가 있었다고 한다.30) 또한 백제가 멸망할 무렵 땅 속에서 나온 거북의 등에 글자가 쓰여 있었고, 그것을 무당이 해석하는 내용이 나온다. 이는 거북을 단순한 동물이

---

30) 중국의 갑골문을 연상시키는 대목이다. 갑골문의 내용은 대부분 점복과 관련된 것이 많기 때문이다. 갑골문은 거북의 등껍질에 새겨진 것으로 알려져 있으나, 실제로 확인할 수 있는 갑골문은 대부분 거북의 배에 새겨진 것이다.

아니라 특별한 예지력을 가진 동물로 인식하였다는 사실을 말한다. 또한 김춘추가 고구려에 갔다가 갇히게 되었을 때 '선도해'라는 사람이 들려준 이야기는 오늘날 우리에게도 잘 알려져 있는 내용이다. 그 이야기 속의 거북은 바다와 육지를 오가면서 용왕의 심부름을 하지만 토끼한테 속임을 당하는 어리석은 존재다.

요컨대, 문헌기록에 등장하는 거북은 양면성을 가지고 있다. 특별한 예지력을 보여주기도 하고, 미지의 바다 속을 자유롭게 오갈 수 있는 능력을 가진 존재이면서, 한편으로 어리석고 만만하기조차 한 친근한 동물인 것이다.

가야인들이 토기와 대도에 장식한 거북에 대한 인식 역시 문헌기록 속의 인식과 크게 다르지 않을 것이다. 영험하면서도 친근한 거북을 통해 자신들의 기원을 이루고자 한 것이라 할 것이다.

2) 개

개도 일찍부터 사육되어 온 가축으로서 인간과 가장 가까운 동물이다. 개모양 토우가 발견되었는가 하면, 사천 늑도 유적에는 개를 순생시킨 흔적도 발견된 바 있다.

개에 관한 문헌기록은 『삼국사기』의 여러 곳에

개가 함께 매장된 모습. 사천 늑도 유적

등장한다. 신라 진평왕대에 흰 개가 궁궐담에 올라갔고 3개월 후 모반이

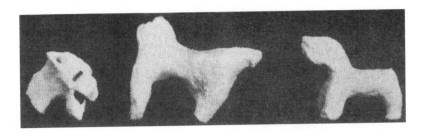

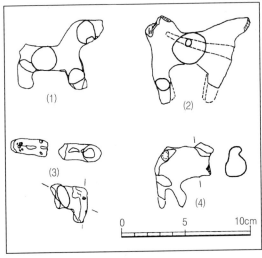

김해 부원동 출토 개모양 토우 도면

있었다는 것, 성덕왕이 죽기 바로 전 해에 개가 성의 고루鼓樓에 올라가서 3일 동안 짖었다는 기사도 있으며, 효성왕대에는 월성 안에 여우가 울었는데 개가 물어 죽였다는 것 등이 있다. 백제가 멸망할 무렵에는 야생사슴같이 생긴 개 한 마리가 서쪽으로부터 와서 왕궁을 향하여 짖다가 어디론가 사라졌으며, 왕도의 개들이 무리지어 짖어대고 울다가 흩어졌다는 기록도 있다.

　이와 같이 기록에 등장하는 개는 대체로 흉조를 예고하고 좋지 않은 일을 막아주고 있는데, 개의 이상한 행동을 지나치지 않고 주시해서 기록한 것 자체가 고대인의 인식 속에서 개가 가까우면서도 특별한 동물로 생각되고 있었다는 사실을 알 수 있게 한다.

　고구려 고분벽화에 등장하는 개는 사냥을 도와주기도 하지만 주인을 인도하는 존재로 등장한다. 서양의 경우 개의 존재는 야성과 문명의

말모양 토기

중간에 위치하며 윤리적으로는 선과 악의 중간에, 차안과 피안의 중간에 위치하는 존재로 상징화된다. 가야인들에게도 개는 인간과 가까운 존재이면서 좋지 않은 것을 막아주거나 알려주는 중간자적 존재로 인식되었다고 볼 수 있겠다.

3) 말

말은 3세기 이전부터 가야인들의 기승용 수단이었다. 가야의 생활유적에는 마형토우가 출토된 바 있고, 말모양 토기도 있다. 고분에도 말이 순생되거나 각종 마구들이 많이 출토되는 등, 말은 가야인들에게 비교적 가까운 동물로 등장하고 있다. 대가야인들이 남제에 사신을 보낼 때 이용한 제사유적인 부안 죽막동에서도 말모양 토제품이 출토된 바 있다.

김해에서 출토되었다고 전해지는 말모양 토기

『삼국사기』와『삼국유사』에도 말은 개와 함께 성실함과 근면함의 상징으로 표현되곤 하는데, 견마지성犬馬之誠, 견마지근犬馬之勤 등의 용어가 잘 말해준다. 또한 말은 특별한 사건의 매개동물로 등장하기도 한다. 부여왕 해부루가 금와왕을 얻을 때, 또 신라 시조왕이 혁거세를 발견할 때 말이 특별한 행동으로 이를 알려주고 있으며, 왕의 죽음을 미리 알아서 무릎을 꿇거나 눈물을 흘리며 울기도 한다. 고구려에도 말은 승용수단임과 동시에 신령한 존재로서 나타나는 경우가 많으며, 신마神馬로 여겨진 말도 있었다.

이로 보아 고대인에게서 말은 인간과 가까운 곳에 있으면서 상서로움을 알려주거나 예지력을 가진 신비스러운 존재로 이해되었음을 알 수 있다. 천신에게 제사하고 맹세하는 의례를 할 때 흰말을 잡아 피를 마시는 것도 말을 특별하게 생각한 데서 행해진 것이라고 볼 수 있겠다. 서양에서는 말이 태양과 달이 질주하는 모습의 상징이기도 하고, 죽은 이의 수레를 저승으로 이끌고 간다고 생각한 동물이었다.

가야인들이 제사나 의례 시에 말을 등장시키거나 고분에 말을 순생시키거나 말모양 토기를 부장한 것은 그들의 인식 속에 내재되어 있는 말에 대한 믿음을 보여주는 것이다. 말을 단순한 짐승이 아닌 현세와 영계를 이어주는 존재로서 인식했다는 사실에 다름 아닌 것이다.

4) 새

『삼국지』에는 변진(변한)인들이 장례를 치를 때 큰 새의 깃을 넣어주는데, 날아오를 수 있게 하기 위한 것이라는 기록이 있다. 새가 죽은 자의 영혼이 저세상으로 잘 날아갈 수 있도록 인도하는 존재, 이승과 저승을 넘나들 수 있는 존재로 믿어지고 있었던 것이다. 그런 까닭에 새의 형태는 토기로도 많이 만들어졌을 뿐 아니라, 제의용 철기인 '유자이기有刺利器'[31]에도 새형상이 오려져 있다. 고성에서 출토된 청동제품에도 새가 새겨

새모양이 오려진 유자이기. 함안 도항리 출토

---

31) 얇은 철판을 오려서 특이한 모양을 만든 것으로 실용적인 도구가 아니라 의례용으로 사용된 것으로 보고 있다.

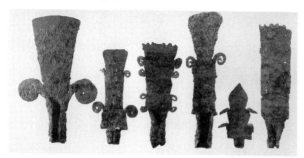

한 쌍의 새모양 토기

고성에서 출토된 청동기. 새 문양이 새겨져 있다. 의례시
착장한 것으로 추정되고 있다.

져 있다.

　수로왕, 주몽, 박혁거세 등 시조왕이 알에서 태어나는 것도 새에 대한 인식과 무관하지 않다. 또한 『삼국유사』 가락국기에는 수로왕이 탈해와 대결할 때 독수리와 새매로 변신하는 기록이 나오는데, 이 기사를 새에 대한 고유신앙이 수로왕으로 상징화되어 남아 있는 흔적이라고 해석하는 학자도 있다. 『삼국사기』에는 신기한 참새나 이상한 새가 몰려드는 것을 특별한 징조로 기록하고 있으며, 특이한 형태의 새는 왕에게 진상품으로 바치기도 하는 기록이 나온다.

　그런가 하면, 고구려의 유리왕이나 신라 흥덕왕은 새를 암수가 서로 사이좋은 존재로 언급하기도 한다. 가야의 새모양 토기도 한 쌍으로 세트를 이루는 것이 있어, 가야인들 역시 새를 사이좋은 커플의 상징으로 보았던 듯하다.

한편, 고구려에는 새의 깃을 장식으로 꽂기도 하였고, 신라에서도 조우형 관이 다수 출토되고 있다. 가야에도 새의 깃모양 관을 투구와 함께 착용한 사실이 합천 반계제에서 출토된 무구를 통해 알려진 바 있다. 이 역시 새에 대한 고대인들의 특별한 인식이 반영된 것이라 하겠다.

5) 뱀

뱀모양 토우는 대가야의 통형기대에 장식으로 등장한다. 그 모습이 그릇받침[器臺]의 전체 모습과 잘 조화를 이루고 있으며, 머릿부분이 고사리무늬[蕨首文]로 세련되게 변형된 것도 있다.

뱀은 인간이 가장 꺼리는 동물 중 하나다. 하지만 뱀은 껍질을 벗고 재생한다는 특성 때문에 이지러져도 다시 차는 달과 같은 부류로 간주되기도 한다. 그렇기에 생명의 재생과 불사不死를 암시하는 것으로 해석되기도 한다. 성서에서는 뱀이 인간을 죄악으로 떨어지게 하는 존재이기도 하지만, 지혜의 상징으로 언급되기도 한다. 고대 이집트에서는 뱀이 모든 악을 막는다고 하여 왕관을 장식하고 왕의 상징이 되기까지 한다.

뱀에 대한 관념이 남달랐던 것은 『삼국유사』에

대가야형식의 그릇받침. 달성군 출토로 전해지는 이 그릇받침은 뱀의 머리 부분이 고사리모양으로 변형되었다.

뱀모양 토우 장식이 달린 통형 기대. 옥전 M호분. 지산동 30호분

서도 찾을 수 있다. 가락국기에 나오는 수로왕의 사당을 지키는 뱀이나, 박혁거세의 시신을 지킨 사릉원의 뱀 등은 나쁜 것을 막고 왕의 시신을 지키는 존재로 등장한다. 신라하대 경문왕의 침전에는 매일 밤 뱀이 몰려들었는데 왕은 뱀이 없으면 편안하게 잘 수가 없다고 하여 뱀을 쫓아내지 못하게 했다는 기록도 있다.

가야인들 역시 뱀을 나쁜 것을 막고 권위를 수호하는 존재로 여겨 제사용 그릇에 장식한 것으로 보인다. 뱀의 토우장식이 붙은 통형기대는 특히 대가야권의 표지적인 토기로 꼽기도 하는데, 주로 대형분에서 출토 되므로 지배계층이 사용한 것이 분명하며, 왕이 주관하는 의례나 제사에

쓰였다고 보인다. 또한 이 통형기대는 대가야와 긴밀한 관계를 유지한
소국의 왕에게 하사하기도 한 것인데, 이 역시 대가야왕의 권위를 뱀모양
토우가 상징적으로 나타낸 것으로 볼 수 있다.

6) 용과 봉황

가야토기와 토우에서 볼
수 있는 동물은 현실적으로
가까이 접할 수 있는 동물들
을 형상화시킨 점이 특징이
다. 이 점은 고구려고분의
사신도四神圖나 백제의 「금
동용봉봉래산향로金銅龍鳳蓬
萊山香爐」에서 상상의 동물이
등장하는 것과는 차이가 있
다. 그런데, 가야에서도 토
기가 아닌 위세품인 환두대
도에는 용이나 봉황과 같은
상상의 동물이 새겨져 있다.
이것들은 주로 5세기 후반
이후부터 등장하는데, 용과

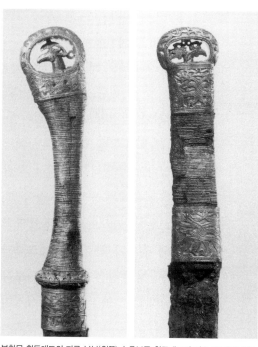

봉황문 환두대도의 자루 부분(왼쪽)과 용봉문 환두대도의 자루 부분(오른쪽).
모두 합천 옥전M3호분 출토

봉황이 위세품에만 등장한다는 것은 특별한 의미를 가지고 있기 때문으
로 보인다.

용과 봉황이 고대인에게 어떤 의미를 가지고 있었는지 문헌자료를
통해 살펴보면, 먼저 용과 관련된 이야기는 『삼국사기』에 많이 나오고

있다. 신라의 경우 용은 왕비의 탄생과 관계되거나 왕의 존재에 비유된다. 그리고 용은 대개 시조탄생지인 양산, 시조왕비의 탄생지인 나정, 그리고 왕궁과 서울(금성, 경도)에 나타나고 있다. 문무왕의 호국용 역시 국가와 관련되는 존재이다.

고구려본기에는 용이 단 한 번 출현하는데, 용이 나타난 이듬해 성곽과 궁실을 건축하고 있어 역시 왕권과 관련된 기사라고 볼 수 있다. 백제의 경우도 역시 용의 출현장소가 첫 번째 도읍지 주변인 한강, 왕궁의 기둥, 두 번째 왕도(웅진) 등이어서 용은 왕과 국가를 상징하는 존재로 인식하고 있었음을 알 수 있다. 이런 기사들을 종합해볼 때 고대인들은 용을 왕 혹은 국가와 밀접한 존재로 인식한 것임에 틀림없다.

가야에서 출토된 용을 묘사한 환두대도는 백제의 것을 모방하여 가야에서 만들었다고 추정되는데 역시 왕권의 상징이라고 할 수 있겠다. 한편 봉황은 기록에는 등장하는 것이 없어 그 의미하는 바가 무엇인지 알기 어려우나 환두대도에서 용과 함께 표현되는 것으로 보아 그 의미는 역시 왕실의 권위와 관련되는 것으로 보아야 할 것이다.

용이나 봉황의 형상은 토우나 이형토기에서 볼 수 있는 동물형상과는 달리 해석된다. 토우와 토기 속의 상징이 가야의 토착적이고 일반적인 의식구조를 딛고 형성된 것이라면, 환두대도의 용과 봉황은 중국고대에서 생겨난 관념으로 상서롭고 신령한 존재로서 천자나 군주의 상징으로 표현되었으며, 삼국도 이와 다르지 않은 인식을 가지고 있었다. 따라서 이러한 용봉에 대한 관념은 가야에서 자생한 것이 아니라 중국의 관념이 백제나 고구려를 거쳐 가야로 들어온 것으로 봐야 할 것이다.

수레바퀴모양 토기. 왼쪽은 함안 말산리 34호분. 오른쪽은 의령 출토

7) 수레와 배

수레형 토기는 가야시대에
수레가 사용된 것을 보여준다
는 점에서도 주목되는 것이다.
그 바퀴의 재료는 고구려의 단
철제륜鍛鐵製輪과 같이 철로 만
들어졌는지, 아니면 나무로 만
들어졌는지는 알 수 없으나 일
단 형태로 보아서는 고구려의
것과 크게 다르지 않다.

고구려의 마차. 안악3호분 벽화

수레형 토기가 가지는 상징
은 크게 두 가지 측면에서 생각해 볼 수 있다. 하나는 수레의 전체 모양을
볼 때, 특별히 크게 만들어져 그 형태가 강조되고 있는 수레바퀴 그

배모양 토기. 호림미술관 소장

자체에 대한 상징적인 의미다. 수레바퀴는 원圓, 십자十字, 만자卍字 등과
함께 가장 보편적으로 사용된 상징의 하나로 꼽히고 있으며, 천체의
운행이나 태양과 관계 있는 도형으로 해석하고 있다. 또한 생명, 우주,
왕권, 중심, 순환, 영원, 광명 등을 나타내고, 불교적으로는 해탈, 완성,
도달을 나타내는 상징으로 이해되기도 한다.

다른 하나는 수레가 가진 실용적인 측면과 관련된 것이다. 수레의
원래 기능이 사람과 물건을 싣고 나르는 동적인 데 있으므로, 수레형
토기는 죽은 자의 영혼을 내세로 싣고 가는 존재로 만들어졌다는 것이다.
이 점은 앞서 살펴본 말이나 새의 상징과도 통하는 바가 있다. 가야인들
이 사후세계와 영혼의 존재를 인식하고 있었다는 점과 관련지어 볼 때
전자 보다는 후자의 의미가 더 강하다고 볼 수 있을 것이다.

한편, 배모양 토기 역시 수레와 같은 의미를 가진 것으로 해석된다.
수레가 육로교통수단을 보여준다면, 배모양 토기는 수로의 교통수단이
다. 이 역시 수레와 마찬가지로 죽은 자의 영혼이 배를 타고 현세에서
내세로 간다고 믿고 죽은 자를 무사히 인도하기 위한 것이라고 인식한

결과 만들어진 형상으로 보인다.

8) 불

불과 관계된 토기로는 등잔형
토기를 꼽을 수 있겠지만, 상징적
인 표지로서 표현된 불의 형상은
함안의 아라가야토기의 표지라고
할 수 있는 화염형투창고배에서
찾을 수 있다. 그런데 화염형투창
고배의 투창이 과연 불꽃을 묘사
한 것일까. 물론 불꽃이 아닐 가능
성도 생각해 볼 수 있다. 이 투창을
고구려 고분벽화에 묘사되어 있
는 연꽃봉오리로 해석하여 아라
가야의 불교 유입과 관련지어 해
석하는 학자도 있다. 하지만 '연화

등잔형 토기. 함안 출토

문'이 봉오리 형태만 있는 것이 아니고, 아라가야에 불교가 들어왔다는
직접적인 증거도 없으므로 이를 연화문이라고 간주하기는 어렵다고 하
겠다.

이 투창을 불꽃으로 볼 수 있는 것은 백제 무령왕릉에서 하나의 단서를
찾을 수 있다. 무려왕릉 내부에는 등잔을 밝히는 등감이 있는데, 거기에
는 타다 남은 심지가 그대로 남아 있어 불을 밝혔던 시설임에 틀림없다.
그 등감에는 보주형의 윤곽을 따라 화염문을 채색하고 있고 전체 모양은
함안의 화염형투창과 닮아 있다. 등감 형식이 보주형이라고는 하나 실제

불꽃모양(화염형) 투창이 뚫린 고배. 함안 출토

로는 불을 상징하여 표현한 형태일 수도 있는 것이다. 뿐만 아니라, 무령왕의 관장식, 서산마애삼존불의 광배모양, 봉황문전 등 백제의 유적·유물에서 불꽃을 묘사한 예가 많이 있다. 아라가야가 오랫동안 백제와 가까운 관계였음을 감안할 때 불과 화염문의 표현형식도 백제의 영향을 받을 가능성도 생각해 볼 수 있으며, 아라가야가 독자적으로 자생시킨 형태였을 수도 있다.

원래 불은 음식물을 조리하고, 빛을 비추어 밝게 하고 따뜻하게 하며 또 짐승이나 벌레, 때로는 인간 등의 외적으로부터 보호하는 역할을 한다. 그러기에 일상생활과 가장 밀접한 관련을 갖고 있으며 인간이 살아가는 데 없어서는 안 될 것이다. 또한 불은 더러움을 정화하고 차안과 피안을 구별하는 역할을 하는 이미지를 갖는 것으로 해석하기도 한다.

일본의 경우에는 지역에 따라 성화聖火를 중심으로 공동체적 차원에서 축제를 행하는 곳도 있는데, 이때의 불은 공동체와 가족과 사회적인 관계를 생각하는 것이라고 한다. 공동체에 둘러싸인 개인이 어느 정도 억압되고 수탈되는 생활 속에서 불은 상징(공동체 전체적인 것)과 실체(개인의 생활)를 규정하게 된다는 것이다. 여기에는 각각의 불꽃이 모이면 하나가 되고 나뉘면 다시 분리되는 불의 속성이 작용하고 있다고 한다. 이런 이유로 불은 고대왕권이 형성되는 과정에서 보이는 또 하나의 모습으로 해석되기도 하는 것이다.

이상과 같은 불의 상징적 요소를 생각한다면, 등잔형 토기의 의미도 이러한 불에 대한 인식과 함께 생각할 수 있다. 그리고 불꽃모양을 토기에 새겨 자신들의 독자적인 문양으로 삼았던 아라가야의 사회적 성격을 유추해 볼 수 있게 하는 것이다. 즉 아라가야가 불을 중심으로 한 의례를 행한 사회였으며 주술적인 성향을 중시하는 사회였다는 것을 말한다고 할 수 있겠다.

6. 우륵을 통해 본 가야의 악문화

　　문화의 궁극적인 중심은 인간이다. 개별 인간은 그가 살고 있는 시대문화의 소산이며, 그 당시 사회의 모습을 대변한다. 예를 들어 문화의 한 코드로 회자되곤 하는 서태지라는 가수는 바로 이 시대의 문화적 여건에서 나온 사람이다. 조선시대에는 물론, 일제시대에도 결코 그런 가수는 나올 수 없다. 따라서 특정 인물에 대한 분석은 그 인물이 살았던 시대의 문화를 가늠할 수 있게 할 뿐 아니라 나아가 그 시대의 사회구조와 발전수준까지 파악할 수 있게 한다.

　　가야사 연구자료가 매우 적지만 그 가운데서도 가야의 인물과 인명에 관한 기록은 적지 않게 찾을 수 있다. 그런데 대부분 단편적인 언급에 지나지 않아 각각의 구체적인 행적과 배경을 살펴보기에는 미흡하다. 그 중에서 비교적 기록이 상세하고 가야문화와 관련하여 주목되는 인물이 바로 우륵이다.

　　우륵은 가야금의 악곡을 만든 작곡자이자 연주가이면서 악사樂師인 소위 '문화인물'이며, 나라가 어지러운[國難] 상황에서 스스로의 판단에 따라 정치적 망명을 결정함으로써 자신의 운명을 지킨, 약간은 비겁한 지식인(기능인이 아닌)이다. 또한 망명 이후 그의 악곡과 재능을 신라인에게 전수함으로써 가야문화의 한 자락이 오늘날까지 전해지게 한 인물이기도 하다. 가야에 우륵이라는 인물이 존재했다는 사실은, 가야의

문화기반이 어느 수준까지 도달했는가를 유추하는 데 하나의 단서가
된다.

이제, 가야의 문화수준을 대변하는 인물로 주목되는 우륵과 그가 연주
했던 가야금을 통해 가야사회가 보유하였던 문화적 기반이 어느 정도였
는지 알아보고자 한다. 아울러 가야의 정치사회적인 현실이 한 인물의
행동결정에 어떠한 영향을 미쳤는지 함께 검토해 보려고 한다.

여기서 한 가지 언급해 둘 것은 용어 문제다. 흔히 우륵을 음악인이라
고 하는데, '음악'이라 함은 서양의 'Music'에 대응되는 말로서, 노래,
악기연주, 가극 등에 국한해서 사용하는 말이다. 하지만 우리나라에서는
전통적으로 '음악'이라는 말을 그다지 사용하지 않았다. 조선시대에도
『악학궤범』, 『악장가사』 등과 같이 '악樂'이라는 용어로 표현하고 그 범주
도 노래, 악기연주는 물론 춤까지 포괄하고 있다. 중국의 역사책에서는
'음악'이라는 말을 사용한 예도 있지만 극히 일부에 지나지 않고, 역시
'악'이라는 용어를 더 많이 사용하고 있다. 그리고 '악'이라는 말에는
노래, 악기연주, 가극이라는 '음악'의 요소 외에 춤과 기예적인 것까지
포함하고 있어서 범위가 더 넓다고 볼 수 있다. 일본의 경우, '기악伎樂'
혹은 '예능'이라는 말로써 '음악'이란 말과 구분하여 사용하고 있다. 보다
넓은 범위를 포괄하기 위해 여기서는 '악'이라는 용어를 주로 사용하고자
한다. 경우에 따라 '음악'이라는 말을 쓰되 '악'의 하위개념으로 사용할
것이다.

(1) 가야의 악

우륵이 아무리 뛰어난 악인樂人이라고 해도 아무런 음악적 바탕 없이

훌륭한 악을 만들어낼 수는 없을 것이다. 우륵이 태어나기 오래 전부터, 가야에는 다양한 악이 있었다. 가야의 악이 어떠한 모습으로 존재했는가 하는 것을 살펴보겠다.

1) 주술적인 악

『삼국지』위지 동이전에는 3세기대 가야인들이 악을 실행하는 모습을 묘사하고 있다. 그 기록을 현대문으로 바꾸어 보면 다음과 같다. 읽으면서 그 모습을 한 번 상상해 보자.

> 오월에 씨를 뿌리고 나서 귀신에게 제사지내는데, 모두 모여서 밤낮없이 술 마시고 노래하고 춤춘다. 그 춤의 모양은 수십 명이 길게 줄지어서 땅을 딛으면서 낮게 걸어가는데, 손뼉을 치면서 절도있게 박자를 맞추는 것이 방울춤과 비슷하다. 10월에 농삿일을 다 마치고 나서 똑같이 되풀이한다. 『삼국지』위지 동이전 한조

이 기사를 보면 밤낮없이 술 마시고 노래한다고 되어 있는데, 언뜻 보면 흥청망청 노는 모습으로 보인다. 그런데 가만히 들여다보면 그렇게 무질서한 모습은 아니다. 혹 이 글을 보면서 아프리카인들의 토속춤을 떠올렸다면 어느 정도 사실에 가깝게 연상했다고 할 것이다. 수십 명이 절도있게 줄을 지어 따라가면서 발을 구르고 손뼉을 치며 박자를 맞추는 모습은 집단적인 일체감마저 보여준다.

이러한 행위는 아무때나 한 것이 아니라, 음력 5월에 씨를 뿌리고 난 뒤, 그리고 추수를 다 마친 음력 10월에 제사를 지낸 뒤에 했다고 전한다. 술 마시고 노래하며 춤을 추는 행위가 제사의 한 형식으로 행해

신라토우에 묘사된 음주가무. 축제의 한 모습이다.

졌던 것이다. 이러한 음주가무를 동반한 제사는 가야뿐 아니라 삼한,
부여, 동예 등의 초기 고대사회에서 보편적으로 행해졌다. 신라토우에
이런 모습이 묘사된 것이 있어 참조가 된다.

함께 모여 제사를 지내는 것은 자신이 속한 공동체의 풍요와 다산을
기원하는 데 그 목적이 있다. 파종한 뒤에는 심은 곡식이 잘 자라기를
바라고, 추수를 마친 뒤에는 수확에 대한 감사를 신에게 표현하는 것이
다. 그렇게 함으로써 지속적으로 풍요를 보장받고자 하였다. 제전 기간
동안 계속해서 노래하고 춤추는 행위를 하는 것은 이것들이 제사의 목적
을 달성하기 위한 수단이었기 때문이며, 자신들이 속한 공동체의 지속적
이고 안정적인 생산을 위한 것이었다고 하겠다. 이와 비슷한 양상은
『삼국유사』 가락국기에도 그려지고 있다.

서기 42년 3월 계욕禊浴하는 날에 이곳 북구지에서 이상하게 부르는 듯한 소리가 있어 2, 3백여 명의 사람들이 모였다. 그 때 사람 목소리 비슷한 소리가 들렸다. …… 너희들은 봉우리 꼭대기의 흙을 손에 쥐고 노래하기를 "거북아 거북아 머리를 내놓아라. 내놓지 않으면 구워 먹겠다." 이렇게 하면서 춤을 추면 바로 대왕을 맞아 기뻐 뛰게 될 것이라고 하였다. 간들이 그 말대로 백성들과 함께 기뻐 감동하여 노래하며 춤추다가 얼마 지나서 우러러 보니 한 자주색 끈이 하늘에서 내려와 땅에 닿아 있었다.

가야 건국신화의 첫 부분이다. 말 그대로 '신화'이므로 과학적인 사고로는 믿기 어려운 내용이 들어 있다. 그렇다고 할지라도 그 속의 이야기는 당시 사람들이 실제로 행한 모습들을 바탕으로 그려지게 마련이다. 즉, 읍락의 대표들이 모여서 액을 떨어버리기 위해 몸을 깨끗이 하는 계욕 의식을 행하는 날 구지봉에서 이상한 소리가 났고, 사람들은 새로운 임금을 맞으려는 간절한 소망을 이루기 위해 함께 노래하며 춤추는 행위를 하였던 것이다. 그것도 단순한 가무행위가 아니라 흙을 손에 쥐고 '기뻐하고 감동하면서' 반복적으로 같은 노래를 부르는 모습이다.

여기서의 가무 역시 제사의 한 형식으로 노래하고 춤춘 것이다. 생산과 직접 관련된 행사는 아니더라도, 자신들의 새로운 지도자를 바라는 마음으로 함께 춤추고 노래하고 있다. 그 결과 자신들의 이상적인 왕을 얻게되어 새로운 나라가 세워지고 나아가 백성들의 삶이 나아진다는 다음이야기로 이어지는 것이다. 따라서 여기서의 노래와 춤도 자신들의 간절한 기원을 들어주는 주술적인 수단이 되었다고 하겠다.

그런데, 두 기록에서 보여주는 장면은 모두 개인이 아닌 집단이 같은 행동으로 악을 실행하고 있다. 함께 땅을 구르며 손뼉을 치며 장단을 맞추는 행위, 혹은 흙을 손에 쥐고 함께 같은 노래를 반복해서 부르며 춤추는 것 등은 집단이 일체감을 가지고 공동체의 바람을 구현하기 위해서 하는 일종의 퍼포먼스다. 여기서 이 시기 악의 집단적인 속성을 볼 수 있다. 악을 연행하는 사람과 그것을 보고 즐기는 사람이 따로 있는 것이 아니라 모두 함께 행하고 즐기는 것이다. 즉 연행자와 향수층이 분리되지 않은 상태다. 뿐만 아니라, 노래와 춤, 음주, 흙을 쥐는 행위 등이 한꺼번에 행해지므로 종합예술의 형태를 띠고 있으며, 주술성을 띤 종교악이라고 할 수 있다.

2) 민속악

가야에서는 주술적인 종교악만 행해진 것이 아니다. 일상 생활에서도 노래와 춤을 즐기고 있었다는 기록이 있다.

> 풍속에 노래하고 춤추며 술 마시는 것을 좋아한다. 『삼국지』 위지 동이전 변진조

이 기사에서는 3세기 가야인들의 풍속을 전하고 있는데, 일반인들이 악을 좋아한다고 기록하고 있다. 앞서 살펴본 제의에서 행해지는 주술적인 악과는 달리, 일상 생활에서 노래하고 춤추고 술 마시는 것을 좋아한다는 사실이다. 음주가무에 능한 우리 민족의 특성을 보여주는 대목이기도 하다.

일상 생활에서의 악이라고 하면 주로 놀이할 때 부르는 가요나 일할 때 부르는 노동요가 있을 것인데 이 둘은 완전히 분리할 수 없는 것이기도 하다. 노동요의 경우 아직까지 그 구체적인 기록이 없어 뭐라고 얘기

할 수 없지만, 놀이와 관련된 가요는 『삼국사기』 신라본기의 기록을 통해 확인할 수 있다.

유리왕 5년 …… 이 해에 백성들의 생활이 즐겁고 평강하여 처음으로 도솔가를 지었다. 이것이 노래의 시작이다.

이 기록은 신라 초기의 것으로, 이 시기의 신라는 사로국이라 불리는 진한의 한 소국이었으므로 진한에 관한 기록이라고도 볼 수 있다. 가야의 전반기인 '변한'과 신라의 초기사회였던 '진한'이 서로 생활과 문화가 비슷하였다고 하므로, 신라의 초기기록을 통해서도 가야의 모습을 추측할 수 있는 것이다.

여기에 보면 백성들의 생활이 즐겁고 평강하여 노래를 지었다고 하므로, 앞에서 본 것과 같이 특별한 목적을 가진 노래 이를테면 주술적 기원을 담은 노래와는 차이가 있음을 알 수 있다. 「도솔가」라는 노래제목은 불교의 이상향에 있는 '도솔천'에서 따온 것이므로, 불교가 전래된 이후 붙여진 것으로 보인다. 신라 초기부터 시작되어 불교가 전래된 이후에도 계속되고 있었다는 것은 이 노래가 오랫동안 널리 불린 노래였기 때문일 것이다. 백성들의 생활이 즐겁고 평강하다는 것은 생산과 분배가 만족스럽게 이루어졌다는 표현일 것이다. 앞서 살펴본 주술적 기원의 결과적 행위이며 노동의 대가라고도 하겠다.

다음 기사에서는 공동체 내에서 노동과 악의 관계를 잘 묘사하고 있다.

왕이 6부를 미리 둘로 나누어 정하고 왕녀 두 사람으로 하여금 각각 부내의 여자들을 이끌고 조를 짜서 가을 7월 보름부터 시작해서 매일 아침 일찍부터 밤중까지 6부의 뜰에 모여 길쌈을 했는데, 8월 15일까지

하였다. 마치고 나서 어느 쪽이 길쌈을 더 많이 했는지 그 공력을 심사해서 진 쪽이 술과 음식을 차리고 이긴 편에서 사례하였다. 이때 노래하고 춤추며 온갖 오락이 벌어지니 이를 가배라 하였다. 노래할 때 진 쪽의 여자가 일어나 춤추며 탄식하기를 "회소회소" 하였다. 그 소리가 구슬프고 우아하여 후세 사람들이 그 소리에 이름을 지어 「회소곡」이라 했다. 『삼국사기』 신라본기 유리왕 9년

이 기록은 길쌈을 하고 난 뒤 노래하고 춤추며 오락을 펼치는 내용으로 노동과 놀이가 어우러진 전형적인 모습을 보여준다. 고대사회에는 베[布] 가 교환가치를 지닌 것으로서 경제생활에 기본적으로 필요한 품목 중 하나였다. 진한에서 7월 보름부터 8월 보름까지 한 달 동안 길쌈대회를 연 것도 국읍의 경비를 충당하기 위해서였다. 그렇기 때문에 왕이 나서서 이 행사를 주도할 만큼 중요한 행사였던 것이다. 고구려와 백제의 경우 필요한 포를 강제성을 띤 세금으로 거두었지만, 진·변한에서는 국중대회를 열어서 자발적 놀이 차원으로 승화시키고 있는 것이다. 이 점은 체계화된 고대율령국가와 그렇지 않은 진·변한 사회와의 차이를 엿볼 수 있는 대목이다.

또한 놀이는 공동체의 유대감을 확고히 함과 동시에 계속되는 생산노동을 증진시킬 수 있는 효과를 가져왔을 것이다. 이러한 중요한 행사를 마친 다음, 함께 모여서 온갖 오락이 벌어지는 가운데서 춤추고 노래하고 있는 것이다. 따라서 여기서 행해지는 악은 단순히 놀이 그 자체를 목적으로 하기도 하지만, 노동의 성과에 대한 기쁨을 음악으로 표현한 것이라 하겠다. 놀이에서 행해진 악곡은 다시 노동을 할 때 일의 수고로움을 덜기 위한 노동요勞動謠로도 사용되었다고 볼 수 있으니, 결과적으로 악을

통해 노동의 재생산 효과를 가져오게 되는 것이다.

3) 악기

악기에 관해서는 다음의 기록이 있다.

> 슬瑟이라는 악기가 있는데 그 모양이 축筑과 비슷하다. 뜯어서 연주하고
> 음악의 곡조도 있다. 『삼국지』 위지 동이전 변진조

위의 기록은 변진 즉 3세기 이전의 가야사회에 슬이라는 현악기가
있다는 사실을 전하는 것이다. 선사시대부터 가장 일찍 사용된 악기는
타악기와 관악기다. 타악기는 리듬만 표현할 수 있고, 관악기는 멜로디
를 표현하지만 한정된 범위 내에서만 연주가 가능할 따름이다. 하지만
현악기의 경우, 보다 복잡한 멜로디를 표현할 수 있는 악기로서 관악기보
다 넓은 음역체계를 묘사할 수 있다. 따라서 현악기를 사용했다는 것은
이 시기 가야의 음악이 원시적인 장단과 리듬에 의존해서 단순가사를
반복구사하는 차원이 아닌, 보다 발전된 차원의 음악이 있었다는 것을
말한다. 즉 다양한 선율의 노래가 있었고 그것을 현악기로 표현했다는
것이다.

위의 기록에서 소개하고 있는 '슬'이라는 현악기는 생김새가 중국의

광주 신창동 출토 현악기 부분

현악기를 연주하는 토우

'축'과 비슷하다고 하는데, 축이라는 악기도 여러 형태가 있어 위의 기록만으로는 어떠한 형태의 축과 비교했는지 추정해 낼 수 없다. 다만, 광주 신창동 유적에서 출토된 십현금十絃琴이나 경산 임당동에서 출토된 자료에 보이는 악기의 흔적이 『삼국지』에 묘사된 현악기의 형태와 비슷했을 것으로 추정된다. 이와 비슷한 악기가 토우 자료에 나타난다.

악기를 연주하는 토우의 모습을 참고할 때, 가야의 슬이라는 현악기는 정좌하고 앉은 상태에서 무릎 위에 바로 얹어서 연주를 하였을 것으로 보인다. 이 같은 연주자세는 한국 고대사회의 고유현악기에 공통적으로 나타나는데, 이것은 악기 형태와 관련이 있다. 즉 고대부터 자생하고 발전한 고유현악기는 울림통의 단면이 '凹' 형태여서 소리가 위로 울리게 된다. 그러므로 악기를 몸에 바로 얹어서 연주하더라도 공명에는 지장이 없는 것이다. 연주 자세에 관해서는 후술한다.

타악기와 관악기도 물론 있었다. 자료는 남아 있지 않으나 타악기의 경우, 창원 내동과 웅천패총에서 출토된 뼈가 주목된다. 이 뼈는 골이 여러 줄 패여 있어 조골彫骨이라고 불리는데 주술적인 도구이자 원시적 악기로 쓰인 것이다.[32] 그 밖에도 소라나 뿔을 이용한 나팔과 동물뼈를 이용한 피리, 토기로 구운 관악기 등이 존재했을 것이나 현존하는 자료가 없어서 추정만 할 수 있을 뿐이다.

한편, 악기는 주술적인 힘이 있는 것으로 믿어지기도 했다. 「낙랑공주와 호동왕자」 이야기로 잘 알려진 낙랑국의 자명고와 나팔은 악기의 주술성을 잘 표현하고 있다. 북과 나팔이 적병의 침입을 알려주어서 나라의 안전을 지켜준다는 것이다. 악기가 특별한 능력을 가진 것처럼 인식된 것은 악기가 주술적인 도구로 사용된 것과 관계가 있다고 보고 있다. 사악한 것을 물리치고 선한 것을 지켜주는 능력이 악기 속에 내재해 있다고 믿었다는 사실을 의미한다.

앞서 보았듯이 신라토우에도 관악기와 타악기의 연주, 춤, 노래 등이 표현된 것이 있는데, 무덤에 부장된 토우는 내세에 대한 기원을 표현한 것이므로 토우에 표현된 악기 역시 주술성을 담고 있는 것이라 하겠다. 훨씬 뒷시기인 신라 중대의 '만파식적萬波息笛'은 '모든 파도를 잠재우는 피리'라는 의미를 가진 것으로 이 피리를 불면 적병이 물러가고 병이 치료되고 비와 바람과 파도가 조절된다고 했으니, 이 역시 악기에 주술적 기능이 부여된 사실을 나타내고 있다.

---

32) 크기가 작아서 이것을 '손칼의 손잡이' 혹은 점치는 도구였던 복골卜骨이라고 추정하는 견해도 있다.

요컨대, 악기는 음악을 아름답고 풍부하게 표현하는 도구였던 것은 물론, 주술적 기능도 아울러 갖춘 것으로 믿었으며, 이것은 가야뿐 아니라 고대사회에 널리 인식되고 있었던 믿음이기도 했다.

4) 개인악과 창작악

우륵과 그 제자였던 니문은 가야금을 이용해서 악곡을 작곡하고 연주했지만, 이는 6세기 이후의 일이다. 그 이전에는 악의 전문인들에 의한 작곡과 연주 활동이 없었을까. 불행하게도 우륵 이전의 가야의 악인들에 관한 기사는 전혀 없다. 그렇다고 우륵이 나올 때까지 여전히 가야에는 집단적인 주술악과 일상적인 민속악만 있었다고 볼 수는 없다. 같은 시기 다른 나라는 어떠한지 살펴보자.

처음 진나라 사람이 칠현금을 고구려에 보냈는데 고구려인은 그것이 악기라는 것을 알았으나 그 소리와 타는 방법을 몰라서 나라 사람들이 그것을 잘 아는 사람을 구하면 후한 상을 주겠다고 하였다. 그때 두 번째 재상인 왕산악이 그 본래 모습은 두고 그 법제나 만드는 법을 조금 고쳐서 백여 곡을 만들고 연주했다. 『삼국사기』 악지

익히 알려진 고구려의 왕산악과 거문고에 관한 기사다. 왕산악은 중국 진나라에서 보내온 악기를 약간 고쳐서 연주하고, 많은 곡을 작곡했다. 여기서 악기의 법제를 조금 고쳤다는 것은 아마 고구려 음악에 맞도록 수정을 가했다는 뜻일 것이다.[33]

요컨대 고구려에서는 개인이 악을 창작하고 연주하고 있었던 것이다.

---

33) 왕산악은 악을 전문으로 하는 계층이 아니라 재상이었다. '재상'이라는 것이 구체적으로 어떤 관직을 가리키는지는 잘 알 수 없지만 상위신분의 지배계층임에는 틀림없다.

이는 생업을 위한 악의 창작활동과는 거리가 있다. 하지만 악을 직업적으로 담당하는 전문계층도 있었으니, 귀족들을 위해 악을 연행하는 사람들이었다. 고구려가 정치적·군사적인 면에서뿐 아니라 악문화 면에서도 선진국이었던 것이다.

그럼, 가야사회와 상당 기간 동안 비슷한 발전과정을 걸었던 신라의 경우는 어떨까.

> 물계자는 …… 이에 머리를 풀고 거문고를 메고 사체산(어딘지 알 수 없다)으로 들어가 대나무의 기질을 슬퍼하며 거기에 빗대어 노래를 짓고, 계곡물 소리에 비겨서 거문고를 뜯고 노래를 만들고 숨어살면서 다시는 세상에 나오지 아니하였다. 『삼국사기』 열전 물계자 ; 『삼국유사』 피은 물계자

물계자는 내해왕 때의 소위 '포상팔국전쟁'에서 활약한 사람이다. 그는 두 차례에 걸친 전쟁에서 많은 공을 세웠음에도 태자에게 공을 빼앗겼고, 그것을 원망하지 않고 속세를 떠나 산으로 들어갔다. 홀로 세상을 등졌던 그와 함께한 것은 바로 자신이 늘 연주했던 거문고였다. 이 거문고가 고구려 왕산악의 거문고인지, 아니면 신라고유의 현악기를 지칭한 것인지는 분명치 않다. 주목할 것은 그 역시 상위신분층이었다는 사실이다.[34)]

그가 악기를 연주하고 노래를 만든 시기의 신라에는 아직 악문화에 종사하는 전문계층은 보이지 않는다. 하지만, 물계자처럼 생활에 여유가 있고 악기와 악곡을 이해할 만한 지식을 갖춘 지배층 가운데 악을 잘

---

34) 물계자가 상위신분이었다는 사실은 기록에 직접 나오지 않지만, 태자가 그의 공을 가로챘다고 한 사실이라든가, 그가 구사하고 있는 언어표현력이 학문을 익힐 수 있는 상위계층이 아니면 불가능한 것이기 때문이다.

연주하는 사람이 있었던 것이고, 이들에 의해 많은 곡들이 만들어졌던 것이다.

이 무렵 신라와 비슷한 발전단계를 거치고 있던 가야 역시 마찬가지였을 것이다. 기록이 없어서 악곡을 연주하고 작곡한 사람들의 이름이 나오지는 않지만, 악을 좋아하고 창작할 수 있는 수준의 인물들이 있었을 것이며, 바로 이러한 수준의 악문화의 바탕 아래 우륵이라는 악인이 성장했던 것이다.

(2) 가야금 제작

1) 가야금의 형태

삼국시대 악에 대해서 비교적 상세하게 전하고 있는 『삼국사기』 악지에는 가야금 제작에 대해서 다음과 같이 전하고 있다.

가야금은 중국악부의 쟁을 본떠서 만들었다. …… 가야금은 비록 쟁과 그 제도가 조금 다르나 대개는 비슷한데, 가야국의 가실왕이 당의 악기를 보고 그것을 만들었다.

위의 기록에서는 가야금은 가실왕이 중국의 쟁을 본떠서 만들었다고 전하고 있다. 가야금 하면 바로 우륵을 연상하나, 기록에는 그가 악곡을 만들고 연주하고 가르쳤다는 사실만 나올 뿐, 가야금을 만든 사람은 가실왕이라고 되어 있다. 물론, 왕이 직접 만들지 않고 아랫사람을 시켜 만들게 했다 해도 보통 왕의 업적으로 기록되는 만큼 실제로 가야금을 만든 사람은 우륵일 수도 있다. 하지만 뒤에서 설명하게 되겠지만 가실왕

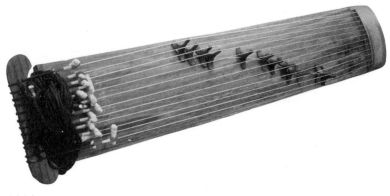

정악가야금

일본 쇼소인에 소장되어 있는 신라금의 실물 사진

이 만들었을 가능성도 있다.

　가실왕이 모방했다고 전하는 쟁이라는 악기가 어떻게 생긴 악기인지는 일반인들에게 잘 알려져 있지 않지만, 오늘날 전통악기 가운데 가장 대표적인 현악기 중 하나가 된 가야금은 어떻게 생겼는지 너무나 유명하다. 가야금의 원래 형태에 가장 가까운 것은 일본 쇼소인正倉院에 소장되어 있는 '신라금新羅琴'을 통해서 알 수 있다. 우륵이 신라에 가져간 악기가 나중에 일본으로 넘어가서 신라금이라고 불렸기 때문이다. 그리고 조선시대의 악 관련 책인『악학궤범』에도 가야금 형태에 대한 그림과 해설이 나와서 가야금의 원래 모습을 잘 보여주고 있다. 두 가지 가야금을 비교

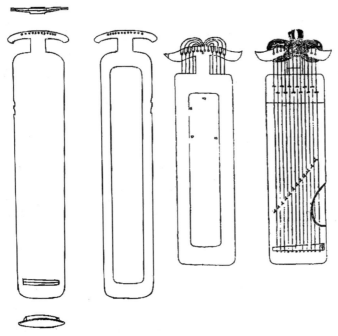

일본 쇼소인에 소장된 신라금(왼쪽)과 악학궤범의 가야금(오른쪽)의 도면

해보면, 일본 쇼소인에 소장되어 있는 금박장식의 '신라금'의 길이는
158cm, 폭 30cm고, 『악학궤범』의 가야금은 길이 5척 5분, 너비 1척으로
미터법으로 환산하면 길이 약 165cm, 폭 30cm 가량이 된다.[35] 척수의
오차를 감안한다면 두 가야금의 크기는 많이 다르지 않다고 할 수 있겠
다.

앞서 언급한 십현금이 길이 77.2cm, 너비 28.2cm로 길이가 짧고 줄이

---

35) 일본 쇼소인의 신라금은 모두 세 대가 있는데 크기가 조금씩 다르다. 각각 145.3cm,
153.3cm, 158cm의 길이를 가지고 있다. 이 중 어느 것이 가야의 원래 모습과 가까운지는
알 수 없으나, 마지막 것이 『악학궤범』에 나와 있는 것과 가장 근사하다. 오늘날의 가야금
은 개량되고 발전해서 몇 가지 종류가 되는데, 그 중 정악가야금이 『악학궤범』의 가야금
과 가장 닮아 있어 가야금의 원형을 가장 잘 보존하고 있다.

경주 미추왕릉 지구 출토 장경호에 장식된 현악기 연주 토우

고구려 무용총에 그려져 있는 거문고의 연주 자세. 한쪽을 기울여 땅에 대고 있다.

10개인 것에 비하면, 가야금은 이전의 고유현악기보다 거의 두 배 정도의 크기를 가졌다고 할 수 있다. 물론 고유현악기도 여러 가지 형태가 있기 때문에 크기를 단정해서 말할 수는 없다.

주목되는 것은 악기의 단면이다. 앞서 설명한 바, 고유의 현악기는 울림통이 상향하고 있고 연주 모습은 무릎에 수평으로 얹은 자세를 보이고 있다고 했다. 울림통이 위로 파여 있어서 소리가 위로 바로 공명되어, 연주자의 몸에 붙인 자세로 연주를 하더라도 공명에 지장이 없기 때문이다. 반면에 중국의 쟁箏을 모방한 가야금의 울림통은 하향이며, 악기의 한쪽을 땅에 대고 다른 한쪽을 무릎에 얹어 비스듬하게 연주한다. 중국의 악기를 받아들여 수정해서 연주한 거문고의 연주 자세도 같다. 즉 울림통이 아래에서 위로 패여 있어서 공명이 아래로 일어나므로, 몸에 부착시켜 연주하면 소리가 몸에 흡수되어 버린다. 그래서 악기를 땅에 비스듬히 대고 연주하는 것이다. 이 점은 고유현악기와 외래현악기의 주요한 차이점이라고도 할 수 있다.

우륵이 6세기 후반까지 신라에서 활동하였으므로 가야금은 늦어도 6세기 초반경에는 제작된 것으로 보고 있다. 고유의 현악기가 가진 한계를 극복하고 중국의 것을 모방하여 만들어진 가야금은 복잡한 구조와 형태를 가진 악기에 속한다. 이러한 악기를 제작한다는 것은 상당한 수준의 문화적인 바탕이 마련된 이후에 가능한 일이다.

2) 가야금에 깃든 우주

부현이 이르기를 위가 둥근 것은 하늘을 상징하고, 아래가 편평한 것은 땅을 상징한다. 가운데가 비어 있는 것은 천지사방을 비유한 것이며, 줄과 괘는 열두 달을 모방한 것이다. 이것이야말로 어질고 지혜로운 악기다. 완우가 말하기를 쟁의 길이는 6척인데 율律의 숫자에 맞춘 것이고, 줄이 12인 것은 사계절을 본뜬 것이고, 괘의 높이가 3촌寸인 것은 삼재三才(하늘, 땅, 사람)를 상징하는 것이다. 『삼국사기』 악지

위의 기록은 가야금이 모방하고 있는 중국의 쟁에 관한 부현의 설명이다. 이것은 악기 속에 내재된 관념체계이면서 그 당시인들의 관념이기도

했다. 어떠한 관념인지 구체적으로 살펴보자.

첫 번째, 가야금의 형태 속에 나타나는 우주관이다. 즉 아래가 편평하고 위가 둥글고 속이 비어 있는 가야금의 형태는 당시 사람들이 생각하고 있던 우주의 모습이었던 것이다. 즉 하늘은 둥글고 땅은 편평하며, 천지 사방은 비어 있는 것이 우주라고 생각했던 것이다. 수억 광년 크기의 무한히 넓은 우주 속에 지구는 태양계의 조그만 별에 불과하다는 것을 알고 있는 현대인의 우주관과는 그야말로 하늘과 땅만큼이나 차이가 큰 관념이다.

두 번째는 열두 줄로 표현된 시간관이다. 시간을 1년 열두 달, 사계절로 구분하고 있는 것이다. 1년 열두 달이라고 하는 것은 너무나 당연한 사실이라고 생각하겠지만, 실제로 달은 1년에 열두 번 이상 돌아간다. 그럼에도 1년을 열두 달로 정한 것은 오랜 기간 달에 대한 관찰을 거친 결과일 것이니 바로 태음력의 성립과 관계가 있다. 한편 1년을 사계절이라 한 것은 달의 변화가 아닌 태양에 따른 변화 즉 태양력에 기준을 둔 개념이다. 즉, 양력과 음력의 조화된 시간관이 가야금의 열두 줄로 표현된 것이다.

세 번째는 괘의 길이 3촌이 상징한 3재에 대한 개념이다. 3재는 하늘과 땅, 사람을 가리키는데 이것은 고대인이 생각하고 있었던 우주와 인간과의 관계를 보여주고 있다. 하늘과 땅 그리고 '다른 무엇'이 아니라 '사람'이라고 보았던 것은, 천하에 가장 소중한 것으로 하늘과 땅, 그리고 사람을 꼽았던 때문이라고 하겠다.

네 번째는 6율을 상징하는 6척이라는 길이이다. 후술하겠지만, 전통악에서 표현하는 소리 중 '양'에 해당되는 것이 '율'이다. '율' 외에 음에 해당되는 '여'도 있는데, 역시 6음으로 이루어져 있다. 따라서 6이라는 숫자를 내세운 것은 음계를 표현하는 상징적인 숫자였기 때문이며 이는 '음양'에 대한 이해와도 관계있는 것이다.

가실왕이 중국의 쟁을 모방하여 가야금을 만들었을 때는 단순히 그 악기 형태 자체만 모방한 것은 아니다. 적어도 악기 속에 반영된 우주관과 시간관, 그리고 인간과 악에 대한 이해를 함께 받아들였던 것이라고 하겠다. 즉 쟁에 포함된 관념체계는 그대로 가야금에도 반영되었던 것이고, 가야인들 역시 같은 우주관과 시간관을 가지고 있었다는 사실을 반영한다고 하겠다.

3) 가야금을 만든 기술

가야금을 만드는 데는 여러 가지 정교한 기술을 필요로 한다. 가야금을 만드는 방법은 『악학궤범』에 잘 나와 있다.

가야금 만드는 법을 보면 오동나무로 만드는데, 장식목과 옻칠한 끝부분은 거문고와 같다. 대개 장식들은 아교를 쓰지 않고 붙인다. 양이두는 끝 부분에 끼우고 과지는 줄 끝에 매단다.

언뜻 보면 간단한 작업 같지만, 상당한 기술적 진보가 있어야만 가능한 작업들이다. 어떤 기술들인지 자세히 살펴보자.

첫 번째, 목재가공기술이다. 나무를 다듬고 마름질하여 속을 파내어서 울림통을 만들고, 따로 장식목들을 만들어서 접착제를 사용하지 않고 서로 잇대어 정교하게 붙이는 기술이다. 나무를 정교하게 다듬기 위해서는 다양한 철제공구가 필요하다. 따라서 목재가공기술은 가야의 철제기술의 발전과 궤를 같이하는 것이라 하겠다.

두 번째는 현의 원료가 되는 실을 만드는 제사기술이다. 12가지 음의 높낮이를 섬세하게 표현해 내는 현을 만드는 것은 섬유제작기술의 발전과도 관계가 있다. 현의 원재료가 되는 명주섬유를 짜는 기술은 3세기 이전부터 있었다. 그리고 고고발굴에서 출토되는 섬유조각들은 가야의 섬유제작기술과 제사기술의 발전을 뒷받침하는 물증자료라고 할 수 있을 것이다. 바로 이러한 기술적 토대 위에 현악기의 섬세한 현을 만들어 낼 수 있었던 것이다.

세 번째는 도량형의 발달이다. 정밀한 도량형은 악곡과 악기의 제작에 필수적인 요소다. 소리의 높낮이나 강약을 표현하기 위해서는 사물의 정확한 측정이 필요하다. 가야에는 이미 정밀한 수치에 대한 감각이 있었다는 사실을 고령 지산동 32호분 출토 금동관을 통해서 알 수 있다. 금동관의 선분비線分比는 '황금분할'이라고 불릴 만큼 인간의 심미안을 만족시키는 이상적인 선과 면의 분할로 알려져 있다. 정확한 선분비를

금동관

할 수 있었다는 사실에서 대가야의 정밀한 도량형의 발달을 볼 수 있거니와, 가야금의 제조도 이러한 정밀한 도량형이 뒷받침되어서야 가능한 것이었다.

가야보다 훨씬 선진적인 악문화를 구가하고 있었던 고구려에서조차 중국으로부터 들어온 거문고를 개량한 뒤 악곡을 만들어 연주하

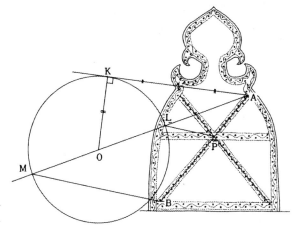

금동관의 선분비가
황금분할임을 증명한 작도

는 선에서 그쳤다. 하지만, 가야금은 비록 중국의 쟁을 모방했지만 가야
에서 독자적으로 만든 악기였다는 점에서 가야의 발달된 기술문화와
가야인들의 음악에 관한 관심을 짐작할 수 있게 하는 것이다.

(3) 가실왕과 우륵 12곡

　기록에 따르면, 가야금을 만든 사람은 가실왕이고 그가 우륵에게 명을
내려 악곡을 짓게 하였다. 그럼 이 가실왕은 어떤 왕이었으며 악에 대해
서는 어느 정도 이해를 하고 있었을까.

　가실왕이 가야의 어느 왕을 가리키는가에 대해서는 여러 가지 설이
있다. 금관가야의 겸지왕 혹은 취희왕(질가왕)으로 보는 설과 『남제서』
에 나오는 가라국 하지왕과 동일인으로 보는 설이 있다. 가실왕의 명을
받았던 우륵이 대가야 사람이라는 것은 의심할 여지가 없으므로 가실왕
이 금관가야의 왕이라는 사실은 설득력이 없다고 하겠다. 그렇다면 479
년에 남제에 사신을 보냈던 하지왕으로 보는 설은 어떨까.

가야금이 중국악기의 영향을 받아 만들어졌으므로 대가야와 남제의 통교 사실이 가야금 제작과 큰 관계가 있음은 부정할 수 없다. 그런데 가야금을 만든 시기가 대략 6세기 초반이고 우륵이 6세기 후반까지 활동했다는 사실을 감안하면 479년의 하지왕이 가실왕일 가능성은 희박하다고 하겠다.

그렇다고 할 때 가실왕은 하지왕 이후의 왕으로 보는 것이 자연스럽다. 혹 하지왕의 아들이었다면 어떨까. 그렇다면 5세기 후반 하지왕대에 가실은 태자의 신분이었을 것이다. 가실태자는 부왕의 활발한 대외적 활동과 함께 선진 외래문물의 수용을 직접 경험할 수 있었을 것이다. 바로 그러한 배경 하에서 악과 악기에 대한 이해와 그에 필요한 학문적 소양을 쌓을 수 있었을 것이다. 가실왕이 악기에 대한 안목을 가지고 있었다면, 가야금을 제작하는 데에도 가실왕이 직접 참여했을 가능성을 배제할 수 없다. 가야금과 악곡을 제작할 수 있는 문화적 기반을 조성하게 한 것은 가실왕의 악에 대한 관심과 정치적 능력에 의한 것이라고 생각되기 때문이다. 다음 기사에서 가실왕의 악에 대한 인식을 더 분명하게 볼 수 있다.

왕이 이르기를, 제국의 방언이 각각 그 소리내는 것이 다르니 하나로 할 수 없겠는가 하고 악사인 성열현 사람 우륵으로 하여금 12곡을 짓게 했다. 우륵이 만든 12곡은 첫 번째는 하가라도下加羅都, 두 번째는 상가라도 上加羅都, 세 번째는 보기寶伎요, 네 번째는 달이達己요, 다섯 번째는 사물思勿 이요, 여섯 번째는 물혜勿慧요, 일곱 번째는 하기물下奇物이요, 여덟 번째는 사자기師子伎요, 아홉 번째는 거열居烈이요, 열 번째는 사팔혜沙八兮요, 열한 번째는 이사爾赦요, 열두 번째는 상기물上奇物이다. 『삼국사기』 악지

위의 기록에서 볼 수 있듯이 가실왕은 가야 제국諸國의 악들을 모아 지역 방언을 극복하고 일원화시키고자 우륵으로 하여금 12곡을 짓게 하였다. 12곡 중 10곡이 가야의 지명地名인데, 국가의례에서 각 지역과 관련된 악을 연주하는 것은 바로 그 지역에 대한 지배의식의 관념적인 표현이다. 가실왕이 가야 제국의 이름을 소재로 악을 만들어 연주하게 한 것은 대가야의 가야지역 전체에 대한 패권의식이 자리잡고 있었기 때문이다. 악을 통해서 대가야의 정치적 우위권을 표현하려고 했던 가실왕은 예악禮樂의 기능까지 이해하는 왕이었던 것이다.

그렇다면 가실왕의 명령에 따라 12곡을 만든 우륵은 어떤 인물이었을까. 악곡의 제작을 구체적으로 분석하면서 살펴보자.

먼저, 악곡을 만들기 위해서는 소리의 장단長短(리듬)과 고저高低(가락) 및 경중輕重(강약)지법 등 악에 대한 기본적인 이해는 물론, 이를 표기하기 위해 음율에 의거하여 정확하게 표현해 낼 수 있어야 한다. 보이지 않는 소리를 기호화하기 위해서는 이를 추상화시켜 분류하고 실체화시키는 작업이 필요하며, 그것은 실재하는 악기에 대한 이해를 바탕으로 할 때 가능한 것이다.

또한 악곡에는 반드시 가사가 따르게 마련인데, 가사를 만드는 것 역시 쉬운 일이 아니었다. 중국의 경우 가사는 음양오행설에 입각하여 만들어졌다. 즉 주역周易에 관한 이해를 바탕으로 하여 이를 운율에 맞게 시詩로 만들어 내는 작업을 통해 가사가 만들어졌던 것이다. 가야의 언어와 중국어가 달랐으므로 우륵 12곡 역시 음양오행설에 근거해서 가사가 표현되었는지는 알 수 없으나, 우륵이 작사의 기본적인 요건은 이해하고 있었을 것으로 생각된다.

가사뿐 아니라 곡조 즉 멜로디의 표현도 음양과 관계있다. 앞서 언급한

'율'과 '여'가 바로 그것인데, 가야금의 길이와 관련해서 설명한 '율'과 '여'는 오늘날로 말하면 음계와 같은 것이다. 그런데, '율'은 양의 소리를, '여'는 음의 소리를 나타내므로 음양에 대한 이해를 전제하지 않고서는 곡조를 만들 수가 없다.

그리고 가사의 내용은 의례와 관계된 것이거나, 역대 왕과 그 치세에 대한 찬양으로 구성된 것이 대부분이었다. 이는 노래가사를 짓는 데에 국가의례의 절차 및 규범과 왕실역사에 대한 이해가 있어야 가능하다는 것을 말한다. 우륵 역시 이러한 지식들을 갖추고 있었을 것이다. 우륵이 지은 12곡은 각국의 방언으로 된 것을 일원화시킨 것이었으므로, 지역의 음악을 기본 테마로 하여 가야금곡으로 편곡하고 대가야국왕의 치적을 찬양하는 가사로 바꾸었다고 보인다.

한편, 우륵 12곡에는 불교적인 색채도 들어 있다. 12곡 중 여덟 번째 악곡인 사자기는 불교사원에서의 장례나 법회에 쓰이던 사자춤을 가리 킨다. 가야에 이미 불교가 들어와 있었다는 사실은 여러 가지 자료들을 통해서 알 수 있다. 우륵 역시 불교를 접했고, 불교의식에 대한 이해를 하고 있었다고 볼 수 있는 대목이다.

또한 외래적인 요소도 포함되어 있다. 세 번째 악곡인 '보기'의 경우, 백제의 '농주지희弄珠之戲'나 신라의 '금환金丸놀이'같이 공을 가지고 노는 기예놀이로서 서역으로부터 전해진 것이다. 대가야의 경우, 백제나 중국 남제를 통해서 이러한 놀이를 받아들였을 것으로 추정되는데, 어떠한 형태의 놀이인지는 고구려 고분벽화를 참조할 수 있다. 위에서 언급한 '사자기' 역시 당시 중국을 비롯한 여러 나라에서 연희되던 '기악'의 하나 로서 중국의 서남쪽 천축국에서 유래한 악곡이라고 알려져 있다. 우륵 12곡에서 보이는 이러한 외래적 요소들은 가야의 개방적인 문화성격을

고구려 귀족들 앞에서 놀이하는 사람들. 왼쪽에서 두 번째가 '보기'와 같은 종류의 공놀이. 수산리 고분 안칸 서벽 모사도

잘 보여주는 것이며, 우륵의 외래문화 수용능력을 보여주는 것이라고도 하겠다.

악곡을 만들었던 우륵을 단순한 기능인이 아닌 지식인이었다고 하는 것도 당대의 문화를 대변할 수 있는 학문적·기술적 소양을 함께 갖추고 있었기 때문이었던 것이다.

우륵과 함께 소개되고 있는 니문이라는 인물도 주목된다.

니문泥文이 만든 세 곡은 첫 번째는 까마귀요 두 번째는 쥐요, 세 번째는 메추라기다. 『삼국사기』 악지

이 니문은 우륵의 제자로서 역시 악곡을 만든 가야의 전문악인이었다. 가야가 멸망하지 않았다면, 우륵의 뒤를 이어 악사가 될 수 있었을 법한 인물이다. 니문이 만든 세 곡의 제목을 보면, 첫 번째 곡은 까마귀, 두 번째 곡은 쥐, 세 번째는 메추라기다. 동물의 모습을 악곡으로 표현한 것 같은데, 생상의 '동물의 사육제'를 연상시키는 재미있는 곡들이 아니었나 생각된다.

(4) 우륵의 망명

1) 망명 이유

대가야에서 악사로 활동하던 우륵이 돌연 악기를 들고 신라로 망명해 버린다. 망명을 한 이유에 대해서는『삼국사기』에서 말해주고 있다. 나라가 장차 어지러워지므로 진흥왕에게 투항했다는 것이다. 혹시 대가야에서 우륵을 제대로 대우해 주지 않았던 것은 아닐까.

우륵은 오늘날의 의령지역인 성열현 출신이었다. 가야에서도 중앙이 아닌 지방출신인 것이다. 그렇다고 해서 평민이나 천인 출신이었다고는 보기 어렵다. 학문과 음악적인 소양을 닦을 수 있기 위해서는 기본적인 생활보장이 되어 있는 계층이라고 봐야 하기 때문이다. 그런 의미에서, 우륵은 지방의 상위계층 출신이라고 보는 것이 무난할 것이다. 그리고, 우륵이 대가야 왕실로부터 받았던 대우도 결코 낮지 않았다.

『신증동국여지승람』에 따르면, 우륵이 공인들을 데리고 가야금을 익히고 연주하던 '가야금계곡[琴谷]'이라는 곳이 있었다고 한다. 공인들은 오늘날로 말하면 악기를 연주하는 악단 같은 것이다. 즉 가실왕이 우륵으로 하여금 악단까지 거느리게 하여 가야금을 연주하고 작곡하는 데 몰두할 수 있는 환경을 제공한 것이라고 하겠다. 그리고 개인적으로 자신의 음악을 전수할 니문이라는 제자도 있었다. 작곡, 연주에 제자까지 양성할 수 있었으니 악인으로서는 최선의 환경이었던 것이다.

그럼에도 불구하고 망명을 하고 말았는데, 그 이유는 '나라가 어지럽다[國亂]'는 것이었다. 6세기 중반 백제·신라의 가야에 대한 압박이 현실화되는 가운데 가야 제국의 자구노력이 실패로 돌아갔고 가야의 여러 소국들은 각기 앞날을 예측할 수 없는 암울한 상황에 처해 있었다. 거기에다 대가야 내부의 기강마저 문란해지고 외래적 위협에도 둔감해져 있었다. 대가야의 기강이 어느 정도 해이했는지는 다음 기록을 통해서 알 수 있다.

이사부가 …… 거도의 모의를 모방하여 말놀이로 가야(가라라고도 한다)국을 빼앗았다. 『삼국사기』 열전 이사부전

진흥왕이 이찬 이사부에게 명하여 가라를 습격하게 했다. …… 그 나라 경계에 다다라서 사다함은 원수元帥에게 청하여 휘하의 병사들을 거느리고 먼저 전단량으로 들어갔다(전단량은 성문 이름이다. 가라어로 문을 양이라 한다). 그 나라 사람들이 뜻하지 아니한 병사들이 갑자기 들이닥치니 놀라서 방어하지 못했고 대군이 이를 틈타 드디어 그 나라를 멸망시켰다. 『삼국사기』 열전 사다함전

위의 기록은 가야를 멸망시키는 데 활약을 하였던 신라의 이사부와 사다함에 관한 기록에 나오는 내용이다. 그들이 대가야를 멸망시키고자 선택한 작전은 오래 전 신라의 거도라는 장수가 소국을 정벌할 때 썼던 것이다. 정복할 국가의 주변에서 말놀이를 하는 척하다가 갑자기 기습을 하여 나라를 멸망시켜 버리는 작전이다. 대가야인들은 처음에는 변경에서 말타는 신라병사들을 경계의 시선으로 바라봤지만 매일같이 말놀이가 계속되자 나중에는 그냥 습관적으로 구경하고 있었다. 그러다가 갑자기 도성 안으로 침략해 온 신라군에게 가야는 멸망을 당하고 만 것이다.

대가야인들은 자신들을 정복하고자 하는 야욕을 가지고 있는 신라의 의도를 제대로 읽어내지도 못했으며, 적군이 주변에서 위험한 게임을 하고 있는데도 불구하고 이를 물리치기는커녕 구경만 한 것이다. 이렇게

해이해진 대가야의 기강을 본 우륵은 나라가 어지럽다고 판단하고, 더 이상 자신의 나라에 미련을 두지 않고 떠나간 것이다.

2) 신라에서의 우륵

자신의 나라를 떠나 신라에 온 우륵은 어떠했을까.

> 우륵이 그 나라가 장차 어지러워지므로 악기를 들고 신라 진흥왕에게 투항하였다. 왕이 그를 받아 국원에 안치하고 이에 대나마 주지·계고·만덕을 보내어 그 업을 전하게 하였다. …… 왕이 그것을 듣고 크게 기뻐하였다. 간하는 신하가 의논하여 아뢰기를 "가야의 망국음악을 취할 수 없다." 왕이 가로되 "가야왕이 음란하여 스스로 멸망했으니 악이 무슨 죄가 되리오." 대개 성인이 악을 만든 것은 인정人情에 연유하여 법도를 지키도록 삼은 것이니 나라의 다스림과 어지러움은 음조에 유래하는 것이 아니니라 하고 마침내 대악大樂으로 삼았다. 『삼국사기』 악지

신라에 온 우륵은 진흥왕의 배려로 여전히 악사로서 활동할 수 있었다. 악곡을 만들어 왕 앞에서 연주하기도 하고, 왕으로부터 명을 받은 제자들에게 악을 전수하기도 했다. 제자들 가운데는 자신이 가야에서 떠나올 때 함께 왔던 니문도 포함되어 있었다.

신분적으로도 상당한 대우를 받았다. 그에게 악을 전수받던 세 명의 제자 중 주지와 계고는 대나마였고, 만덕은 대사로서 모두 11등급 이상의 관등 소지자였으므로, 이들의 스승인 우륵은 그 이상의 신분적 대우를 받았을 것이다.

하지만 망명인으로서의 한계도 있었다. 우륵이 국원(오늘날 충주)으로 '안치'되었다는 사실은 행동반경에 제한을 받고 있었음을 보여주는

것이다. 다시 말하면 우륵은 신라의 왕으로부터 그 재능과 신분은 보장받았으나 죽을 때까지 그는 이방인일 수밖에 없었으며, 완전한 신라인으로서의 삶은 불가능하였던 것이다.

3) 12곡에서 5곡으로

우륵이 악인으로서 최고의 영예를 얻게 된 것은 그의 악이 신라의 대악으로 지정된 때문이다. 그러나 그가 전수한 12곡 그대로는 아니고 그 제자들에 의해 12곡이 5곡으로 정리되어 신라의 대악으로 지정되었다. 대악은 바로 국가의례 때 사용된 공식 악이었다. 『삼국사기』에는 우륵의 12곡이 '번잡하고 음란하여 아정하지 못한' 때문에 5곡으로 바꾸었다고 설명하고 있다. 추측컨대, 바뀐 것은 곡조뿐 아니라 가사 역시 대폭 달라졌을 것이다. '번잡하고 음란하여 아정하지 못하다'는 것에 대해 음악사를 연구하는 한 학자는 빠르고 복잡하며 감정을 지나치게 드러낸 것을 뜻한다고 해석하기도 한다. 아마, 요즘의 록이나 힙합 같은 음악에 대해 기성세대가 받는 느낌과 비슷했으리라고 보았던 것 같다.

그럴 수도 있겠지만, 당시의 역사적 상황과 관련지어 볼 때 이것은 다분히 신라의 정치적인 의도와 관련이 깊은 것으로 생각된다. 우륵 12곡과 가야금은 가야 각국의 주악으로 대가야 연맹을 기념하는 악곡과 악기이며, 악을 매개로 한 정치이념의 표현이다. 국가의례에서 각 지역과 관련된 악을 연주하는 것은 바로 그 지역에 대한 지배의식의 표현인 것이다. 고대 중국에서 주변 제국의 악을 연행하게 한 것과 상통한다고 하겠다.

이러한 악의 연주에서 보이는 지배관념은 반드시 실질적인 정치권과는 일치하지 않을 수도 있다. 고대 중국이나 일본에서도 국가적 의례를 행할 때 이미 멸망하여 더 이상 존재하지 않는 나라들의 악까지 연주하는 경우를 볼 수 있는데, 이것은 의례악이 관념적·상징적인 지배의식을 바탕으로 하고 있음을 반영하는 것이다. 가실왕이 가야 각 소국의 이름을 소재로 악을 만들어 연주하게 한 것도 대가야의 패권의식이 관념적으로 자리잡고 있었기 때문이거니와, 우륵 12곡이 대가야의 직접적인 지배지역과는 일치하지 않는 것도 바로 그러한 이유 때문이라고 생각된다.

신라에서 재창작된 5곡도 역시 그와 무관하지 않다고 보인다. 즉 신라가 새로이 가야악을 고쳐서 대악으로 삼은 것은 신라의 지방지배의식의 한 표현이었던 것이다. 진흥왕 13년, 상·하주에 정이 설치되고, 정제停制가 지방제로서의 주제州制와 결합되면서 명실상부한 신라적인 천하관이 자리잡았고, 진흥왕 17년에 사방군주제가 완성을 보게 된다. 우륵 12곡을 5곡으로 바꾸어 대악으로 삼은 것은 바로 신라의 천하관, 즉 중앙과 사방의 다섯 주가 확립된 것과 관련있는 것이 아닌가 한다. 신라의 5곡은 바로 진흥왕의 통치권 하에 들어온 지역을 대표하는 악으로서 왕의 치적을 찬양하는 내용이었던 것이다.

중요한 것은 신라의 진흥왕이 가야악의 우수성을 인정하고 받아들였다는 사실이다. 이것은 가야가 신라에게 무력적으로는 패배를 당하지만, 가야인들이 이루어 낸 악문화의 우월성은 인정받았다는 것을 의미한다.

비록 정치군사적으로는 신라가 가야를 제압해 가는 단계에 있었지만, 내적인 문화축적 면에서는 가야가 신라를 능가하는 면이 있었다는 것을 말하는 것이다. 다만, 현실적인 국력의 쇠약이 이를 제도적으로 양성할 수 있는 사회적 여건을 형성시키지 못했고, 기강이 문란해진 가야왕실은 더 이상 이를 해결할 수 있는 여력이 없었던 것이다. 악인 우륵이 가야에 더 이상 미련을 갖지 않고 신라로 망명한 이유도 바로 여기에 있는 것이다.

4) 우륵과 가야문화

『임나흥망사』를 정리한 일본학자 스에마쓰 야스카즈末松保和는 가야의 문화를 신라·백제와 비교해서 저급한 수준이라고 규정했다. 하지만 문화를 상대적인 비교를 통해 그렇게 쉽게 규정하는 것은 마치 중국의 중심문화와 한국의 일반문화를 상대평가하여 한국문화를 비하하는 것과 같은 시각일 수 있다. 개별문화는 각기 나름대로의 관점이 있고, 주관적인 장점이 존재하기 때문이다.

가야금은 다른 문화의 어떤 것과 비교해도 결코 뒤지지 않는 가야문화의 정수다. 가야금을 제작할 수 있었던 것은 가야의 기술, 문화, 학문수준을 대변하기 때문이다. 이러한 문화적 바탕 위에 우륵은 악곡을 만들 수 있었으며, 악곡을 만드는데 필요한 폭넓은 학문적 식견을 쌓을 수가 있었던 것이다.

우륵을 '비겁한 인물'이라고 표현한 것은 단지 작금의 역사적 기록을 통해 비치는 그의 모습일 뿐이다. 사실은 그가 어떠한 갈등과 어떤 실천적 행동 끝에 망명을 결정했는지를 알려주는 구체적인 기록은 없기 때문이다. 분명한 것은 그가 시대의 질곡 속에서 자신의 재능과 판단을 통해, 가야의 음악과 악기를 오늘날까지 전하게 한 장본인이라는 사실이다.

후기_ 가야 멸망에 대한 단상

  역사 속의 모든 왕조가 그러했듯이 가야도 멸망했다. 이로써 가야라는 국호는 역사 속으로 사라지고, 왕실은 해체되었으며, 가야인이라는 의식을 가지고 저항한 백성들은 노비로 잡혀가거나 강제적으로 자신의 터전을 떠나야 했다. 그리고, 남은 사람들은 이제 가야인이 아닌 신라인으로서 의무를 충실히 이행해야 하는 새로운 시대를 살아가게 된 것이다.

  가야가 중앙집권화된 고대율령국가로 성장하지 못하고 도중에 멸망하고 만 이유에 관해서는 이미 선학들의 연구에서 지적된 바 있다. 소국별로 힘이 분산되어 서로가 견제하고 있었다는 것, 유력한 해운조건을 상실한 것, 신라·백제의 압박, 중앙집권화의 실패 등이다. 모두 타당한 지적들이라고 할 수 있다. 하지만 보다 근본적인 요인은 가야의 지형적인 조건에서 찾아진다.

  가야는 한반도의 척추 역할을 하는 백두대간의 남쪽 자락에 위치하고 있다. 이 책에 인용한 지도에서 유달리 백두대간을 강조한 것은 가야의 지형조건을 쉽게 전달하고자 한 것이다. 지도에서도 파악이 되었듯이 가야는 일부 지역을 제외하고는 대부분 산간지형에 위치하고 있었다. 여기서 산간지형이라 함은 척박함이 아니라 산좋고 물좋은 곳이다. 답사를 가보면 이 지역이 얼마나 안정적으로 자연혜택을 받고 있는지 알 수 있다.

　본문에서 언급했지만, 제방공사가 제대로 되어 있지 않았던 고대의 농업조건은 넓은 평야보다 얕은 계곡과 구릉지가 천수답을 일구기에 좋은 곳이었다. 다시 말하면 가야의 지형은 산록의 풍성한 자연과 계곡수를 이용하여 별 어려움 없이 기본적인 생활을 유지하며 살아갈 수 있는 환경조건을 갖추고 있었다. 그 속에서 저마다의 공동체문화를 만들고, 심성좋고 여유있는 풍속을 만들어 나가기에는 최선의 조건이었던 것이다.

　한반도에 수없이 존재했던 정치체들의 대다수가 강대국에 의해 사라져 가고 있을 때에도 가야소국들이 6세기 중반까지 독립정치체로서 존속할 수 있었던 것도 그들이 가지고 있었던 문화적 저력 외에 이러한 지형적 조건에도 힘입은 바 컸다. 대가야가 5세기 후반 중국까지 사신을 보낼 수 있었던 것 역시 내륙산간지역에서 안정된 성장을 할 수 있었기 때문이다.

　하지만 이렇게 자족할 수 있는 산간지형조건이 보다 큰 세계로 나가려는 의지를 갖게 하는 데에는 부정적으로 작용했던 것으로 보인다. 상호간 교류의 장애요인이 되었을 뿐 아니라, 사람들의 의식도 보수적으로 묶어두었으며, 자신들의 믿음과 사고에서 벗어나기 어려운 한계성을 가지게 하였던 것이다.

　가야를 오랫동안 존속시킨 지형적 조건이, 역으로 더 이상 발전하기 어려운 한계를 제공하기도 했던 것이다. 결국 가야의 존속과 발전은 지형조건을 얼마나 극복하느냐에 달려 있었고, 결과적으로 이를 극복하지 못함으로써 멸망했다고 하겠다. 살아가는 데 가장 장점으로 작용한 조건이 결국 새로운 도약을 하는 데는 장애요소가 되었다는 사실은 시사하는 바 크다.

가야의 멸망과 관련해서 또 하나 생각해 볼 수 있는 것은 대가야와 성주 벽진(성산)가야와의 불화다. 본문에서도 언급했지만, 성주지역은 3세기까지만 해도 가야(변진)권에 속해 있었다. 5세기 이후에도 성주지역의 묘제를 보면 대가야와 같은 수혈식 석곽묘를 채용하고 대량으로 토기를 부장하고 순장하는 습속 등도 있어 가야와 닮은 점이 많다. 즉 같은 문화적 조건을 공유하고 있었던 것이다.

그런데 어떤 이유에서인지 성주에서 출토되는 토기는 거의 신라토기 양식이며, 대가야토기는 전혀 출토되지 않고 있다. 이것은 벽진(성산)가야의 주요 교류대상이 신라였다는 사실을 말한다. 토기양식으로 판단할 때 벽진(성산)가야와 대가야는 서로 인근에 있으면서도 정치적 교류가 없었을 뿐 아니라 사이도 나빴던 것 같다. 성주지역에 전해 내려오는 전설 중에 대가야의 왕자가 붙잡혀 왔다는 내용이 있는데 이것도 그러한 상황을 반영해 주고 있다.

서쪽으로 백두대간과 호남정맥이 대가야의 진출을 부자유스럽게 했다면, 동쪽으로는 낙동강 동안을 차지한 신라가 버티고 있었고, 거기에 성주세력과의 불화로 북쪽마저 단절되고 있었던 것이다. 남쪽 해안지대가 잠식되면 가야는 고립무원이 되는데, 실제로 그 과정을 거치면서 대가야는 멸망의 길을 걸었다.

역사에서의 가정이란 부질없는 것이지만 그래도 일말의 아쉬움에서 약간의 사적인 상상력을 동원하여 가정해 본다면, 만일 대가야가 성주의 벽진(성산)가야와 연합했다면 낙동강 중상류를 거슬러 올라가며 크고 작은 읍락들을 규합할 수 있는 길이 열렸을 것이다. 그렇다면 신라보다 일찍 백두대간을 넘을 수 있었을 것이고, 오히려 백제와 신라를 단절시키며 신라를 서북쪽에서 압박할 수도 있었을 것이다. 하지만 대가야와 벽진(성산)가야와의 교류가 단절됨으로써 벽진가야는 신라와 더 가까워지고 종국에는 신라권으로 들어가 버림으로써 대가야는 신라의 진출을 더 가깝게 용인하는 결과를 낳았다.

멀리 있는 적보다 가까이 있는 이웃이 더 미울 때가 있는 법이다. 그렇다 해도 대가야와 성산가야의 예는 그 미운 이웃이 그저 남이 아니라 자신과 운명을 같이하는 공동체일 수 있다는 사실을 시사하는 것이 아닐까.

참고문헌

1. 사료

「광개토왕비문」

『삼국사기』

『신증동국여지승람』

『삼국지』

『송서』

『남제서』

『양직공도』

『일본서기』

『신찬성씨록』

「고구려고분벽화」

『악학궤범』

『해동역사』

『후한서』

『위서』

『수서』

『양서』

『풍토기』

2. 발굴보고서

조선총독부, 『경상북도 선산군 · 달성군 · 고령군 · 성주군 · 김천군 · 경상남도
　　함안군 · 창녕군조사보고(대정6년도고적조사보고)』, 1920.

고령군, 『대가야고분발굴조사보고서』, 1979.

계명대학교박물관, 『고령지산동 고분군』, 1981.

동아대학교박물관, 『김해부원동유적』, 1981.

부산대학교박물관, 『김해 수가리패총』, 1981.

동아대학교박물관, 『합천삼가고분군』, 1982.

부산대학교박물관, 『부산동래복천동고분군 I 도면 · 도판』, 1982.

부산여자대학교박물관, 『산청중촌리고분군』, 1982.

부산대학교박물관, 『동래복천동고분군 I 본문』, 1983.

전영래, 『남원월산리고분군발굴조사보고』, 원광대학교마한백제문화연구소, 1983.

계명대학교박물관, 『고령고아동벽화고분 발굴조사약보고』, 1984.

부산여자대학교박물관, 『창원삼동동옹관묘』, 1984.

국립진주박물관, 『거창말흘리고분』, 1985.

부산대학교박물관, 『김해예안리고분군(I)』, 1985.

부산직할시립박물관, 『부산노포동고분』, 1985.

경상대학교박물관, 『합천옥전고분군 1차발굴조사개보』, 1986.

부산대학교박물관, 『함양백천리1호분』, 1986.

창원대학교박물관, 『가야문화권유적정밀조사보고서 - 창원시·마산시·의창군·의령 - 』, 1986.

국립진주박물관, 『합천반계제고분군』, 1987.

경북대학교박물관, 『합천저포리 D지구유적 - 합천댐수몰지구발굴조사 5』, 1987.

경상대학교박물관, 『합천중반계분묘군』, 1987.

동아대학교박물관, 『합천창리고분군』, 1987.

부산대학교박물관, 『합천 저포리 E지구 유적조사보고』, 1987.

영남대학교박물관, 『합천 저포리 고분A지구발굴조사보고』, 1987.

창원대학교박물관, 『가야문화권유적정밀조사보고서 - 산청군·함양군』, 1987.

창원대학교박물관, 『창원도계동고분군 1』, 1987.

추연식, 「함안 도항리 가야고분군 발굴조사예보」『영남고고학』 3, 1987.

효성여자대학교박물관, 『합천저포리 C·D지구유적』, 1987.

계명대학교박물관, 『개관10주년기념 성주성산동고분특별전도록』, 1988.

경상대학교박물관, 『합천옥전고분군 I』, 1988.

동의대학교박물관, 『대야리주거지 I』, 1988.

부산대학교박물관, 『부산노포동유적』, 1988.

부산직할시립박물관, 『부산노포동유적 II』, 1988.

창원대학교박물관, 『합천저포리B고분군』, 1988.

경상대학교박물관, 『진주가좌동고분군』, 1989.

경성대학교박물관,『김해칠산동고분군 I』, 1989.

동아대학교박물관,『합천봉계리유적』, 1989.

동의대학교박물관,『대야리주거지 II』, 1989.

문화재연구소,『김해양동리고분』, 1989.

부산대학교박물관,『늑도주거지』, 1989.

성균관대학교박물관,『김해 퇴래리유적』, 1989.

이건무·이영훈·윤광진·신대곤,「의창다호리유적 발굴진전보고 I」,『고고
학지』1, 1989.

전옥년·이상율·이현주,「동래복천동고분군 제2차조사개보」,『영남고고학』
6, 1989.

국립진주박물관,『고성 율대리 2호분』, 1990.

경상대학교박물관,『하동고리리유적 부·하동군 진교면 지표조사유적』,
1990.

경상대학교박물관,『합천옥전고분군 II M3호분』, 1990.

금자호창·안재호·서영남,「늑도주거지 출토 유물유체개요」,『가야통신』19
·20합, 1990.

부산대학교박물관,『부산동래복천동고분군 II 본문』, 1990.

부산직할시립박물관·부산직할시동래교육구청,『동래복천동래성유적』,
1990.

定森秀夫·吉井秀夫·內田好昭(우순희 역),「한국경상남도진주수정봉2호분·
옥봉7호분출토유물 - 동경대학종합자료관건축사부문소장자료의 소개 - 」,
『가야통신』19·20합, 1990.

창원대학교박물관,『마산 현동유적』, 1990.

신경철,「김해대성동고분군의 발굴조사성과」,『가야문화』4, 1991.

영남대학교박물관,『창녕 계성리 고분군 - 계남 1·4호분』, 1991.

이건무·윤광진·신대곤·김두철,「의창 다호리유적 발굴진전보고 II」,『고고
학지』3, 1991.

창원문화재연구소,『함안도항리 암각화고분발굴조사』(보도회의자료), 1991.

경상대학교박물관,『합천옥전고분군 III M1·M2호분』, 1992.

경성대학교박물관,『김해대성동유적』(제3차발굴조사발표자료), 1992.

국립중앙박물관, 『고성패총』, 1992.

국립진주박물관, 『창녕 여초리 토기가마터』, 1992.

동아대학교박물관, 『창녕교동고분군』, 1992.

부산대학교박물관, 『김해예안리고분군 II 도판』, 1992.

부산직할시립박물관, 『동래복천동53호분』, 1992.

창원대학교박물관, 『함안 아라가야의 고분군 I』, 1992.

창원문화재연구소, 『아라가야시대 초대형급 고분발굴조사』(보도자료), 1992.

최헌섭, 「함안 도항리 선사유적」, 『한국상고사학보』 10, 1992.

홍성빈·박종익·조희경, 「함안 성산산성 발굴조사개보(제1차)」, 『한국상고
사학보』 10, 1992.

홍진근, 「고령 반운리 와질토기 유적」, 『영남고고학』 10, 1992.

경상대학교박물관, 『합천옥전고분군 IV M4·M6·M7호분』, 1993.

경상대학교박물관, 『합천옥전고분군 V M10·M11·M18호분』, 1993.

동아대학교박물관·창원문화재연구소, 『금관가야권유적정밀지표조사보
고』, 1993.

부산대학교박물관, 『김해예안리고분군 II 본문』, 1993.

이건무·윤광진·신대곤·정성희, 「의창 다호리유적 발굴진전보고 II」, 『고고
학지』 3, 1993.

국립전주박물관, 『부안 죽막동 제사유적』, 1994.

경남대학교박물관, 『고성 연당리 고분군』, 1994.

경상대학교박물관, 『의녕예둔리분묘군』, 1994.

경상대학교박물관, 『의녕중동리고분군』, 1994.

경상대학교박물관, 『함안황사리분묘군』, 1994.

佐賀縣敎育委員會, 『吉野ケ里遺跡發掘調査の槪要』, 1994.

창원문화재연구소, 『창원 가음정동유적』, 1994.

창원대학교박물관·창원문화재연구소, 『아라가야문화권 유적 정밀지표조사
보고 - 함안군의 선사·고대유적』, 1994.

경남대학교박물관, 『삼천포시 문화유적 지표조사보고서』, 1995.

경남대학교박물관, 『김해 덕산리유적』, 1995.

계명대학교박물관, 『고령 본관동고분군』, 1995.

이건무·송의정·정성희·한봉규, 「창원 다호리유적발굴진전보고(IV)」, 『고고학지』 7, 1995.

영남매장문화재연구원, 「고령지산동고분군발굴조사 - 지산동 30호분 및 전시관 건립지구 - 현장설명회자료 1」, 『영남매장문화재연구원』 소개책자, 1995.

부산대학교박물관, 『창녕계성고분군』, 1995.

창원문화재연구소, 『연보』, 1995.

국립대구박물관·고령군, 『주산성지표조사보고서』, 1996.

동아대학교박물관·한국토지개발공사, 『진해용원동유적』 제1·2차합집, 1996.

아라가야향토사연구회, 『안라국고성』, 1996.

영남매장문화재연구원, 『고령쾌빈동고분군』, 1996.

창원대학교박물관, 『창원 남산유적 시굴조사보고』, 1996.

창원대학교박물관·창원문화재연구소, 『대가야문화권유적정밀지표조사보고 - 거창군의 문화유적』, 1996.

창원문화재연구소, 『함안암각화고분』, 1996.

경상대학교박물관, 『합천옥전고분군 VI』, 1997.

영남매장문화재연구원·의령군, 『의령천곡리고분군』I, II, 1997.

아라가야향토사연구회, 『함안고인돌』, 1997.

경상남도·남강유적발굴조사단, 『남강선사유적』, 1998.

경상대학교박물관, 「의령운곡리고분군발굴조사사(현장설명회자료)」, 1998

국립공주박물관, 『백제의 왕실제사유적 "공주 정지산" 학술발표회』, 1998.

국립문화재연구소·전남대학교박물관, 「나주 복암리 3호분 발굴조사 자문위원회의 자료」, 1998.

국립중앙박물관, 『동래낙민동패총』, 1998.

부산대학교박물관, 『김해 봉황대유적』, 1998.

임학종·김재홍, 「창원다호리수습발굴조사」, 『박물관신문』 321호, 1998년 5월호.

임학종, 「창원 다호리유적 발굴조사」, 『3~5세기 금강유역의 고고학』(제22회 한국고고학전국대회 요지문), 1998.

한국토지공사 · 한국문화재보호재단, 『경산 임당유적(I) A~B지구고분군(본
　　문)』, 1998.
이동주, 「사천늑도유적의 조사성과」, 『고고학으로 본 변 · 진한과 왜』(영남 · 구
　　주고고학회 제4회 합동고고학대회 발표요지문), 2000.

3. 단행본

末松保和, 『任那興亡史』, 大八州出版, 1949.
井上秀雄, 『任那日本府と倭』, 寧樂社, 1973.
김정학, 『任那と日本』, 小學館, 1976.
藝能史硏究會編, 『日本藝能史』, 法政大學出版局, 1981.
이기백 · 이기동, 『한국사강좌 I (고대편)』, 일조각, 1982.
山尾幸久, 『古代の日朝關係』, 塙書房, 1984.
송방송, 『한국음악통사』, 일조각, 1984.
이현혜, 『삼한사회형성과정연구』, 일조각, 1984.
송방송, 『한국고대음악사연구』, 일지사, 1985.
奈良國立博物館, 『正倉院展』, 1988.
노중국, 『백제정치사연구』, 일조각, 1988.
경북대학교, 『원삼국시대 문물전』(도록), 경북대학교박물관, 1990.
강인희, 『한국식생활사』(제2판), 삼영사, 1990.
김철준, 『한국고대사연구』, 서울대학교출판부, 1990.
충청남도 · 공주대학교 · 백제문화연구소, 『백제무령왕릉』, 1991.
천관우, 『가야사연구』, 일조각, 1991.
マンフルウト ルルカ 著(竹內章 譯), 『象徵として圓 - 人類の思想 · 宗敎 · 藝術に
　　おける表現 -』, 法政大學出版局/原著名 *Der Kreis als Symbol I*, 1991.
김태식 · 이익주 편, 『가야사사료집성』, 가락국사적개발연구원, 1992.
西嶋定生 外, 『巨大古墳と伽耶文化』, 角川選書235, 1992.
田中俊明, 『大加耶連盟の興亡と「任那 - 加耶琴だけ殘った -』, 吉川弘文館, 1992.
한국고대사회연구소 편, 『역주한국고대금석문 I (고구려 · 백제 · 낙랑편)』, 가
　　락국사적개발연구원, 1992.
한국고대사회연구소 편, 『역주한국고대금석문 II(신라 1 · 가야편)』, 가락국사

적개발연구원, 1992.

김태식, 『가야연맹사』, 일조각, 1993.

申鉉東, 『朝鮮原始·古代住居址と日本への影響』, 雄山閣出版, 1993.

이영식, 『加耶諸國と任那日本府』, 吉川弘文館, 1993.

과학백과사전종합출판사, 『조선의 민속전통 3 - 주택과 가족생활풍습』, 1994.

조희승, 『가야사연구』, 사회과학출판사, 1994.

장사훈, 『증보 한국음악사』, 세광음악출판사, 1994.

경상북도, 『가야사연구 - 대가야의 정치와 文化』, 1995.

渡邊城, 『日韓交流の民族考古學』, 名古屋大學出版會, 1995.

인제대학교 가야문화연구소 편, 『가야제국의 철』, 신서원, 1995.

한국고대사연구회 편, 『삼한의 사회와 문화』(한국고대사연구10), 신서원,
    1995.

국립대구박물관, 『백제금동대향로와 석조사리감』(국보특별전도록), 1996.

대한건축학회, 『한국건축사』, 1996.

부산·경남역사연구소 엮음, 『시민을 위한 가야사』, 집문당, 1996.

鈴木英夫, 『古代の倭國と朝鮮諸國』, 靑木書店, 1996.

이홍종, 『청동기사회의 토기와 주거』, 서경문화사, 1996.

J.해리슨 저, 오병남·김현희 공역, 『고대 예술과 제의』, 예전사, 1996.

국립경주박물관, 『신라토우』, 1997.

國立歷史民俗博物館, 『國立歷史民俗博物館硏究報告』71集(中世食文化の基礎的
    硏究), 1997.

礪波護·武田幸男著, 『隋唐帝國と古代朝鮮』, 中央公論社, 1997.

인제대학교 가야문화연구소 편, 『가야제국의 왕권』, 신서원, 1997.

창원대학교박물관, 『창원의 선사·고대 취락』(1998년도 전시안내도록),
    1997.

경상북도, 『가야문화도록』, 1998.

김해시, 『김해의 고분문화』, 1998.

신영훈, 『우리문화 이웃문화』, 문학수첩, 1998.

연민수, 『고대한일관계사』, 혜안, 1998.

주보돈, 『신라 지방통치체제의 정비과정과 촌락』, 신서원, 1998.

한국역사연구회, 『삼국시대 사람들은 어떻게 살았을까』, 청년사, 1998.

부산광역시립박물관 복천분관, 『고대 장신구』, 1999.

함안문화원, 『아라가야의 출토유물』(도록), 1999.

국립김해박물관, 『국립김해박물관』(도록), 1999.

양 인리우 지음·이창숙 옮김, 『중국고대음악사』, 솔, 1999.

경기도박물관, 『고구려 한강유역의 요새』(도록), 2000.

부산대민족문화연구소, 『가야 각국사의 재구성』, 혜안, 2000.

정중환, 『가라사연구』, 혜안, 2000.

신라대학교박물관, 『도록. 신라대학교박물관』, 2000.

부산대학교 한국민속문화연구소 편, 『한국 고대사 속의 가야』, 혜안, 2001.

서울대학교출판부, 『북한의 문화유산 1 - 고분벽화』, 2001.

이성시, 『만들어진 고대 - 근대국민국가의 동아시아 이야기』, 삼인, 2001.

계명대학교한국학연구원·경상북도, 『진변한사 연구』, 2002.

고령군·한국상고사학회, 『대가야와 주변제국』, 2002.

김태식, 『미완의 문명 7백년 가야사』 1·2·3, 푸른 역사, 2002.

노중국 외, 『진·변한사 연구』, 경상북도, 2002.

白承玉, 『加耶各國史硏究』, 혜안, 2003.

남재우, 『安羅國史』, 혜안, 2003.

가야사정책연구위원회, 『가야, 잊혀진 이름 빛나는 유산』, 혜안, 2004.

노중국·주보돈·이영호·홍보식·김성혜·이진원·遠藤徹, 『악성 우륵의 생애와 대가야의 문화』, 고령군 대가야박물관·계명대학교 한국학연구원, 2006.

李炯基, 『大加耶의 形成과 發展 硏究』, 景仁文化社, 2009.

4. 논문

김철준, 「신라상대사회의 Dual Organization(上)」, 『역사학보』 1, 1952.

榧本杜人, 「石上神宮の七支刀とその銘文」, 『朝鮮學報』 3, 1952/『朝鮮の考古學』, 同朋舍, 1980.

김석형, 「한·삼국 일본열도내 분국에 대하여」, 『력사과학』 63-1, 1963/「三韓三國の日本列島內分國について」, 『朝鮮硏究』 71, 1968.

齊藤忠, 「須惠器と土師器」, 『圖說日本文化史大系(第1卷) - 繩文・彌生・古墳時代 - 』, 1965.

鬼頭淸明, 「加羅諸國の史的發展について」, 『朝鮮史硏究會論集』 11/『古代朝鮮と日本』, 龍溪書舍, 1973.

淸水昭俊, 「火と民族學」, 『火』 社會思想社, 1974.

김철준, 「동명왕편에 보이는 신모의 성격」, 『한국고대사회연구』, 1975.

김동욱, 「우륵십이곡에 대하여」, 『한국가요의 연구(속)』, 이우출판사, 1975.

권태원, 「백제의 사회풍속사 제고[1] - 한의 사회풍속을 중심으로 - 」, 『백제연구』 8, 1977.

문경현, 「가야연맹형성의 경제적 고찰」, 『대구사학』 12・13合, 1977.

천관우, 「복원가야사」(상・중・하), 『문학과 지성』 28・29・31, 1977~78.

김두진, 「삼한시대의 읍락」, 『한국학논총』 7, 국민대한국학연구소, 1978.

김의규, 「신라 모계제사회설에 대한 검토」, 『한국사연구』 23, 1979.

김원룡, 「김해 부원동기의 설정」, 『한국고고학보』 12, 1982.

김정학, 「고대국가의 발달(가야)」, 『한국고고학보』 12, 1982.

주보돈, 「가야멸망문제에 대한 일고찰 - 신라의 팽창과 관련하여 - 」, 『경북사학』 4, 1982.

窪添慶文, 「中國の葬送儀禮」, 『東アジア世界における日本古代史講座 9』, 學生社, 1982.

이두현, 「韓國古代の葬送儀禮」, 『東アジア世界における日本古代史講座 9』, 學生社, 1982.

김정학, 「가야사의 연구」, 『사학연구』 37, 1983.

西谷正, 「古代日朝交流史の諸段階」, 『東アジアの古代文化』 37, 1983.

최호림, 「이중장제에 대한 일고찰」, 『천관우선생환력기념 한국사학논총』, 1983.

關川尙功, 「奈良縣下出土の初期須惠器」, 『考古學論考』 第10冊, 1984.

김종철, 「고분에 나타나는 삼국시대 순장양상」, 『윤무병박사 회갑기념논총』, 1984.

山梨縣立考古博物館, 「繩文時代の酒造具 - 有孔鍔付土器展 - 」(제2회 특별전 도록), 1984.

이영식, 「가야제국의 국가형성문제-'가야연맹설'의 재검토와 전쟁기사분석을 중심으로-」, 『백산학보』 32, 1985.

김정숙, 「탄생 모습으로 본 한국문헌신화의 원형분류-난생신화와 태양숭배에 대한 문제제기-」, 『교남사학』 3, 영남대학교 국사학회, 1987.

김정학, 「가야의 국가형성단계」, 『정신문화연구』 32, 1987.

김종철, 「북부지역 가야문화의 고고학적 고찰-고령·성주·대구를 중심으로 -」, 『한국고대사연구』 1, 1988.

이현혜, 「4세기 가야사회의 교역체계의 변천」, 『한국고대사연구』 1, 1988.

주용립, 「한국 고대의 순장연구」, 『손보기박사정년기념한국사학논총』, 지식산업사, 1988.

김태식, 「가야사 연구의 제문제」, 『한국상고사』 민음사, 1989.

노중국, 「한국고대의 읍락의 구조와 성격」, 『대구사학』 38, 1989.

김태식, 「가야의 사회발전 단계」, 『한국고대국가의 형성』, 1990.

나희라, 「신라초기 왕의 성격과 제사」, 『한국사론』 서울대학교 국사학과, 1990.

문성렵, 「가야금의 전신악기와 우륵의 음악활동」, 『력사과학』 133, 1990.

이희준, 「해방전의 신라·가야고분 발굴방식에 대한 연구」, 『한국고고학보』 24, 1990.

임효택, 「낙동강 하류역 토광묘문화」, 『영남고고학』 7, 1990.

조영제, 「삼각 투창고배에 대한 일고찰」, 『영남고고학』 7, 1990.

淺野充, 「古代日本·朝鮮における國家形成と都市」, 『東アジアの古代文化』, 1990.

최종규, 「미술상으로 본 한일관계-도질토기와 수혜기-」, 『고대한일문화교류연구』, 한국정신문화연구원, 1990.

김은숙, 「『신찬성씨록』의 가야계 씨족」, 『한국고대사논총』 2, 1991.

반용부·김원경, 「김해지역의 지형과 취락」, 『가야문화연구』 2, 1991.

권오영, 「고대 영남지방의 순장」, 『한국고대사논총』 4, 1992.

백승옥, 「신라·백제 각축기의 비사벌가야」, 『부대사학』 15·16합, 1992.

백승충, 「우륵십이곡의 해석문제」, 『한국고대사논총』 3, 1992.

鈴木靖民, 「加耶史に關する一·二の問題」, 『東アジアの古代文化』 73, 1992.

신경철, 「김해예안리 160호분에 대하여 - 고분의 발생과 관련하여 - 」, 『가야고
　　고학논총』 1, 가락국사적개발연구원, 1992.

김영태, 「가야의 국명과 불교와의 관계」, 『가야문화』 6, 1993.

박천수, 「삼국시대 창녕지역 집단의 성격연구」, 『영남고고학』 13, 1993.

이성주, 「1~3세기 가야정치체 성장」, 『한국고대사논총』 5, 1993.

이성주, 「낙동강동안양식토기에 대하여」, 『제2회 영남고고학회학술발표회 발
　　표 및 토론요지』, 1993.

임효택, 「낙동강 하류역 가야묘제의 계통」, 『동의사학』 7·8합, 1994/『가야문
　　화』 7, 1993.

임효택, 「양동리유적의 제문제」, 『가야문화』 6, 1993.

홍보식, 「영남지역 횡구식·횡혈식석실묘의 형식분류와 편년」, 『영남고고학』
　　12, 1993.

권주현, 「아라가야의 성립과 발전」, 『계명사학』 4, 1994.

김정완, 「함안지역 도질토기의 편년과 분포변화」, 경북대학교 석사학위논문,
　　1994.

신경철, 「가야 초기마구에 대하여」, 『부대사학』 18, 1994.

이형기, 「비화가야에 대한 일고찰」, 영남대학교 석사학위논문, 1994.

천말선, 「철제농구에 대한 고찰 - 원삼국·삼국시대 분묘출토품을 중심으로」,
　　『영남고고학』 15, 1994.

권오영, 「삼한 국읍의 기능과 내부구조」, 『부산사학』 28, 1995.

권오영, 「삼한사회 '국'의 구성에 대한 고찰」, 『한국고대사연구』 10(삼한의
　　사회와 문화), 1995.

권주현, 「안야국에 대하여 - 3세기를 중심으로」, 『대구사학』 50, 1995.

김복순, 「대가야의 불교」, 『가야사 연구 - 대가야의 정치와 문화 - 』, 경상북도,
　　1995.

김태식, 「함안 안라국의 성장과 변천」, 『한국사연구』 86, 1995.

김형곤, 「아라가야의 형성과정 연구 - 고고학적 자료를 중심으로 - 」, 『가라문
　　화』 12, 1995.

백승옥, 「비사벌가야의 형성과 국가적 성격」, 『한국문화연구』 7, 1995.

백승충, 「가야의 지역연맹사 연구」, 부산대학교 박사학위논문, 1995.

鈴木靖民,「가야(변한)의 철과 왜」, 인제대학교 가야문화연구소 편,『가야제국의 철』, 신서원, 1995.

이영식,「백제의 가야진출과정」,『한국고대사논총』7, 1995.

이영식,「6세기 안라국사 연구」,『국사관논총』62, 1995.

이주헌,「함안지역 고분문화의 조사와 성과」,『가라문화』12, 1995.

주보돈,「서설 - 가야사의 새로운 정립을 위하여 - 」,『가야사연구 - 대가야의 정치와 문화 - 』, 경상북도, 1995.

주보돈,『신라중고기의 지방통치와 촌락』, 계명대학교 박사학위논문, 1995.

김세기,「가야인의 삶과 죽음」,『가야사의 새로운 이해』(경상북도개도100년기념 가야문화학술대회 발표요지문), 1996.

이문기,「대가야의 대외관계」,『가야사연구 - 대가야의 정치와 문화』, 경상북도, 1995.

김정숙,「동물상징에 나타난 고구려인의 정치적 사유」,『대구사학』52, 1996.

김태식,「대가야의 세계와 도설지」,『진단학보』81, 1996.

안순천,「소형철제모형농공구 부장의 의의 - 대가야고분의 매장의례와 관련하여 - 」,『영남고고학』18, 1996.

田中良之,「埋葬人骨による日韓古墳時代の比較」,『4·5세기 한일고고학』(영남·구주고고학회 제2회 합동고고학대회 발표요지), 1996.

木村幾多郎,「刻骨」,『彌生文化の研究』8(祭と墓と裝い), 雄山閣, 1996.

조인성,「6세기 아라가야(안라국)의 지배세력의 동향과 정치형태」,『가라문화』13, 1996.

이주헌,「말이산 34호분의 재검토」,『석오윤용진교수정년퇴임기념논총』, 1996.

최덕경,「전국·진한시대 음식물의 조리와 식생활」,『부산사학』31, 1996.

권오영,「한국 고대의 취락과 주거」,『한국고대사연구』12, 1997.

국립중앙박물관,『박물관신문』312호, 1997.

김종철,「고령문화유적에 대한 고고학적 연구」,『고령지역의 역사와 문화』, 고령문화원·계명대학교한국학연구원, 1997.

남재우,「안라국의 성장과 대외관계 연구」, 성균관대학교 박사학위논문, 1997.

백승옥,「고성 고자국의 형성과 변천」,『한국고대사회의 지방지배』, 신서원,

1997.

오종록, 「전쟁을 어떻게 볼 것인가 - 전쟁론」, 한국역사연구회, 『한국역사 속의 전쟁』, 청년사, 1997.

이용현, 「五世紀における加耶の高句麗接近と挫折」, 『東アジアの古代文化』 90, 1997.

이형기, 「소가야연맹체의 성립과 그 추이」, 『민족문화논총』 17, 영남대학교, 1997.

이홍종, 「한국고대의 생업과 식생활」, 『한국고대사연구』 12, 1997.

전호태, 「한국고대의 여성」, 『한국고대사연구』 12, 1997.

町田章, 「加耶の環頭大刀と王權」/이영식 역, 「가야의 환두대도와 왕권」, 인제대 학교 가야문화연구소 편, 『가야제국의 왕권』, 신서원, 1997.

권주현, 「'加耶'の槪念とその範圍」(上)(下), 『國學院雜誌』 98-2, 98-3号, 1998.

권주현, 「가야문화사연구」, 계명대학교 박사학위논문, 1998.

김태식, 「가락국기 소재 허왕후 설화의 성격」, 『한국사연구』 102, 한국사연구 회, 1998.

유병하, 「부안죽막동제사유적 - 삼국시대의 제사양상과 변천을 중심으로 - 」, 『부안 죽막동 제사유적 연구』, 1998.

윤정희, 「소가야토기의 성립과 전개」, 경남대학교 석사학위논문, 1998.

이성주, 「신라 · 가야사회의 정치 · 경제적 기원과 성장」, 서울대학교 박사학위 논문, 1998.

이용현, 「加耶諸國の權力構造 - '任那復興會議'を中心に - 」, 『國史學』 164號, 1998.

이주헌, 「토기로 본 안라와 신라 - 고식도질토기와 화염형투창토기를 중심으로 - 」, 『가야와 신라』, 김해시, 1998.

이희준, 「4~5세기 신라의 고고학적 연구」 서울대학교 박사학위논문, 1998.

최덕경, 「의식주를 통해 본 한대 농민의 생활상」, 『부산사학』 33, 1998.

권주현, 「가야인의 생활문화 - 식문화를 중심으로 - 」, 『한국고대사연구』 16, 1999.

김태식, 「김해 수로왕릉과 허왕후릉의 보수과정 검토」, 『한국사론』 41 · 42합, 서울대학교 국사학과, 1999.

박선희, 「고대 한국의 사직」, 『백산학보』 53, 1999.

水野正好, 「古代音色の調べ」, 『古代史の論点 - 神と祭り - 』, 小學館, 1999.

이성주, 「고고학을 통해 본 아라가야」, 『고고학을 통해 본 가야』(제23회 한국고고학 전국대회발표요지), 한국고고학회, 1999.

조영현, 「대가야 수혈식석실분내 부곽의 성격과 축조방식」, 『계명사학』 10, 계명사학회, 1999.

홍보식, 「고고학으로 본 금관가야 - 성립, 위계, 권역 - 」, 『고고학을 통해 본 가야』(제23회 한국고고학전국대회 발표요지), 1999.

김태식, 「가야연맹체의 성격 재론」, 『한국고대사논총』 10, 한국고대사회연구소, 2000.

김태식, 「역사학에서 본 고령 가라국사」, 『가야각국사의 재구성』, 혜안, 2000.

권주현, 「우륵을 통해 본 대가야의 문화」, 『한국고대사연구』 18, 2000.

권주현, 「고구려 '유인' 고」, 『경북사학』 23, 경북사학회, 2000.

권주현, 「고자국의 역사적 전개와 그 문화」, 『가야각국사의 재구성』, 혜안, 2000.

권주현, 「가야인의 생활문화(2) - 주거문화를 중심으로 - 」, 『신라문화』 17, 2000.

신경철, 「금관가야의 성립과 연맹의 형성」, 『가야각국사의 재구성』, 혜안, 2000.

남재우, 「문헌으로 본 안라국사」, 『가야각국사의 재구성』 혜안, 2000.

이성주, 「소가야지역의 고분과 출토유물」, 『묘제와 출토유물로 본 소가야』, 국립창원문화재연구소 개소10주년 학술대회 요지문, 2000.

이영식, 「문헌으로 본 가락국사」, 『가야각국사의 재구성』, 혜안, 2000.

조영제, 「다라국의 성립에 대한 연구」, 『가야각국사의 재구성』, 혜안, 2000.

이주헌, 「아라가야에 대한 고고학적 검토」, 『가야각국사의 재구성』, 혜안, 2000.

이한상, 「대가야권 장신구의 편년과 분포」, 『한국고대사연구』 18, 2000.

이형기, 「대가야의 연맹구조에 대한 시론」, 『한국고대사연구』 18, 2000.

김태식, 「4~5세기 국제정세와 가야연맹의 변동」, 『4~5세기 동아세아 사회와 가야』(제7회 가야사 학술회의), 김해시, 2001.

김성혜, 「백제의 금(琴)에 대하여」, 『제1회 한국음악사학회 주체 국내(추계)학
술대회논문집』, 한국음악사학회, 2001.

김세기, 「고분자료로 본 대가야」, 계명대학교 박사학위논문, 2001.

김세기 「대가야의 발전과 주변제국」, 『대가야와 주변제국』, 고령군·한국상고
사학회, 2001.

권오영, 「가야제국의 사회발전단계」, 부산대학교 민족문화연구소 편, 『한국
고대사 속의 가야』, 혜안, 2001.

권주현, 「고대 악문화의 전개과정과 그 변화」, 『사학연구』 72, 국사편찬위원회,
2001.

鈴木靖民, 「4~5세기 왜왕권의 전개와 가야」, 『4~5세기 동아세아 사회와 가야』
(제7회 가야사 학술회의), 김해시, 2001.

노중국, 「가야사 연구의 어제와 오늘」, 부산대학교 민족문화연구소 편, 『한국
고대사 속의 가야』, 혜안, 2001.

백승충, 「가야 건국신화의 재조명」, 부산대학교 민족문화연구소 편, 『한국
고대사 속의 가야』, 혜안, 2001.

백승옥, 「전기 가야 소국의 성립과 발전」, 부산대학교 민족문화연구소 편,
『한국 고대사 속의 가야』, 혜안, 2001.

김태식, 「후기 가야연맹체의 성립과 발전」, 부산대학교 민족문화연구소 편,
『한국 고대사 속의 가야』, 혜안, 2001.

선석열, 「신라사 속의 가야인들 - 김해김씨와 경주김씨 - 」, 부산대학교 민족문
화연구소 편, 『한국 고대사 속의 가야』, 혜안, 2001.

이영식, 「가야인의 정신세계 - 연구서설과 가야불교 - 」, 부산대학교 민족문화
연구소 편, 『한국 고대사 속의 가야』, 혜안, 2001.

이용현, 「5세기 동아세아 속의 가야」, 『4~5세기 동아세아 사회와 가야』(제7회
가야사학술회의), 김해시, 2001.

이용현, 「가야의 대외관계」, 부산대학교 민족문화연구소 편, 『한국 고대사
속의 가야』, 혜안, 2001.

이현혜, 「가야의 교역과 경제 - 낙동강 하구지역의 중심으로 - 」, 부산대학교
민족문화연구소 편, 『한국 고대사 속의 가야』, 혜안, 2001.

연민수, 「가야제국과 동아시아」, 부산대학교 민족문화연구소 편, 『한국 고대사

속의 가야』, 혜안, 2001.

이희진, 「가야의 멸망과정과 '임나조', '임나부흥'의 의미」, 부산대학교 민족문
화연구소 편, 『한국 고대사 속의 가야』, 혜안, 2001.

정효운, 「일본열도에 진출한 가야인들」, 부산대학교 민족문화연구소 편, 『한국
고대사 속의 가야』, 혜안, 2001.

박선희, 「고대 한국 신의 재료와 종류」, 『사학연구』, 2002.

李炳基, 「滅亡 이후 大加耶 遺民의 향방－東海市 湫岩洞古墳群 出土品을 중심으
로－」, 『韓國上古史學報』 38號, 韓國上古史學會, 2002.

김두철, 「고구려군의 남정과 가야」, 『가야와 광개토대왕』(제9회 가야사국제학
술회의 요지문), 2003.

5. CD ROM

『묘실벽화』, 중국미술전집 회화편, 은관.

『삼국사기CD96』 한국사사료연구소, 정구복 외.

『아라가야』 함안군·아라가야향토사연구회.

『발굴조사보고서모음집』 1 - 무령왕릉, 천마총, 황남대총(남·북분), 국립문화
재연구소.

6. 인터넷사이트

www.gayasa.net

www.daegaya.net

www.naver.com

www.museum.go.kr

gyongju.museum.go.kr

gimhae.museum.go.kr

www.hongik.ac.kr/~kosa

donga.museum.ac.kr

busan.museum.or.kr

www.kras.or.kr

찾아보기

ㄱ

가공식품 161
가라(고령) 95
가라(伽羅) 25
가라(加羅) 25
가라(呵羅) 25
가라(柯羅) 25
가라(訶羅) 25
가라(迦羅) 25
가라국 25, 95
가라제국 29
가라7국 27
가락(伽落) 25
가락국 25
가락국기 29
가량(加良) 25
가마우지 141
가실왕 193, 269
가암리 유적 54
가야 8
가야(伽倻) 25
가야(伽耶) 25
가야(加耶) 25
가야금계곡[琴谷] 282
가야리 왕궁지 54
가야 멸망 90
가야 전사(前史) 29

가야산 66
가야악 286
가야연맹 29
가옥의 규모 169
가음정동 유적 54
가좌동 고분군 54
간 109, 67
간기(干岐) 102
감(龕) 141, 180
감사제 206
갑골문 240
갑옷 203
갑주 202
강수 48
강치 141
개[狗] 26, 141, 241
개구리 141
개배 157
객관적 과거 실체 21
갹답 128
거도 283
거등왕 192
거문고 267
거북 63
거북이 141
거서간 101, 109
거서간차차웅 103, 109
거수 102, 109

거열(居烈) 95, 278
거제 54
거질미(금물)왕 192
거창 54
건지리 고분군 54
걸찬(국) 25, 95
게 141
격자문양 230
견갑골 222
견과류 143
겸(縑) 118, 202
겸지(김겸)왕 192
경갑 86, 202
경도 250
경문왕 248
경북 김천 감로국 28
경산리 고분군 54
경산 임당동 65
경상남도 54
경상북도 54
경자년(400) 47
경주 미추왕릉 지구 272
경주 월성로 238
경중(輕重) 279
계고 284
계성 고분군 54
계세사상 214
계욕(禊浴) 221
계화 192
고고학자료 46
고구려 고분벽화 86
고깔[弁] 124, 131
고녕가야 25
고당(高堂) 182
고대율령국가 62
고둥 141
고등어 141
고라니 141

고락산성 54
고래 141
고려 말 117
고려 문종 191
고려시대 22
「고려조사략」 95
고령 25, 54
고령가야(함창) 95
고령 고아동 141
고령 지산동 141, 146
고령 지산동 44호분 218
고루(鼓樓) 242
고름 128
고배 157, 234
고사포국 25, 78
고상가옥 175
고상식(高床式) 172
고성 25, 54, 245
고식도질토기 60
고아동 벽화고분 54
고이리 유적 54
고자국 25
고저(高低) 279
고조선 62
고죽동 유적 54
고차국(고성) 95
곡령 198
곡류 141
골각기 202
골포국 78
공납 72
공방 177
공복 제정 136
공헌설(貢獻說) 33
과일류 141
과채류 140
과학 23
관산성 전투 93

관악기 266
광개토왕 32
광개토왕비문 25, 32
광의(廣義)의 문화 24
광장 177
광정리 고분군 54
광주리 152
광주 신창동 140
광폭세포 119
괴두노계 130
괴정동 유적 54
교구 202
교동 · 송현동 고분군 54
구간(九干) 102
구근류 148
구슬 133, 202
구야 25
구야(拘邪) 25
구야(狗邪) 25, 26
구야한국 25
구의동 보루 유적 150
구지 63
「구지가」 240
구지봉 260
구지봉 유적 54
구(고)차국 25
구차휴 192
구해 192
구형왕 192
국 25
국가주의 35
국사리 193
국원 284
국읍 105, 178
국자 152, 154
군가(郡家) 182
군공(郡公) 182, 208
군위 변군미국 28

군장(君長) 102, 109
군현제 90
굴 141
굴뚝 174
굽다리접시[高杯] 147
귀수 82
귀신 206
규슈 238
근구수왕 82
근대역사학 33
근초고왕 82
근친혼 190
근해 항해 75
금관가야(김해) 25, 65, 95
금관국 25
금관성 파사석탑 49, 210
금동관 121, 276
「금동용봉봉래산향로(金銅龍鳳蓬萊山香
爐)」 249
금동이식 202
금동제마구류 202, 203
금동제이식 202, 203
금림왕 193
금석문 46
금성 250
금성리 고분군 54
금와 62
금제세환 202
금제이식 202
금제태환이식 203
금환(金丸)놀이 280
기나이(畿內) 지방 34
기둥구멍 168
기러기 141
기본한기 193
기악(伎樂) 257
기장[稷] 138, 141
기전지 193

기해년(399) 47
긴키(近畿) 238
길곡리 유적 54
길비신 43
김무력 192
김부식 48
김상사간 192
김서현 192
김석형 34
김알지 62
김유신 48
김춘추 142, 241
김해 25, 54
김해 대성동 141
김해 부원동 141, 146
김해 북정 146
김현구 38
까마귀 141
꺽쇠 202
꼭지 228
꽃게 141
꿩 141

ㄴ

나(那) 101
나성 179
나팔 266
낙동강 76
낙랑(樂浪) 77
낙랑공주 266
낙랑국 266
낙랑군 74
낙민동 패총 54
난방시설 169
난생설화 66
남가라(김해) 25, 95
남가야 25
남방문화 175

남방식 175
남부여 93
『남사』 52
남산 유적 54
남선경영설(南鮮經營說) 31
남원 54
남정(南征) 85
남제 50
『남제서』 25
내곡리 토기요지 54
내덕리 유적 54
내산리 고분군 54
내세관(來世觀) 195
내진주지 193
내해왕 268
너구리 141
노곡리 고분군 54
노동요(勞動謠) 263
노루 140, 141
노비 112
노지(爐址) 167
노천요(露天窯) 58
노포동 유적 54
녹각제도장구 203
농공구 202
농소리 패총 54
농어 141
농업 138
농주지희(弄珠之戲) 280
뇌옥 165
뇌질주일 64, 193
뇌질청예 64
누치 141
늑도 유적 54
능(綾) 118
능성어 141
능현 118
니문(泥文) 281

닛금 106

_ㄷ

다라(합천) 25, 95
다리 36
다슬기 141
다호리 76
다호리 유적 54
단경호 156
단군신화 62
단군왕검 103
단위공동체 178
단지[壺] 147
단철제륜(鍛鐵製輪) 251
달이(達已) 278
닭 141
대가라 25
대가락 25
대가야(고령) 65, 95
대구 141
대구 서변동 176
대나마 284
대방(帶方) 77
대방군 74
대성동 고분군 54
대악(大樂) 284
대야리 주거지 54
대왕 109
대인 100
대전 월평동 152
대청마루 175
대평리 유적 54
덕산리 유적 54
덕시리 유적 54
덩이쇠 76
덫 140
도계동 유적 54
도녕 대아간 192

도노아라사등 208
도량형 276
도미 141
도설지왕 64, 193
도솔가 262
도자 202
도질토기 58
도토리 141
독[瓮] 147
독수리 141
돌고래 141
돔 141
동경 202
『동국여지승람』 고령군 건치연혁조 65
동남아시아 223
동래 패총 54
동맹 206
동물의 사육제 281
동양(東陽) 240
동예 74
동옥저 100
동외동 패총 54
동제세환 202
동제이식 202
동천왕 204
돼지 141
두락리 고분군 54
두량리 고분군 54
등자 203
등잔형 토기 253
뚜껑 234

_ㄹ

래성 유적 54
로형 토기 155, 160
류수간 63
류천간 63

ㅁ

마갑총 86
마구 57, 202
마구류 202
마당 177
마도(麻都) 191
마루 107
마립간 101, 109
마산 54
마을터 53
마자(麻子) 139
마직 126
마품왕 192
마한 73, 80
만덕 284
만파식적(萬波息笛) 266
말 141
말갑옷 203
말모양 토기 243, 244
말이산 고분군 54
말흘리 유적 54
맹주국 90
머루 141
메추라기 281
멧돼지 140, 141
면포(綿布) 118
명기(明器) 171, 239
명포리 유적 54
모계제 194
모정 192
모한 33
목걸이 134
목제합 152
목조건축기술 180
목책 177
묘사리 윗장명 마을 237
묘사리 237
무구 57

무구류 202
무기 202
무기고(武器庫) 71
무도 192
무득 192
무령왕 198
무령왕릉 58
무문토기 58
무용총 272
무천 206
문무왕 250
문신 219
문헌자료 46
물계자 48, 268
물혜(勿慧, 광양) 95, 278
미평동 유적 54
민 112
민며느리제 187
민속악 267
민어 141
밀 141
밀양 84

ㅂ

바리[鉢] 147
바리형 236
바지 127
박(표주박) 126, 140
박곡리 고분군 54
박곡리 유적 54
박래품(舶來品) 238
박자 230
박혁거세 62
반계제 고분군 54
반고 82
반고상식 173
반운리 유적 54
반파 25

발(바리) 156
발효식품 160
밤 141
방어시설 177
방울춤 258
방원 192
방추차 121, 202
방패 202
배(잔) 156
배모양 토기 252
백구지 193
백리 고분군 54
백제 33
백천리 고분군 54
범의 구석 176
법흥왕 90
베이토우 문물관 154
벼 141
벽옥제석제품 202
벽중 82
벽진가야 25
변군미국 25
변[진]낙노국 95
변진(변한) 27, 28, 73
변진감로국(김천) 25, 95
변진고순시국 25, 95
변진고자미동국(고성) 25, 95
변진구야국(김해) 25, 95
변진독로국(동래) 25, 95
변진미리미동국(밀양) 25, 95
변진미오야마국 25, 95
변진반로국(고령) 25, 95
변진안야국(함안) 25, 95
변진접도국 25, 95
변진주조마국(진주) 25, 95
변한 73
변한포(弁韓布) 120
별읍 105

보기(寶伎) 278, 280
보라국 78
보리[麥] 138, 141
보주형 253
복골 176
복상발치服喪拔齒 223
복수 192
복숭아 140, 141
복천동 유적 54
본관동 고분군 54
봉계리 고분군 54
봉산산성 54
봉토 196
봉황대 유적 54
봉황문 환두대도 249
봉황문전 254
부(部) 98, 101, 102
부계제 194
부산 54
부산 독로국 28
부식 157
부안 89
부여 62, 74, 92
부원동 유적 54
부체제 107, 109
부현 273
북방문화 175
북방식 175
『북사(北史)』 52, 131
북정 패총 54, 141
북한 176
분국설(分國說) 34
분묘 연결현상 215
분산산성 54
분질수이질 192
불교의식 213
불교전래 213
불사국 25

비둘기 141
비리 82
비사벌국 25
비자발(창녕) 25, 95
비화가야(창녕) 25, 95
빈궁 198
뽕나무 118

_ㅅ

사관(史觀) 22
사농경 극충 192
사다함 48, 283
사당[廟] 177
사로국 79
사료(史料) 22
사료비판 36
사물(思勿, 사천) 95, 278
사비성 92
사비회의 52
사생관(死生觀) 195
사서(史書) 46
사슴 140, 141
사신도(四神圖) 249
사이기국(의령) 25, 95
사자기(師子伎) 213, 278
사자(死者) 145
사천 54
사천 늑도 141, 146
사체산 268
사팔혜(沙八兮, 합천) 95, 278
산반하(국) 25, 95
산성 53
산신 65
산자형금동제호록 202
산청 54
산청 소남리 138, 141, 146
산화염 58
삼[麻] 138

삼가 고분군 54
삼고리 고분군 54
삼국 35
『삼국사기』 분해론 101
『삼국사기』 악지 우륵 12곡 지명 95
『삼국유사』 28
『삼국유사』 오가야조 95
『삼국유사』 가락국기 오가야조 65
『삼국지』 25, 50
『삼국지』 단계론 100
『삼국지』 동이전 변진 12국 95
삼동동 고분군 54
삼로 100
삼본리 유적 54
삼봉산 237
삼재(三才) 273
삼한 31
삼한시대 73
상가라도(上加羅都, 고령) 25, 95, 278
상기문 25
상기물(上奇物, 임실) 95, 278
상대편년 57
상백리 고분군 54
상복법 199
상수위 113
상어 141
상한기 113
생사여탈권(生死與奪權) 204
생산력 138
생상 281
생초리 유적 54
생활사 117
생활유적 138
서남해로 82, 89
서산마애삼존불 254
서옥(婿屋) 186
서운(서현, 소연) 192
서태지 256

석곽묘 55
석관묘 55
석실묘 55
석탈해 62
선도해 241
선반시설 174
섬진강 89
성 112
성덕왕 242
성산가야(성주) 25, 95
성산동 고분군 54
성산산성 54
성산 패총 54
성열현 278
성왕 93
성주 54
성주 성산동 141, 146
성화(聖火) 254
세계관(世界觀) 195
세골장 196
세공기술 135
세종 192
세포 119
소 141
소가야(고성) 25, 95
소국 26, 82, 98, 109
소국연맹 106, 109
소금 144
소나갈질지(蘇那曷叱知) 69
소도 207
소라 141
소성온도 58
소지마립간 240
손곡리 유적 54
손칼[刀子] 126
솔(率) 108
솔우공(졸지공) 192
솔잎모양 무늬 231

『송서(宋書)』 33, 41
송지리 고분군 54
송천리 솔섬 유적 54
송학동 고분군 54
쇼소인(正倉院) 270
수달 141
수렵 138
수로왕 49, 192
수로왕릉 54
수로왕비릉 54, 210
수리시설 159
수리제방공사 164
수상가옥(樹上家屋) 171
『수서(隋書)』 25, 51, 52
수장(首長) 102, 109
수저 152
수정 134
수정봉·옥봉 고분군 54
수혈가옥 175
수혈식 55
수혈식주거지 158
숙 192
순사(殉死) 204
순장 200
순장의 강제성 201
순장의 계층성 201
순장의 동시성 201
순장자 135
순천 54
숫돌 126
숭어 141
스에마쓰 야스카즈(末松保和) 32
스즈키 히데오(鈴木英夫) 37
슬(瑟) 264
습속 214
승석문 230
시간관 274
시루[甑] 147, 149

식리(飾履) 129
식문화 137
식민사학 8, 34
신공황후 32
신귀간 63
신라금(新羅琴) 270
「신라본기」 48
신라왕녀 122
신라중대 8
신라토우 127
신마(神馬) 244
신모(神母) 209
신묘년(391) 47
『신증동국여지승람』 25, 49
『신찬성씨록』 52
신천간 63
심발형 토기 152
십현금(十絃琴) 265
쌀 141
쏨뱅이 141

_ㅇ

아궁아간 192
아나가야 25
아도간 63
아라가야(함안) 25, 95
아리사등 91
아수지 193
아시량국 25
아신왕 119
아우미노케나노오미(近江毛野臣) 223
아유타국 49
아지 192
아차산 150
아프리카 223
악(樂) 257
악문화 268
악사(樂師) 256

악인 119
『악장가사』 257
『악학궤범』 257
안교 202
안동대장군 33
안라(함안) 25, 95
안라왜신관 38
안라인수병(安羅人戍兵) 47
안라회의 52
안악3호분 125
안야국 50, 80
알영 66
애니미즘 209
야광조개 154
야마오 유키히사(山尾幸久) 37
야마토 31
야철지 53
약수리 고분 149
양동리 고분군 54
양산 250
『양서(梁書)』 52
양이두 275
양조용 토기 150
『양직공도』 25, 51
어로 138, 143
어망추 143
어패류 144
여도간 63
여성인골 220
여수 54 95
여신(女神) 64, 209
여초리 요지 54
역(易) 221
연나사(延那斯) 191
연당리 고분군 54
연민수 38
연산동 고분군 54
연조리 182

연질토기 58
연화문 253
「열전」 48
영고 206
영남지역 232
예 100
예능 257
예둔리 고분군 54
예산리 유적 54
예악(禮樂) 279
예안리 고분군 54
예(濊) 77
5가야 28
오곡 138, 141
오도간 63
오리 141
오리형 토기 205
오사카 34
오소리 141
오야 140
오오가라 25
오월제전 206
오이부호 156
오이씨 140
오천간 63
오키나와 153
옥저 74
옥전 고분군 54
온돌 168
옹관묘 56
와질토기 58
완우 273
완하국 72
왕 109
왕궁지 182
왕산악 267
왕정동 유적 54
왕후사 211

왜(倭) 33, 77
외교사절설 39
요시노가리 유적 180
요지 53
용각리 유적 54
용녀(傭女) 191, 192
용원동 유적 54
우륵 141
우렁이 141
운곡리 고분군 54
운라산성 54
움집 165
웅천 36
원삼국시대 73
원저호 156
원통형태 그릇받침 236
월계리 황산고분군 54
월광태자 193
월산리 고분군 54
위계화(位階化) 70
『위략』 165
위세품 57
유개고배 160
유개장경호 160
유개중경호 160
유리 106
유리왕 246
유인(遊人) 119
유자이기(有刺利器) 203, 245
6가야 28
육류 140
육차모 33
윤외리 고분군 54
율대리 고분군 54
율령 90
은제이식 202
은제팔찌 203
음식문화 137

음악 257
음양오행설 279
음주가무 261
음택(陰宅) 174
읍군 100
읍락(邑落) 67
읍락국가 109
읍락국가연맹 109
읍루 74, 100
의령 54
의례악 286
2차 자료 46
2차장 196
이나사(利那斯) 191
이노우에 히데오(井上秀雄) 36
이뇌왕 190, 193
이라마주 193
이문지 193
이벌찬 78
이비가지 64
이사(爾赦, 의령) 95, 278
이사금 101, 109
이사부 283, 48
이수위 113
이시품왕 192
이영식 38
이중장 199
이진아시(왕) 64, 193
이찬 비조부 193
이찬 비지배 193
이찬 비지배의 딸 190
이형토기(異形土器) 226
인과관계 23
인덕 192
인도 64
인수 112
1차 자료 46
일본 31

『일본서기』 25, 27
『일본서기』 신공기 가라7국 95
『일본서기』 흠명기 임나13국 95
일성왕 136
일연 49
일제시대 31
임나 25
임나가라 25
임나가량 25
임나의 조調 32
임나일본부설 8
『임나흥망사(任那興亡史)』 32
임례(국) 25, 95
임실 54

_ㅈ

자명고 266
자타(국) 25, 95
잔[杯] 147
장경호 160, 234
장교리 유적 54
장단(長短) 279
장란형 토기[細長壺] 147
장명리 토기요지 54
장수 54
장수왕 32
장신구 57, 202
장회 131
재갈 202
재첩 141
쟁(箏) 272
저고리 128
저장구덩이 170
저장시설 170, 177
저장식품 161
저장유구 158
저장혈 170
저포리 고분군 54

전기가야 28
전단량 213
전라(앞라) 25
전라남도 83
전라도 54
전통한옥 175
절대연대 57
점복행위 222
접시[盌] 147, 234
정견모주 64, 193
정령 209
정선부(頂線部) 218
정인보 40
정지산 유적 198
정한론(征韓論) 45
제방공사 164
제사 183
제사구역 177
제사기술 276
제사시설 183
제정일치 104
제철지 177
조[黍] 138, 141
조개 141
조골(彫骨) 266
조명시설 181
조몬(繩文) 시대 150
조미료 144
조복(朝服) 129
조선시대 22
조선총독부 31
조선후기 26
조우형 관 247
조합우각형파수부호 155
족제비 141
졸마국(진주) 25, 95
종발성 47
종정감 조광 192

좌지(김질)왕 191, 192
주구(注口) 171, 195
주머니호 156
주몽 62
주산성 54
주수 103, 109
주술악 267
주식 157
주역(周易) 221, 279
주조철부 76
주지 284
죽곡 패총 54
죽내리 고분군 54
죽막동 유적 210
중국 군현 75
중국 남조 51
중동리 고분군 54
중반계 고분군 54
중산리 유적 54
중앙귀족 37
중앙집권화 62
중촌리 고분군 54
중화리 고분군 54
쥐 141, 281
지내동 유적 54
지방호족 37
지산동 고분군 54
지상식 173
지석묘 55
지증왕 90
직조기술 117
진교면 유적 54
진사각간 192
진수(陳壽) 50
진신 192
진안 54
진주 54
진주 상촌리 141, 146

진평왕 241

진한(秦漢) 33, 73, 138

진해 36, 54

진해 용원동 141, 146

질지왕 192

집모양 토기[家形土器] 171

집수구역 164

_ㅊ

차차웅 101, 109

차한기 113

찰갑 86, 202

참새 141

창녕 25, 54

창리 고분군 54

창원 54

창원 가음정동 141, 146

창원 다호리 141

창작악 267

채소류 140

채집 138

채취활동 143

천곡리 유적 54

천관우 37

천군 104

천마총 142

천부경 신보 192

천신 64

천신이비가지 193

천축국 280

철겸 202, 203

철모 202, 203

철부 202, 203

철정 26, 174, 202

철제 농공구 202

철제 도자 202

철제 등자 202

철촉 202

철침 202

철판 76

청동기시대 55, 167

청동제 삼환령 203

청동환 202

청둥오리 141

청어 141

초고 82

초리(草履) 129

촌 112

추가장 201

추장(酋長) 102, 109

축(筑) 264

춘추전국시대 152

출선기관설(出先機關說) 31

출충각간 192

충주 284

취사공간 166

취사시설 177

취희왕 192

치마 127

치아 마모 224

친족관계 218

칠산동 고분군 54

칠지도(七支刀) 33

칠포국 78

침미다례 83

_ㅋ

칸(汗) 102

콩[菽] 138, 141

쾌빈동 고분군 54

큰 바리[深鉢] 147

_ㅌ

타악기 266

타우족 154

타이완 153
타이페이 154
탁 25
탁국(밀양) 95
탁기탄(밀양) 25, 92, 95
탁순(창원) 95
탈지이질금 192
태양력 274
태음력 274
『태평어람』 52
토광목곽묘 55
토광목관묘 55
토광묘 55
토기 57
토용 205
토우 205
『통전』 52
통형기대 248
통형동기 202
퇴래리 유적 54
투구 202, 203

_ㅍ

파상집선문 231
파형동기 202
판상철부 76
팔찌 134
팔청리 고분 125
팥 141
패권의식 286
편두 219, 220
편저호 156
폐백 189
폐쇄요(閉鎖窯) 58
포미지 82
포상팔국(浦上八國) 78
포상팔국전쟁 78
포(布) 118

『풍토기』 52
피도간 63

_ㅎ

하가라 25
하가라도(下加羅都, 김해) 95, 278
하기물(下奇物, 남원) 95, 278
하내직 191
하동 54
하라(賀羅) 25
하백 66
하부(下部) 110
하지 88, 193
하지왕 50
하한기 113
하호 112
한기(旱岐) 74, 102, 109
『한원』 52
한진서 26
할석 195
함달왕 72
함안 25, 36, 54, 95
함안 도항리 8호분 순장무덤 200
함안 칠원 유원리 141
함양 54
함정파기 140
합천 54
해부루 62
해산물 145
해수산물 141
행엽 202, 203
허리띠 128
허황옥 192, 49
헌상설(獻上說) 33
현 112
현동 유적 54
현악기 272
협의(狹義)의 문화 24

형(兄) 108
호경리 유적 54
호구 192
호국용 250
호동왕자 266
호두 141
호석 195
호우총 58
혼인동맹 90
화덕 168
화덕시설 168
화염형투창고배 253
화왕산성 54
화천(貨泉) 59
환두대도 202, 203

환웅 66
환원염 58
환호 177
활쏘기 140
황금분할 276
황남대총 159
황사리고분군 54
황우(黃牛) 208
「회소곡」 263
횡구식 56
횡혈식 56
효성왕대 242
『후한서』 51, 52
휘장 174
흥덕왕 246